Thomas Ahbe / Rainer Gries / Wolfgang Schmale (Hrsg.)

Die Ostdeutschen in den Medien

D1720914

Schriftenreihe   Band 1069

Thomas Ahbe / Rainer Gries / Wolfgang Schmale (Hrsg.)

Die Ostdeutschen in den Medien

Das Bild von *den Anderen* nach 1990

bpb: Bundeszentrale für politische Bildung

Bonn 2010
Lizenzausgabe für die Bundeszentrale für politische Bildung
Adenauerallee 86, 53113 Bonn

© Leipziger Universitätsverlag GmbH 2009

Umschlaggestaltung: Michael Rechl, Kassel
Umschlagfoto: © picture alliance / ZB / Nestor Bachmann. Miniaturmodell eines
DDR-Grenzübergangs. Das Straßenbild aus Pappe diente als Hintergrund
für den Film „Sonnenallee" in den Filmstudios Babelsberg, 1998

Gestaltung und Satz: Volker Hopfner, Berlin
Druck und Bindung: Hubert & Co. GmbH & Co. KG, Göttingen

ISBN 978-3-8389-0069-8

www.bpb.de

INHALT

WOLFGANG SCHMALE

Vorwort

Eigentlich bedarf es keiner „runden" Jährungen, um sich an etwas zu erinnern. Dennoch rollt in diesem Jahr 2009 eine lawinenartige Fülle von Veranstaltungen, Bildern und Texten über uns hinweg, in denen individuelle und kollektive Erinnerungen an den Herbst 1989 sowie die mikro- und makrohistorischen Folgen des Mauerfalls und der Beseitigung des Eisernen Vorhangs aufgearbeitet werden. Zwanzig Jahre – das entspricht heute im Grunde einer Generation. Ein Großteil unserer augenblicklichen Studierenden wurde 1985 oder später geboren, immer mehr entstammen dem Jahrgang 1989 oder 1990. Im Wintersemester 2009 werden 1991 geborene junge Leute an die Unis streben. In dieser Beziehung macht es Sinn, „20 Jahre danach" nicht unbeachtet verstreichen zu lassen, denn für zunehmend mehr Menschen bedeutet die deutsche Teilung eine Erzählung von etwas nicht selbst oder kaum bewusst selbst Erlebtem.

Aber auch für uns „Ältere", die wir wachen Auges und Ohres[1] das Jahr 1989 ab dem Frühjahr mitverfolgt haben – mit seiner steigenden Dramatik zum 9. November hin – macht die Erinnerung Sinn. Die Erinnerung, wie sie Wissenschaft leistet, zeichnet sich durch gewichtige Elemente der Dekonstruktion aus. Erinnerung im landläufigen Sinn wird stark durch Diskurse geprägt, die unmittelbar in der Zeit des Geschehens dieses als „historisch" hinstellen, beschreiben, referieren, bewerten, bestaunen, verurteilen, skeptisch beäugen, stereotypisieren, schubladisieren, in knallenden Titelzeilen einfrieren, durch hochprofessionelle Fotos ins Gehirn brennen und emotionale Zwischenzustände verewigen. Ehe man sich versieht, sind Mythen entstanden und unwirkliche, in den Diskursen als wirkliche vorgegaukelte Welten für wahr genommen und in der Erinnerung gelagert.

Das Forschungsprojekt, aus dem der hier vorgelegte Workshop-Band hervorgegangen ist, setzt(e) bei solchen Beobachtungen an. Das Jahr 2009 als jenes bewusste „20 Jahre danach" stand – es sei hiermit freimütig erklärt – überhaupt nicht im Mittelpunkt des Interesses. Aber es schadet nicht, wenn dieser Band und die weitere

---

1   Es sei an dieser Stelle die ebenso feinfühlige wie gelungene Studie von Rainer Land und Ralf Possekel in Erinnerung gerufen: Namenlose Stimmen waren uns voraus. Politische Diskurse von Intellektuellen in der DDR. Bochum 1994.

Projekt-Monographie, die Thomas Ahbe verfasst, 2009 erscheinen, denn die Ergebnisse kritischer Forschung können uns vielleicht doch einiges Aufschlussreiches mit auf den Weg geben.

Das vom „Jubiläumsfonds der Österreichischen Nationalbank" über drei Jahre geförderte Projekt trug den Titel: „Die diskursive Konstruktion ‚der Ostdeutschen' in westdeutschen und österreichischen Medien als Quelle für kollektive Alteritäts- und Identitätsdiskurse"[2]. Was dieses Projekt gegenüber anderen hervorhebt, ist die Einbeziehung Österreichs. Wie kaum ein anderes Land war und ist Österreich umfassend durch die grundlegenden Veränderungen der historischen Koordinaten 1989 betroffen. Außerdem unterhielt Österreich zur DDR relativ „entspannte" Beziehungen, Österreich handelte also mit den zwei Deutschlands als zwei Deutschlands. Die relativ junge *österreichische* Identität, die sich erst nach 1945, genauer noch: nach 1955, dem Jahr des Österreichischen Staatsvertrages, umfassend entwickelte, brauchte beide Deutschlands als Alteritäts-Konstruktionen. Das Verhältnis zum bundesrepublikanischen Deutschland war spannungsgeladen, während die DDR als Ausprägung des kleineren und als Konkurrent ‚ungefährlichen' Deutschlands eine entspannte Alterität darstellte. Aus Sicht der Konstruktion österreichischer Identität ist im übrigen die deutsche Wiedervereinigung gelungen, denn das früher auf die BRD beschränkte angespannte Verhältnis zu „den Deutschen" umfasst längst alle Deutschen: Als vor wenigen Jahren die Zahl ostdeutscher Saisonarbeiter im Tiroler Tourismusgewerbe deutlich anstieg – die Arbeitskräfte wurden dringend benötigt – bezeichnete der damalige Tiroler Arbeiterkammerpräsident die Deutschen als „Feinde Österreichs".

Wie auch immer solche verbalen Ausrutscher zu bewerten sind – vor dem Hintergrund der gemeinsamen Geschichte aus den Zeiten des Heiligen Römischen Reiches deutscher Nation bis 1806, des Deutschen Bundes, des preußisch-österreichischen Dualismus, des Ersten Weltkriegs, der „parallelen" Republikgründungen nach Kriegsende, des „Anschlusses" Österreichs an Nazi-Deutschland, der gemeinsamen Beteiligung an Kriegsverbrechen und der Vernichtung der Juden macht die österreichische Perspektive nicht nur interessant, sondern auch aufschlussreich. Österreichische Identität wurde seit 1945 durch deutliche Absetzung von Deutschland und Deutschsein konstruiert. Und schien 1989 plötzlich wieder gefährdet. Die Gefährdung war nur momentan; in ihrer elektronischen Ausgabe vom 1. April 2008 schrieb die österreichische Tageszeitung *Der Standard* bezüglich der Ergebnisse unseres Forschungsprojektes, es habe sich erwiesen, dass die Österreicher eine gefestigte Identität hätten.

---

2   Dauer: 1. März 2005 bis 29. Februar 2008, Projektnummer 11166.

Trotz mancher Aufregung in Österreich über die vermutlichen Folgen des Mauerfalls, der Rainer Gries in seinem Beitrag auf den ersten Seiten nachgeht, wäre
es falsch zu glauben, es habe sich hier um ein „Nummer-Eins-Thema" in Österreich
gehandelt. Im Großen und Ganzen war der Umgang mit den historischen Ereignissen recht gelassen[3] – oder zeitigte, jedenfalls auf den ersten Blick, etwas erstaunliche
Ergebnisse. In Bezug auf „Ost-Diskurse" in österreichischen Medien schreibt
Manuela Tesak: „Und schließlich wird das Fremde an Ostdeutschland als das wahrgenommen und beschrieben, das immer das Andere Österreich war: der Balkan."[4]

Solche Ansichten bildeten gleichwohl nicht die „Norm", aber sie bieten sich an,
mit spitzen Fingern herausgezogen und herumgezeigt zu werden, denn recht abstruse,
oftmals vorwiegend implizite Bilder im Kopf, lagen und liegen österreichischen wie
westdeutschen Mediendiskursen über Ostdeutsche nicht selten zu Grunde. Nicht
weniger aufschlussreich in solchen Hinsichten sind die Studien der Kolleginnen und
Kollegen, die unseren Projektworkshop im Dezember 2007 am Institut für Geschichte der Universität Wien, bereichert haben und die hier abgedruckt werden.

Allen Mitwirkenden sowie dem Jubiläumsfonds der Österreichischen Nationalbank, der das Projekt finanzierte, sei aufs herzlichste gedankt. Ein besonderer Dank
gilt Thomas Ahbe, der diesen Tagungsband betreut hat und auf dem die Mühe der
umfassenden Projektmonographie lastet.

---

3 Vgl. auch die für die Projektvorbereitung wichtige Studie von Manuela Tesak: Die DDR als Gegenstand
   von Lehre und Forschung an österreichischen Universitäten 1989–2000. In: Jens Hüttmann, Ulrich
   Mählert, Peer Pasternack (Hrsg.): DDR-Geschichte vermitteln. Ansätze und Erfahrungen in Unterricht,
   Hochschullehre und politischer Bildung. Berlin 2004, S. 201-217 (der Aufsatz fasst die Ergebnisse der
   bei Wolfgang Schmale verfassten Diplomarbeit von Manuela Tesak zusammen).
4 Manuela Tesak: 4. Die Darstellung der Ostdeutschen in den österreichischen Ost-Diskursen, in: Thomas
   Ahbe, Manuela Tesak: Die ersten 50 Tage: Bilder von den Ostdeutschen in westdeutschen und österreichischen Printmedien im Herbst 1989. Historische Mitteilungen (HMRG) 18 (2005), S. 246-270, hier S. 262.

THOMAS AHBE UND RAINER GRIES

Einleitung

Wer prägt die gültigen Vorstellungen einer Gesellschaft – beispielsweise über die Eigenarten und die Geschichte einer bestimmten Bevölkerungsgruppe? Welche Rolle spielen die meinungsführenden Medien? Welchen Einfluß haben hierbei tradierte Identitäten und wie wirken sie sich auf neue Konstellationen aus?

Der Beantwortung dieser Fragen hat sich das am Institut für Geschichte und am Institut für Publizistik- und Kommunikationswissenschaft der Universität Wien beheimatete Projekt „Ost-Diskurse" verschrieben. Der vorliegende Band präsentiert wichtige Ergebnisse und stellt sie in einen Diskussionszusammenhang mit anderen, ähnlich gelagerten Forschungen.

Die Diskurse über die Ostdeutschen und Ostdeutschland entfalteten sich seit dem Mauerfall und dem bald darauf folgenden Beitritt der DDR zur Bundesrepublik in großer Intensität. Denn die westdeutsche Bevölkerungsmehrheit und ihre Medien waren gewissermaßen *über Nacht* mit einem neuen Gegenstand konfrontiert worden: Ostdeutschland und die Ostdeutschen. Nach der Grenzöffnung und dem allmählichen Zusammenbruch der Diktatur war es möglich, Ostdeutschland durch Medienrecherchen ungehindert zu erforschen. Und auch die Ostdeutschen konnten sowohl in ihrer heimischen Umgebung als auch bei ihrer Eroberung des Westens beobachtet und gewissermaßen auch ethnologisch vermessen werden. So begann mit der Grenzöffnung also auch für die Westdeutschen eine neue Zeit, nämlich die des Kennenlernens der *anderen Deutschen und des anderen Deutschlands*.

Die in diesem Sammelband vereinten Aufsätze stellen anhand unterschiedlicher Medien und methodischer Zugänge dar, welche Vorstellungen von diesem Anderen und von diesen Anderen seit 1989 entwickelt wurden. Sie illustrieren damit, wie die Ost-Diskurse verschiedener Medien dazu beitrugen, das im vereinigten Deutschland gültige Wissen zu Ostdeutschland und den Ostdeutschen zu produzieren. Mit diesen diskursanalytischen und im weitesten Sinne wissenssoziologischen Fragestellungen reagiert der Band auch auf Forschungslücken im aktuellen zeitgeschichtlichen Forschungsdiskurs – wie **Rainer Gries** zeigt. In seinem übergreifenden Aufsatz projiziert er die in diesem Band präsentierten Fragestellungen und Ergebnisse in die Konzeptions-Debatte, die seit einigen Jahren die Zeitgeschichte bewegt. Gries attestiert dem für sich genommen aussichtsreichen historiographischen Ansatz, die jüngere deutsche Geschichte als asymmetrisch verflochtene Parallel- und Kontrastgeschichte zu verstehen, dass er in eine Vereinigungs- oder Einheits-Narration mündet und somit die zwei Jahrzehnte nach dem Beitritt der DDR konzeptionell nicht einzubinden vermag. Er entwirft das Konzept eines gemeinsamen deutsch-deutschen Kommunikationsraumes, worin auch die über den Umbruch von 1990 hinaus wirkenden Kontinuitäten sinnvoll dargestellt werden können. „Über das Medium ‚Kommunikation' lässt sich eine Kontextualisierung der DDR-Historie mit der westdeutschen Geschichte nachvollziehbar und nachhaltig modellieren – ohne die systemischen Unterschiede zu leugnen." Gries argumentiert, „dass die beiden deutschen Gesellschaften durch unterschiedliche Akteure und Akteursgruppen stets durch gegenseitige Wahrnehmung, gegenseitige Aneignung und durch wechsel-seitige Interaktionen miteinander verbunden waren und blieben. Gemeint sind hierbei keineswegs nur publizistische und medienvermittelte Interaktionen im klassischen Sinne, sondern Interrelationen und Kommunikationen im weitesten Sinne – selbst-verständlich auch durch politische, juristische, ökonomische, kulturelle und per-sönliche Bezüge und Bezugnahmen. Eine deutsch-deutsche Geschichte als eine Geschichte wechselseitiger Wahrnehmungen und aufeinander bezogener Handlungen vermag somit die klassische Politikgeschichte, aber auch Gegenstände der Wirtschafts- und Sozialgeschichte einzubinden."

Noch auf die Zeit vor dem Mauerfall geht **Elke Kimmel** mit ihrer Studie zurück. Sie untersucht, wie die DDR-Flüchtlinge von Juli 1989 bis September 1989 in Ungarn durch *Bild*, die *Süddeutsche Zeitung* und den *Spiegel* dargestellt wurden. Zunächst kann Kimmel zeigen, dass die Ostdeutschen sowohl in ihrem Status als Botschafts-besetzer und Flüchtlinge wie auch als Neubundesbürger in Westdeutschland von verschiedenen Presseakteuren unterschiedlich konstruiert werden. *Bild* stellt sie als absolut hilflos dar, während die Flüchtlinge in *Süddeutscher Zeitung* und *Spiegel* als zumindest zeitweise als aktive Menschen erscheinen. Auch nach ihrer Ankunft in der Bundesrepublik werden die Neubundesbürger von *Bild* als rückständig und unterlegen gezeigt. Die *Süddeutsche Zeitung* stellt die Ostdeutschen neutral als zu integrierende Mitbürger dar, während der *Spiegel* die Strebsamkeit ostdeutschen Neubürger zum Anlass nimmt, Verteilungskämpfe zu prophezeien. Als gemeinsame Tendenz der Darstellungen beschreibt Kimmel das Faktum, dass man seitens der Westdeutschen auf die „Landsleute aus dem Osten" herabsieht. Die Varianten und Invarianten, welche die Autorin bei der medialen Darstellung der Ostdeutschen *vor* der Grenzöffnung zeigen konnte, ähneln den Mustern, die auch im folgenden Beitrag deutlich werden.

Der Aufsatz von **Thomas Ahbe** beschreibt zunächst die strukturierenden Aus-gangsbedingungen der Transformation des Ostens, um sich dann der Hauptfrage zuzuwenden: Welche Akteure konstruierten in welcher Weise das gültige Wissen über die Ostdeutschen und Ostdeutschland? Hierzu werden die Ost-Diskurse von vier überregionalen und meinungsführenden Medien – der *Frankfurter Allgemeinen*

Zeitung, der *Süddeutschen Zeitung*, der *tageszeitung* und des *Spiegel* – mit den Mitteln der sozialwissenschaftlichen Diskursanalyse in jeweils zwei Untersuchungsschnitten erkundet. Die im synchronen Vergleich zu beobachtenden Differenzen der Ost-Diskurse und ihr sich zwischen 1989/90 und 1995 vollziehender Wandel machen deutlich, dass es sich den Ost-Diskursen um Alteritäts-Konstruktionen handelt, die die Identitäten der Diskurs-Produzenten wiederspiegeln und auch reproduzieren. Deswegen erscheinen Ostdeutschland und die Ostdeutschen in allen Medien-Diskursen zwar immer als etwas Fremdes, als Alterität – im Vergleich der Medien untereinander unterscheiden sich jedoch die Alteritäten. Aufgrund der Größenverhältnisse des Beitrittsgeschehen und des Medienmarktes, so argumentiert Ahbe, bleibt die mediale Konstruktion der Ostdeutschen eng an westdeutsche Institutionen gebunden. Damit werden die derart ausgerichteten Ost-Diskurse zu manifesten Strukturen der Nobilitierung und Marginalisierung von Wissen. Sie bestimmen die Art des Denkens und Redens über Ostdeutschland, sie sind gesellschaftlich-institutionell verankerte Raster der Deutung und Bewertung der Ostdeutschen.

Juliette Wedl arbeitet in ihrem Beitrag heraus, welche „Gebrauchsregeln" für die Termini *Ossi* und *Wessi* in den von 1996 bis 2007 bei *Zeit-Online* erschienen Texten galten. Entgegen der Erwartung der Autorin taucht das Begriffspaar weniger in den ‚weichen' Textsorten und im Ressort Feuilleton auf, „sondern fast durchgängig in der Rubrik Politik". Damit zeigt sich, „dass die Bezeichnungspraxis fester Bestandteil des allgemeinen Sprachgebrauchs der medialen Berichterstattung" geworden ist. Die Perspektive beim Sprechen über *Ossis* und *Wessis* ist westzentriert, der Osten erscheint als Abweichung von der westlichen Normalität, als „fremd" und „hilfsbedürftig". Der *Wessi* wird nur auf fremdem Territorium zum *Wessi*, während der *Ossi* immer und überall ein *Ossi* ist. Wedl stellt fest: „Der Begriff *Wessi* gehört einem Fremdheits- und Entwicklungshilfediskurs an, wobei überwiegend individuelle Subjekte als solche bezeichnet werden. Der Begriff *Ossi* hingegen ist Teil eines essentialistischen Eigenschaftsdiskurses, wobei meist von der Gesamtheit aller Ostdeutschen die Rede ist." Wedl arbeitet heraus, dass die beiden Termini – selbst in analogen Kontexten – nicht äquivalent verwendet werden: Zwar ist der *Ossi* ein Alteritäts-Konstrukt westdeutscher Identität, der *Wessi* aber nicht das selbe für den ihm gegenüber autonom konstruierteren Ossi. Der Begriff *Ossi* „funktioniert weitestgehend ohne sein Pendant und verweist nicht automatisch auf das Andere. (…) Die Bestimmungsmacht durch die wesenhaften Eigenschaften macht den Anderen als Gegenüber entbehrlich; vielmehr scheint die Definitionsmacht in der Natur selbst zu liegen."

Nach der Presse wird dann das Fernsehen zum Thema des Bandes. **Julia Belke** rekonstruiert in ihrem Aufsatz, welches Bild von den Ostdeutschen in der Zeit von 1987 bis 2005 im ARD-Politmagazin *Kontraste* entworfen wurde. Für ihren Materialkorpus wählte sie 118 Beiträge mit spezifischem Ost-Bezug aus – etwa ein Sechstel der gesamten *Kontraste*-Beiträge. Belke geht unter anderem der Frage nach, welcher sprachlichen Mittel, welcher Metaphern, Kollektivsymbole, Deutungsmuster oder Schlüsselwörter, sowie welcher symbolhafter Bilder sich die Sendungen bedienen und wie dabei die Ostdeutschen stereotypisiert werden. Sie kommt zu dem Ergebnis, dass „die in der Gesellschaft verbreiteten Stereotype im Einklang mit den Stereotypen [stehen], die sich im Magazin *Kontraste* herauskristallisiert haben. (…) Dazu gehören die genannten Eigenschaften wie fremdenfeindlich, unsicher, unbeweglich und unzufrieden. (…) Dabei gilt als gängig, dass die Ostdeutschen sich nicht mit der Marktwirtschaft anfreunden können, dass die Ostdeutschen nicht mit Geld umgehen können, dass die Ostdeutschen undankbar sind, dass die Ostdeutschen mit der Demokratie nicht klar kommen und auch, dass die Ostdeutschen zu sehr Heimat verbunden sind und nicht bereit sind einen Schritt über die ‚Grenzen' zu gehen. Der ganze Habitus der ostdeutschen Bevölkerung äußert sich in negativen Merkmalen." Aber auch hier gibt es – wie bei den Presse-Diskursen – über die Jahre gewisse Wandlungen. Belke zeigt, dass sich die Konstruktion der Ostdeutschen zwischen 1987 und 2005 immer wieder verändert. Die ersten drei Muster findet Belke *vor* dem Beitritt der DDR. Hier wird der „mutige Bürger" im Widerstreit mit dem Staat und später als im Aufbruch befindlich gezeichnet – also als „frech, provokativ, mündig und selbstkritisch". *Nach* der Vereinigung erscheinen die Ostdeutschen dann über eine Dekade lang vor allem als defizitär: Damals in der DDR dem Staat ausgeliefert und heute Opfer der Deformationen der DDR-Sozialisation – „unzufrieden, unbeweglich, unsicher und fremdenfeindlich." Die Ostdeutschen leiden ‚gewaltig' – die rechtsextremen und perspektivlosen Jugendlichen erzeugen die Gewalt, vor der sich die anderen Bürger fürchten und vor der die neuen Politiker und Behörden kapitulieren. Belke moniert an dem so konstruierten Bild vom Osten: „Der hohe Anteil an Themen über Gewalt widerspricht dem allgemeinen Anspruch auf objektive und ausgewogene Berichterstattung, besonders in Hinblick auf einen öffentlich-rechtlichen Sender." In den Jahren *nach 2000* stellt die Autorin noch einmal einen Tendenzwechsel fest: Die Ostdeutschen erscheinen nun nicht mehr als Opfer der DDR oder neuer Umstände. Nun würden „die Ursachen für die Handlungsdefizite in den ostdeutschen Bürgern selbst gesucht werden und daher als spezifische Merkmale der Ostdeutschen in den Medien transportiert". Erst mit Beginn des Jahres 2005 findet sich ein neues Muster bei der Konstruktion der Ostdeutschen, Belke etikettiert es mit der Formel: „Neuer Mut und zurück zu den Wurzeln".

Christian Kolmer ergänzt mit einer quantitativen Studie die bis dahin präsentierten qualitativ gewonnenen Ergebnisse. Kolmer stützt sich in seinem Aufsatz auf eine kontinuierliche Langzeitanalyse des Bonner Instituts *Media Tenor*. Die Daten stammen aus einer 13 Jahre währenden Beobachtung (1994 bis 2007) von vier Zeitungen, vier Fernsehformaten und zwei Zeitschriften. Für eine im Jahr 2007 liegende Schwerpunktanalyse wurden zusätzlich noch zwei Tages-, drei Sonntags- und sechs

Wochenzeitungen respektive Magazine herangezogen, weiterhin 13 Fernsehformate und ein Radioformat. Kolmer fragt nach dem „Stellenwert Ostdeutschlands als Ereignisort in der nationalen Berichterstattung", also nach der „Sichtbarkeit Ostdeutschlands" in den Medien. Darüber hinaus analysiert er, mit welchen Themen Ostdeutschland zum Gegenstand medialer Reflexion wird und welche „Tonalität in der Darstellung" der einzelnen Themen zu beobachten ist. Als generellen Trend belegt Kolmer ein sinkendes Interesse der Medien an Ostdeutschland, insbesondere in den Jahren 2000 bis 2005. Mit Blick auf die wirtschaftliche und soziale Lage ist das Bild Ostdeutschlands stets deutlich schlechter als das Bild des Westens. Die Verbesserung, die im Jahr 2007 erkennbar wird, dringt aufgrund des geringen Berichtsumfangs kaum durch. Wenn jedoch der Osten zum Gegenstand wird, unterscheidet sich die Themenstruktur allerdings sehr deutlich von der Berichterstattung aus Westdeutschland: Typische Ostthemen sind Innen- und Parteipolitik, Kriminalität und Gewalt sowie die DDR-Geschichte, hier vor allem der „Stasi-Komplex". Mit dem Rückgang der Berichterstattung seit dem Ende der 1990er Jahre wird nun jedoch auch eine stärkere Differenzierung bei der Thematisierung der DDR-Geschichte erkennbar, so dass die Bewertung der DDR weniger kritisch ausfällt.

Insgesamt erscheinen die Neuen Länder im Untersuchungszeitraum eher als Objekt politischer Aktivität und weniger als eine Region aktiver Bürger und Unternehmer im ursprünglichen Sinne des Wortes. „Diese Berichterstattung", so Kolmer, „verstärkt bestehende Vorstellungen und Einstellungen. Die Innere Einheit bleibt damit weiter ein Postulat."

In ihrer Summe liefern die Beiträge dieses Bandes einen empirisch fundierten Überblick auf die Ost-Diskurse nach 1990. Sie lassen eine Vorstellung davon entstehen, wie solche Ost-Diskurse mit ihrem wirklichkeitserzeugenden Potential die Realitäten der deutschen Vereinigung prägten – und wie sich die Spannung zwischen den tradierten Identitäten auch auf neue Konfliktlagen übertrug. Der Band vertieft aber nicht nur das Verständnis der deutsch-deutschen Kommunikation während des gesellschaftlichen Einigungsprozesses. Er ist auch Baustein für die historiographische Modellierung einer wechselseitigen deutsch-deutschen Wahrnehmungsgeschichte, die über das Verschwinden der DDR und der Zweistaatlichkeit hinaus Kontinuitäten und Diskontinuitäten konzeptionell einzubinden vermag.

RAINER GRIES

Perspektiven einer Historiographie deutsch-deutscher Kommunikationsräume

1. DAS „VIERTE REICH", MOLOCH INMITTEN EUROPAS

Im November 1989, als die deutschen Medien nach der Öffnung der deutsch-deutschen Grenze „kilometerlange Trabi-Staus" feierten, als Tag für Tag Reportagen der deutschen Fernsehanstalten von den Grenzübergangsstellen überglückliche Menschen auf dem Weg in den Westen zeigten, als zur Freude über das schier unfassbare Geschehen bereits Überlegungen aufkamen, wie diese mirakulöse Geschichte denn nun politisch weitergehen würde, in jenen Novemberwochen berichteten freilich auch die österreichischen Medien über das Jahrhundertereignis. Auch hier begegnet uns jener feierlich-sensationelle Duktus, der ein singuläres und säkulares Großereignis verkündet.

In der österreichischen Presse finden sich aber auch ganz andere Töne. Befragt, was die deutschen Ereignisse für die Alpenrepublik und für Europa bedeuten würden, befürchtete der österreichische Schriftsteller Johannes Mario Simmel, die Wiedervereinigung des großen Nachbarvolkes führe unweigerlich binnen eines Dezenniums zum Krieg auf dem alten Kontinent: „Eine Wiedervereinigung würde eine große Katastrophe und einen gewaltigen Schock für die vier Siegermächte bedeuten. Deutschland würde damit zur größten Industrienation werden, und spätestens in zehn Jahren könnten wir den nächsten Krieg haben, weiß der Himmel, gegen wen."[1] Der heutige Doyen österreichischer Zeitgeschichtsforschung, Gerhard Botz, pflichtete dem bekannten Bestsellerautor bei und bezeichnete die sich womöglich abzeichnende Wiedervereinigung ebenfalls als eine politische Katastrophe für Österreich und nicht zuletzt für ganz Europa. „Selbst das Reden davon kann schon gefährlich sein", konstatierte er im November 1989.[2] Österreichische Ökonomen prophezeiten ein wirtschaftliches Desaster für das kleine Land und sahen die Zinsen in schwindelnde

---

1 „Wiedervereinigung – und was sie für Österreich bedeutet", in: Wochenpresse 46 (1989) vom 17. 11.
   1989, S. 49. Die Wochenpresse (Wien) war eine politische österreichische Wochenzeitung, die von 1955
   bis 1993 erschien. Sie entstand aus der Wochenausgabe der bürgerlich-liberal-konservativen Tageszeitung
   „Die Presse" (Wien).
2 Ebenda.

Höhen steigen. Österreich, so der Präsident der Nationalbank, werde unter der kommenden deutschen Währungsunion besonders leiden.[3] Der Journalist und Fernsehhistoriker Hugo Portisch („Mr. Österreich") und andere Autoren befürchteten die künftig enge Zusammenarbeit der beiden deutschen Staaten unter wirtschaftlichen Aspekten – und beschworen das Bild, dass die Ostdeutschen und ihre Wirtschaftskraft nunmehr huckepack in die Europäische Gemeinschaft mitgenommen werde. Eine ökonomisch völlig haltlose Befürchtung, denn die DDR war durch den begünstigten innerdeutschen Handel von Anbeginn gewissermaßen ein stilles Mitglied der Europäischen Wirtschaftsgemeinschaft gewesen. Das wussten die politisch Verantwortlichen in Europa – und hatten es bis dato beschwiegen. Nun richteten zahlreiche österreichische Autoren das Schreckbild einer unüberschaubaren und einer unbezähmbaren gesamtdeutschen Wirtschaftspotenz auch deshalb auf, weil man in Österreich die Sorge hegte, die Neuordnung der beiden deutschen Staaten würde einen negativen Einfluss auf die eigenen ökonomischen Ambitionen als Drehscheibe im West-Ost-Handel haben.

Vereintes Deutschland – Großdeutschland?
Cover der österreichischen Zeitschrift
Wochenpresse 45/1989

---

3   Nationalbank-Präsident Klauhs in: Wochenpresse 15 (1990) vom 13. 4. 1990, S. 43.

„Droht das IV. Reich?"[4], „Wer fürchtet sich vorm Vierten Reich?"[5], lauteten Schlagzeilen aus der Zeit. Manche österreichische Kommentatoren beschworen den seit 1945 mühsam aufgebauten und emotional abgesicherten nationalen Konsens der Alpenrepublik. Seit den siebziger Jahren sah eine gesicherte Mehrheit Österreich als eigene Nation, betrachtete sich eine Mehrheit als ein Volk, das nicht mit dem deutschen ineins zu setzen sei. Doch würde dieser mühsam nach dem Krieg erarbeitete Konsens im Sog eines sich vereinigenden Deutschlands halten? Wenn die Leute in Ostdeutschland nicht mehr nur „Wir sind das Volk", sondern mehr und mehr „Wir sind ein Volk" skandierten, könnte das ein Vorbild für die „deutsch" denkenden Landsleute abgeben: Die Angst war groß, das Geschehen auf dem Leipziger Ring werde sich bald auf der Wiener Ringstraße wiederholen: Bestand nicht die Gefahr, dass auch an der Donau und in den Alpen erneut der Ruf „Wir sind ein Volk" erschallte?

Aber nicht nur eine innere, sondern auch eine äußere Bedrohung durch das vereinte Deutschland wurde diskutiert. Der bekannte Wiener Psychoanalytiker, Psychiater und Universitätsprofessor Erwin Ringel[6] formulierte im März 1990 in einem Kommentar für die *Neue Arbeiterzeitung*: „Wenn man gesehen hat, wie der deutsche Bundeskanzler, kaum dass sein Land eine Spur von Selbständigkeit erreicht hat, mit den ‚Ostdeutschen', Polen und sogar auch mit den Russen umgegangen ist, wer seine Forderungen und Bedingungen gehört hat, dem kann es doch nicht entgangen sein, dass hier ein Machtreich zu entstehen droht, vor dem sich alle Nachbarn (und nicht nur sie) fürchten müssen. Bereits zweimal in diesem Jahrhundert gingen Weltkriege von Deutschland aus, einer davon ein ‚Ausrottungsfeldzug'. Wie groß ist dann die Gefahr, wenn nun dieses Land zur längst erreichten Weltwirtschaftsmacht auch noch die militärische dazugewinnt?" „Principiis obsta" rief das österreichische „Gewissen der Nation" erregt der Bundesregierung in Wien zu.[7] Die Bedrohungsängste bei vielen Kommentatoren waren also groß. Freilich fehlten auch Mahnungen zur Besonnenheit und zum Abwarten nicht. Otto von Habsburg attestierte die *Wochenpresse* eine gesamteuropäische Perspektive – denn er konnte für die bedrohte österreichische Seele auch ein Plus aus der Öffnung der deutsch-deutschen Grenze herauslesen, wenn er meinte: „Die Österreicher und Ungarn haben den Preußen den Weg in die Freiheit gezeigt."[8] Dass man die vereinten Deutschen auch künftig unter Kontrolle halten könne, schwang in manchen Äußerungen mit. Der Schriftsteller Hans Weigel bekundete durchaus seine Freude und seine Liebe zu Berlin – und

---

4   Wochenpresse 45 (1989) vom 10. 11. 1989, S. 44.
5   Wochenpresse 48 (1989) vom 1. 12. 1989, S. 4.
6   Sein bekanntestes Werk hatte die kollektive österreichische Seelenverfassung analysiert; Erwin Ringel: Die österreichische Seele. Zehn Reden über Medizin, Politik, Kunst und Religion, Wien 1984.
7   „Österreich und das deutsche ‚Einig'-Vaterland". In: Neue Arbeiterzeitung vom 23.3.1990.
8   Walter Osztovics: „Frei durch Fernsehen". In: Wochenpresse 46 (1989) vom 17.11.1989, S. 38-51, S. 38.

räumte hinsichtlich der neuen Gefahrenpotentiale ein: „Wir hier (in Wien) sind stark im Nehmen." Und, bezogen auf die Ostdeutschen, die nun näher rücken würden: Sie seien in Not, also werde man ihnen wie dereinst den Ungarn helfen. Und ansonsten gelte die alte Wiener Weisheit: „Wir wer'n s'schon demoralisieren."[9]

Nicht sosehr die Tatsache, dass Johannes Mario Simmel und viele andere Opinion Leader in Österreich so dachten ist heute interessant – vielmehr die Tatsache, dass diese Vorstellungen und Ängste in Medien aufgegriffen und abgedruckt wurden. Unter der Headline „Deutschland – Na und?" veröffentlichte ein Wochenblatt Umfrageergebnisse vom Dezember 1989, denen zufolge eine knappe Mehrheit der Österreicher die deutsche Wiedervereinigung für wünschenswert hielt, wobei deutlich mehr Frauen als Männer für den Umbruch votierten. Mehr als die Hälfte der Maturanten und Akademiker äußerten sich negativ.[10]

Die zitierten Zuschreibungen aus österreichischer Perspektive formulierten und formatierten also drängende eigene soziale und politische Problemlagen des kleinen Landes inmitten Europas, das, in historischen Zeitläuften gerechnet, eben erst zu sich selbst gekommen war. Die verbalen und visuellen Bilder, die österreichische Journalisten und Kommentatoren im Herbst des Jahres 1989 von „den Ostdeutschen" und von „den Deutschen" evozierten und beschworen, waren Ausdruck des eigenen Gefühlshaushalts – einer Gemengelage aus Angst und Achtung vor dem großen Nachbarn und der Befürchtung, der eigene nationale Konsens könne im Sog des deutschen Einheits-Postulates plötzlich auf- und untergehen. Die Freude und Begeisterung über die Öffnung des Eisernen Vorhanges zuerst an der ungarisch-österreichischen, dann an der deutsch-deutschen Grenze hatte eine ernstzunehmende Kehrseite: die Furcht vor einem übergroßen Nachbarn und die Sorge um die psychosoziale und damit um die politische Stabilität des eigenen Landes.

---

9 Wiedervereinigung – und was sie für Österreich bedeutet. In: Wochenpresse 46 (1989) vom 17.11.1989, S. 48.
10 Walter Osztovics: „Deutschland – Na und?" In: Wochenpresse 51 (1989) vom 22. 12. 1989, S. 14-16.

2. BILDER ALS MEDIEN VON WIR-GEFÜHLEN

Schon anhand dieser Originaltöne aus österreichischen Medien im Wendeherbst des Jahres 1989 lässt sich mustergültig erkennen, dass Alteritäts-Diskurse immer auch Identitäts-Diskurse sind. Bilder von den anderen, Fremdbilder, widerspiegeln Selbstbilder. So jedenfalls eine der Prämissen unseres Forschungsprojektes, das sich der Aufarbeitung jener medialen Diskurse und Bilder, die in den neunziger Jahren nicht nur mit der Wiedervereinigung, sondern auch mit „den Ostdeutschen" und mit „Ostdeutschland" verknüpft wurden, widmete.

Bilder aber sind „schnelle Schüsse ins Gehirn", wie der Verhaltenswissenschaftler Werner Kroeber-Riel zu Recht postulierte. Denn um ein medienvermitteltes Bild mittlerer Komplexität aufzunehmen, sind höchstens zwei Sekunden erforderlich.[11] Bilder sind im Stande, ein Maximum an Informationen weit schneller und weit wirksamer als Sprache zu vermitteln; Bilder werden auch weit besser erinnert als Wörter.[12] Den Verhaltenswissenschaftler interessierte jedoch nicht nur die Bildbotschaft, sondern auch die Bildaneignung. Er hat dazu ein zweigliedriges Grundmodell entwickelt, das sich auf Gedächtnistheorien stützt, die von der kognitiven Psychologie Anfang der siebziger Jahre entwickelt wurden: „Bilder" repräsentieren demnach zwei Realitäten, die wie zwei Seiten einer Medaille aufeinander bezogen sind. Bildreize, von ihm auch als „äußere Bilder" bezeichnet, rufen demnach so genannte „Gedächtnisbilder" auf, auch „innere Bilder" genannt. Diese „inneren Bilder" können wir diesem Konzept zufolge als „konkrete visuelle Vorstellungen" der Menschen verstehen. Diese bildlichen Vorstellungen sind in „Wahrnehmungsbilder" und in „Gedächtnisbilder" zu gliedern. Ein Wahrnehmungsbild entsteht dann, wenn der Gegenstand oder ein Bild des Gegenstandes vom Betrachter direkt sinnlich aufgenommen wird. Nur ein kleiner Teil der wahrgenommenen Bilder kann jedoch für längere Zeit im Gedächtnis gespeichert werden. „Die inneren Bilder, die in Abwesenheit des Gegenstandes oder des Bildes aus dem Gedächtnis abgerufen werden können, werden Gedächtnisbilder (memory images oder mental images) genannt. Sie haben einen starken Einfluß auf das Verhalten."[13] Starke emotionale Wirkungen sind dabei die „eigentliche Wirkungsdomäne" solch innerer Bilder, ja, man kann diese inneren Bildrepräsentationen geradezu als „gespeicherte Emotionen" auffassen. Der enge Zusammenhang von Bildern und Emotionen resultiert daraus, dass die rechte Gehirnhälfte bevorzugt sowohl für bildliche Vorstellungen und für emotionales Verhalten zuständig ist.

---

11 Werner Kroeber-Riel: Bildkommunikation. Imagerystrategien für die Werbung. München 1995, S. 53.
12 Kroeber-Riel ebenda (Anm. 11), S. 75.
13 Kroeber-Riel ebenda (Anm. 11), S. 40 und passim.

VON DEN MEDIENBILDERN ZU DEN BILDERMEDIEN

Daher ging es uns im Rahmen unseres Projektes nicht nur um eine Bestandsaufnahme der Mediendiskurse und der Medienbilder – das konnte nur ein erster Schritt sein. Denn kollektiv geteilte Bilder stellen stark aufgeladene Medien in einem weiteren Sinne dar. – Medien nämlich, die wir als Plattformen sozialen Austausches, als Kristallisationsorte von Gemeinden und von Gemeinschaften, zumindest aber von Wir-Gefühlen, verstehen müssen.

Gruppen, Generationen und ganze Gesellschaften fanden und finden zu sich selbst, indem sich deren potentielle Angehörige und „Mitglieder" auf gemeingültige Narrative, Selbst- und Fremdbilder sowie Symbole über einen lange Zeitspanne hinweg ‚einigen'. Für einen solchen Einigungsprozess nutzten und nutzen unterschiedliche Gemeinschaften unter unterschiedlichen gesellschaftlichen, politischen und publizistischen Bedingungen unterschiedliche Medien der kollektiven Verständigung. Medien in diesem weiteren Sinne, so der Kommunikationswissenschaftler Thomas A. Bauer, seien weniger als Apparaturen zu denken, sondern vielmehr als reale, gelebte oder gedachte „Plattformen der sozialen Praxis", als „Zeichen- und Bezeichnungszusammenhänge", „die in der Lage sind, Deutungen aufzunehmen und auch solche wieder abrufbar zu machen. Medien sind in diesem Verständnis Referenzrahmen für die allgemeine Unterstellung der Wichtigkeit, Gültigkeit und Relevanz von Themen. Sie maximieren daher mögliche individuelle Bedeutungen zu kollektiven Deutungsangeboten – nicht selten in direkter Verbindung mit der Minimierung eines differenzierten Verständnisses des Inhalts selbst. Solche Medien sind aber nicht nur Plattformen gesellschaftlicher Diskurse, sondern – im Sinne des Foucaultschen Diskursbegriffs – mehr noch Dispositive der gesellschaftlichen Ordnung, also der Verteilung von hierarchisierter Gesellschaftlichkeit, vor allem im Zusammenhang von wissensbesetzten Diskursen."[14] Zu verbalen und visuellen Bildern verfestigte und verstetigte Diskurse stellen in diesem Verständnis „Medien" sui generis dar – sie vermögen nicht nur zu integrieren, sondern sie segregieren, segmentieren und sie fragmentieren zugleich. Medien in diesem Sinne sind es, die gruppenspezifische Bedeutungs- und Sinn-Angebote vermitteln, welche Identifikationserwartungen nachkommen und befördern – und welche nicht minder Distinktionsverlangen und Gefühlslagen kommunizieren können.

---

14 Thomas A. Bauer: Geschichte verstehen. Eine kommunikationstheoretische Intervention. In: medien & zeit. Kommunikation in Vergangenheit und Gegenwart, Jg. 21 (2006), H. 1 (= Themenheft „Europäische Erinnerungskultur(en)?"), S. 26-39, S. 35.

3. KULTURGESCHICHTE UND GESELLSCHAFTSGESCHICHTE

Der Soziologe Karl Mannheim sah im Menschen ein Kollektivsubjekt, das Sinn aus Erfahrungen gewinnt, die sich auf „einen bestimmten von einer Gemeinschaft getragenen Erfahrungszusammenhang" beziehen.[15] „Konjunktive Erfahrungsräume" in diesem Verständnis oder auch „kulturelle Milieus" sind dadurch charakterisiert, „daß ihre Angehörigen (…) durch Gemeinsamkeiten des Schicksals, des biographischen Erlebens, Gemeinsamkeiten der Sozialisationsgeschichte miteinander verbunden sind. Dabei ist die Konstitution konjunktiver Erfahrung nicht an das gruppenhafte Zusammenleben derjenigen gebunden, die an ihr teilhaben".[16] Das gilt nicht nur für Erfahrungen, genauer: den Austausch von kollektiven Erfahrungen, sondern auch für Erwartungen, also die Verständigung über eine kollektiv geteilte Zukunft. In diesem Sinne können Erwartungen auch Erfahrungen sein: Die Erwartung von Konflikten und die Erwartung von Katastrophen, die sich in der österreichischen Presse geäußert wurden, begründeten nicht minder eine „Gemeinsamkeit des Schicksals beziehungsweise des biographischen Erlebens" wie Karl Mannheim schrieb. Solcherart Gemeinsamkeiten können durch die gemeinsame Aneignung und Akzeptanz beziehungsweise durch eine kollektiv geteilte Ablehnung von bestimmten Bildmedien gestiftet werden. Auch deren Aneignung kann durch ein so genanntes disperses Publikum geschehen, das sich diese Medieninhalte zwar nicht gemeinschaftlich im gleichen Raum und zu gleicher Zeit aneignet – aber unter den Bedingungen räumlicher Trennung doch voneinander und von den eigenen Vorlieben und Abneigungen weiß.

Aus einer solchen Perspektive lassen sich zwei Konstituenten konjunktiver Erfahrungsräume nach dem Fall der Systemgrenze 1989/90 ausmachen:
- Einerseits die geteilte *Erfahrung* der Grenzöffnung und ihrer Folgen an sich und überdies
- die *Erwartungen*, die Zuschreibungshorizonte, die dem Geschehen und die den Bewohnern Osteuropas beigemessen wurden. – Und zwar in ihrer Eigenschaft als Träger des revolutionären Geschehens, als Akteure des Umbruches. Die Bilder von Ungarn, Polen, Tschechen und Slowaken und eben der Ostdeutschen avancierten so zu Medien der Selbstverständigung in einer Zeit, in welcher nichts mehr selbstverständlich schien. Ein Europa der konjunktiven Erfahrungs- und Erwartungsräume vermag über solche Bild- und Diskursanalysen grenzübergreifende soziale und kulturelle Zusammenhänge zu entdecken, in denen die Menschen sich auf ähnliche Bildkomplexe und auf eine ähnliche Hierarchien und Wertigkeiten dieser ‚geeinigt' haben.

---

15 Karl Mannheim: Strukturen des Denkens. Frankfurt/Main 1980, S. 241.
16 Ralf Bohnsack: Rekonstruktive Sozialforschung – Einführung in qualitative Methoden, Opladen 2000, S. 131.

Das lässt sich deshalb postulieren, weil solcherart nachhaltig nachweisbare Bild-medien ein Gemeinschaftswerk darstellen. Für unsere Fragestellung erscheint mir wichtig, dass am Aufbau und an der Modifikation solcher Bilder zahlreiche Akteure beteiligt sind. Das Image eines Landes oder einer Menschengruppe („der Ungarn" oder „der Ostdeutschen") beschränkt sich keinesfalls auf die visuellen und verbalen Bilder, welche von den Medien kommuniziert werden. Sie stellen Erfahrungs- und Erwartungsaufschichtungen dar, auf deren Grundzuschreibungen sich Wir-Gruppen ‚einigen'.

Um diese kollektiven Aufschichtungen theoretisch nachvollziehen zu können, bietet sich die Theorie der „präsentativen Symbole" an, die auf der „Philosophie der symbolischen Formen" von Ernst Cassirer aufbaut und von der Philosophin Susanne K. Langer in den sechziger Jahren des 20. Jahrhunderts entwickelt wurde.[17] Unter „präsentativer Symbolik" lässt sich eine „Ganzheit der Erlebens- und Gefühlsviel-falt" verstehen, die ein bestimmtes Objekt abbildet und bei seinen Rezipienten auf-zurufen vermag. Folgt man dem Sozialwissenschaftler und Psychoanalytiker Alfred Lorenzer, wirken solch „präsentative Symbole" als „‚Ganzheiten', weil sie aus ganzen Situationen, aus Szenen hervorgehen und Entwürfe für szenisch entfaltete Lebens-praxis sind". Sie entstammen „einer Symbolbildung, die lebenspraktische Entwürfe unter und neben dem verbalen Begreifen in sinnlich greifbaren Gestalten artikuliert".[18] Jedweder Gegenstand kann ein solches Symbol ausbilden, „wobei es gilt, Nicht-Ver-balisierbares sinnlich zugänglich zu gestalten."[19] Diese Aussagen treffen uneinge-schränkt auf die hier beobachteten Bildbestände der neunziger Jahre zu: sie vermögen gerade auch aufgrund von nonverbalen, sinnlich vermittelten Mustern langfristig zu wirken. Und sie entfalten ihre Wirkung weniger aufgrund der Wahrnehmung einzelner Zuschreibungselemente, sondern aufgrund der Ganzheitlichkeit ihrer Anmutung. Solche Narrative umfassen ebenso verbale wie visuelle, rationale wie emotionale Anteile. „Die situativ-unmittelbar erlebte Welt wird nicht wie im diskursiven Denken in ‚Gegenstände' und sukzessive Prozeßschritte zerlegt, sondern in der sinnlich-reichen ‚Ganzheit' der Situationserfahrung abgebildet."[20] „Jene ‚präsentative' Abbildung von Situationen in der sinnlichen Unmittelbarkeit ihrer unzerlegten Ganzheit führt an emotionale ‚Tiefenschichten' heran [...]. Präsentative Symbole sind demnach

---

17 Ernst Cassirer: Philosophie der symbolischen Formen. Bd. 1, Darmstadt 1953; Susanne K. Langer: Philo-sophie auf neuem Wege. Das Symbol im Denken, im Ritus und in der Kunst. Frankfurt/Main 1965, S. 102f.
18 Alfred Lorenzer; Das Konzil der Buchhalter. Die Zerstörung der Sinnlichkeit. Eine Religionskritik. Frankfurt/Main 1984, S. 31.
19 Peter Jüngst: Psychodynamik und Stadtgestaltung. Zum Wandel präsentativer Symbolik und Territoria-lität. Von der Moderne zur Postmoderne, Stuttgart 1995, S. 11.
20 Lorenzer (Anm. 18), S. 31.

Ausdruck von grundlegenden Beziehungen gleichwohl wie sie auch auf unsere Beziehungen in ihrer Bedeutung wirken, als solche in unser existentielles Sein eingreifen."[21]

Die Aufklärung von Bildmedien ist, so gesehen, nichts weniger als die Aufklärung solcher „Beziehungen", mithin die Aufklärung von verdichteten Erwartungen und Erfahrungen, von Selbst- und Fremdzuschreibungen durch Gruppen, durch Generationen und ganze Gesellschaften. Die historische Beobachtung solcher Medienbilder einerseits und der mit ihnen verknüpften Bildmedien andererseits führt uns in ein Geschehen, mit dem Selbst- und Fremdbilder innerhalb solcher sozialen Entitäten transferiert, modifiziert, akzeptiert und angeeignet werden. Über diese Bildmedien werden Distanz und Distinktion, aber auch Attraktion und Adhäsion signalisiert und praktiziert. Indem wir diejenigen Bilder isolieren und untersuchen, die wesentlich zum Wir-Gefühl und zum Wir-Verständnis von Gruppen, Gemeinschaften, Generationen und Gesellschaften beitragen, leisten wir nicht bloß einen grundlegenden Beitrag zur näheren Erkundung dieser sozialen Entitäten, sondern zur Gesellschaftsgeschichte insgesamt.

Für die kulturhistorische Forschung scheint mir auch in diesem Zusammenhang zweierlei von besonderer Relevanz:

• Erstens sind die Mediennutzer an der Produktion solcher Bildmedien beteiligt. Akzeptierte Medienbilder verweisen daher auf Aneignungen und Neigungen von bestimmten Akteursgruppen. Für die historiographische Forschung stellen gerade politische Bildofferten Quellen dar, die Rückschlüsse auf ihre Kommunikatoren, also auf Journalisten und Politiker, vor allem aber auch auf die Adressaten und ‚Konsumenten' dieser Bildkomplexe zulassen.

• Zweitens weisen auch politische Images[22] im Idealfalle über lange Zeiträume hinweg überraschende Kontinuitäten und Konstanzen auf. Bilder von Völkern werden vielfach stereotyp von Generation zu Generation weitergegeben; sie können daher sehr langlebig sein. Sie stellen so gesehen überdies ein überzeitliches Gemeinschaftswerk von Vielen dar.

---

21 Jüngst (Anm. 19), S. 11.
22 Einen historiographischen Zugriff auf das Problem „Image" leisten Münkel, Daniela/Seegers, Lu (Hrsg.): Medien und Imagepolitik im 20. Jahrhundert. Deutschland, Europa, USA. Frankfurt 2008.

4. EXPLORATIONEN EINES DEUTSCH-DEUTSCHEN
KOMMUNIKATIONSRAUMES

Wenn wir uns einen bilanzierenden Überblick über die Bild- und die Diskurshorizonte verschaffen, die im Wendejahr 1989/90 und in den folgenden Jahren vor allem in deutschen Medien von Menschen aus dem Osten und vom Osten, insbesondere von „Ostdeutschen" und vom Osten Deutschlands, verknüpft wurden, so leisten wir Beiträge zur Exploration jenes konjunktiven deutsch-deutschen Erfahrungs- und Erwartungszusammenhanges. – Insbesondere aber einen Beitrag zu dessen innerer, kultureller Verfassung: Welche Bilder und Narrative halten welche Gemeinden, Gemeinschaften, Gruppen und Gesellschaften zusammen? Und auch zu dessen Grenzverläufen: Wer gehört sozial, territorial und politisch zu der Gemeinschaft, die durch die jeweiligen Images und Inhalte zusammen gehalten wird?

   In Deutschland wird seit Mitte der neunziger Jahre das Problem diskutiert, Wege zu einer „gemeinsamen deutschen Nachkriegsgeschichte" zu finden und aufzuzeigen. Die Erarbeitung einer integrativen Konzeption deutsch-deutscher Geschichte gestalte sich auch zwei Jahrzehnte nach der staatlichen Einheit daher so schwierig, resümierte Konrad Jarausch mit Recht, weil sie die Beantwortung mehrerer Grundfragen voraussetze: „Welche Themen, Ereignisse oder Gestalten sollen aus der Fülle der getrennten Vergangenheiten ausgewählt werden? Wie ist die Doppelstaatlichkeit in einem Narrativ darzustellen, das nicht mechanisch von Bonn nach Ostberlin und wieder zurück springt? Wie kann man die Problemlösungen beider Systeme miteinander vergleichen, ohne Diktatur mit Demokratie gleichzusetzen? Welche Differenzierungen fordert eine glaubwürdige Darstellung, deren Komplexität nicht Relativierung bedeutet? Es liegt auf der Hand, dass es für solche Probleme keine einfachen Lösungen gibt."[23]

   Der Imperativ, zu einer „gemeinsamen Geschichte" gelangen, verführt daher einerseits zu dem Wunsch, eine „Nationalgeschichte" aus der Perspektive einer westdeutschen Erfolgsgeschichte zu schreiben – ein inakzeptables Unterfangen, da mit einem solchen Ansatz die Spezifik der sowjetischen Besatzungszone und der DDR unterschlagen wird. Und er provoziert offenbar auch einen durchaus nachvollziehbaren heuristischen Reflex: Die Geschichte der beiden deutschen Gesellschaften wird unter diesem Stern mit Vorliebe nach Gemeinsamkeiten, nach Feldern der Begegnung und der Zusammenarbeit abgesucht. Dabei scheinen Frage- und Problemstellungen, die *keine* offensichtlichen Gemeinsamkeiten der beiden deutschen Staaten oder Gesellschaften aufweisen, zunächst weniger auf der Agenda zu stehen.

---

23   Konrad H. Jarausch, „Die Teile als Ganzes erkennen". Zur Integration der beiden deutschen Nachkriegs-
     geschichten, in: Zeithistorische Forschungen/Studies in Contemporary History, Online-Ausgabe, 1 (2004),
     H. 1, Abschnitt 15. URL: <http://www.zeithistorische-forschungen.de/16126041-Jarausch-1-2004>
     (3. 8. 2008).

À la longue sollte mit den Versuchen, eine „asymmetrisch verflochtene Parallel- und Kontrastgeschichte"[24] der beiden deutschen Nachkriegsgesellschaften zu erarbeiten, das Bemühen verbunden sein, eben gerade auch das auf den ersten Blick Nicht-Gemeinsame, das Andere im Anderen, das Fremde im Anderen als einen integralen Bestandteil der „eigenen" und einer „gemeinsamen Geschichte" zu akzeptieren und zu modellieren. Ein Beispiel: Die vier Besatzungsmächte waren nicht nur am Anfang der Nachkriegsgeschichte Deutschlands, sondern auch in späteren Jahrzehnten bedeutende Faktoren und Akteure – und zwar nicht nur in der je eigenen Besatzungszone oder auf dem Territorium ‚ihres' deutschen Staates. Die sowjetische Besatzungsmacht war bis zum Schluss Besatzungsmacht in der DDR und spielte in ganz Deutschland auf unterschiedlichsten Ebenen eine eminent politische und kulturelle Rolle.[25] Und vice versa: Die Amerikaner waren nicht nur Schutzmacht im Westen, sondern auch ein nicht weg zu denkender politischer und kultureller Faktor im Osten. Das gilt für zahlreiche Strukturelemente, die wir zwar zuerst nur in einer der beiden deutschen Gesellschaften orten können, die aber hier wie dort fundamentale Wirkungen entfalteten. Strukturelemente einer „Amerikanisierung" finden sich nicht nur in der Bundesrepublik, sondern auch in der DDR. Wir sollten also künftig Methoden und Koordinatensysteme bereit stellen, welche die Beobachtung und adäquate Beschreibung der von Interaktions- und Integrationsprozessen auch und gerade des scheinbar Nicht-Gemeinsamen sicherstellen.

Diesem Impetus liegt ein Grundverständnis deutsch-deutscher Geschichte zugrunde, das die beiden Gesellschaften als einen gemeinsamen Kommunikationsraum, als einen konjunktiven Erfahrungs- und Erwartungsraum im eben beschriebenen Sinne, versteht.[26] Damit sei der Versuch unternommen, der gut nachvollziehbaren Konzeption einer „asymmetrisch verflochtenen Parallel- und Kontrastgeschichte" eine zusätzliche Perspektive zu eröffnen.

Der Berliner Kommunikationswissenschaftler Klaus Beck stellt fest: „Kommunikationsräume können nicht als geografisch definierte und kartografierbare Behälter begriffen werden, sondern müssen als dynamische Sozialgebilde aufgefasst werden,

---

24 Vgl. Christoph Kleßmann: Konturen einer integrierten Nachkriegsgeschichte. In: APuZ B 18-19/2005, S. 3-11; ders.: Spaltung und Verflechtung – Ein Konzept zur integrierten Nachkriegsgeschichte 1945 bis 1990. In: ders. und Peter Lautzas (Hrsg.): Teilung und Integration. Die doppelte deutsche Nachkriegsgeschichte als wissenschaftliches und didaktisches Problem. Bonn 2006, S. 20-37.

25 Vgl. Silke Satjukow: Besatzer. „Die Russen" in Deutschland 1945–1994. Göttingen 2008; dies.: Befreiung? Die Ostdeutschen und 1945, Leipzig 2009.

26 Siehe dazu auch das Themenheft „Kommunikationsraum Europa – Europa als kommunizierter Raum" der Zs. medien & zeit. Kommunikation in Vergangenheit und Gegenwart 23 (2008) 3; und Gries, Rainer: Produktmedien. Zur Erkundung konjunktiver Erwartungs- und Erfahrungsräume in Europa. In: Daniel, Ute/Schildt, Axel (Hrsg.): Mediengeschichte im Kontext. Massenmedien in der europäischen Geschichte des 20. Jahrhunderts, 2009 (i.E.).

die durch Kommunikation – und nicht allein durch politische, ökonomische, technische oder sonstige Rahmenbedingungen von Kommunikation – definiert werden. Der Begriff des Kommunikationsraums sollte nicht allein medialisierte Kommunikationsmodi einschließen, sondern auch direkte Formen der Kommunikation, damit der kommunikative Wandel umfassend analysiert werden kann."[27] Und, freilich, der kulturelle und der soziale Wandel innerhalb solcher Gebilde, denn Kommunikationsräume in diesem Sinne sind wie Sozialräume dynamisch zu denken. Diesem Konzept zufolge existieren Kommunikationsräume nicht nur nebeneinander, sondern sie können sich überlagern und wiederum miteinander in Verbindung stehen. Kommunikationsräume sollten wir daher als mehrdimensionales Konstrukt aus Beziehungs-, Sinn-, Verständigungs- und Zeitdimension beschreiben.

Insofern ist das Paradigma Kommunikationsraum hier im weitesten Sinne zu verstehen: Es geht davon aus, dass die beiden deutschen Gesellschaften durch unterschiedliche Akteure und Akteursgruppen stets durch gegenseitige Wahrnehmung, gegenseitige Aneignung und durch wechselseitige Interaktionen miteinander verbunden waren und blieben. Gemeint sind hierbei keineswegs nur publizistische und medienvermittelte Interaktionen im klassischen Sinne, sondern Interrelationen und Kommunikationen im weitesten Sinne – selbstverständlich auch durch politische, juristische, ökonomische, kulturelle und persönliche Bezüge und Bezugnahmen. Eine deutsch-deutsche Geschichte als eine Geschichte wechselseitiger Wahrnehmungen und aufeinander bezogener Handlungen vermag somit die klassische Politikgeschichte, aber auch Gegenstände der Wirtschafts- und Sozialgeschichte einzubinden.

Ähnlich argumentiert auch der Augsburger Historiker Andreas Wirsching: „Eine entteleologisierte deutsche Zeitgeschichte vermag daher nach weniger offenkundigen, aber vielleicht hoch wirksamen Kräften deutsch-deutscher Vergemeinschaftung zu fahnden. Ins Blickfeld sollte ein gemeinsamer Erfahrungs- und auch Handlungsraum rücken, der beide deutschen Staaten, Gesellschaften und Kulturen umfasst, die Chance bietet, den Panzer des Systemgegensatzes aufzubrechen, und sich nicht in einer bloßen Parallelgeschichte erschöpft. Eine moderne deutsche Nachkriegsgeschichte wird den sterilen, in den 1970er Jahren modischen ‚Systemvergleich' hinter sich lassen, zugleich aber auch den politisch-ideologischen Systemgegensatz zumindest nicht so weit überpointieren, dass er den Blick auf den gemeinsamen Erfahrungsraum verstellt."[28]

---

27 Klaus Beck: No Sense of Place? Das Internet und der Wandel von Kommunikationsräumen., in: Christiane Funken/Martina Löw (Hrsg.): Raum – Zeit – Medialität. Interdisziplinäre Studien zu neuen Kommunikationstechnologien. Opladen 2003, S. 119-137, S. 123f.

28 Andreas Wirsching: Für eine pragmatische Zeitgeschichtsforschung. In: APuZ. Aus Politik und Zeitgeschichte B 3/2007 vom 15. 1. 2007 (Themenheft: „Gemeinsame Nachkriegsgeschichte?"), S. 13-18, S. 15.

Eine deutsch-deutsche Geschichte, die sich als integrierend versteht, sieht sich mit der großen Herausforderung konfrontiert, die vielfältigen kulturellen wie politischen und wirtschaftlichen Bezugnahmen mit adäquaten Methoden beobachtbar und in adäquaten Koordinatensystemen darstellbar zu machen.

Mit Recht warnt der Göttinger Zeithistoriker Bernd Weisbrod vor einer deutschen „Nationalgeschichte" der Nachkriegszeit in traditioneller Manier. Er macht ebenfalls den Vorschlag, die deutsch-deutschen Verflochtenheiten künftig verstärkt unter kommunikationsgeschichtlichen und generationengeschichtlichen Auspizien zu untersuchen.[29] „Von einer solchen kommunikationsgeschichtlichen Fragestellung aus ergeben sich vielleicht mehr Antworten auf die Frage nach den Schwierigkeiten des Vereinigungsprozesses als aus der Perspektive einer konkurrierend verflochtenen und endlich glücklich erlösten doppelten Nationalgeschichte."[30] Kommunikationstheoretisch und kommunikationsgeschichtlich inspirierte Fragestellungen freilich sind in der Tat gefragt, um die Medien und Akteure deutsch-deutscher Interaktionen und deren Geschichte adäquat beobachten zu können.

Welche heuristischen Möglichkeiten vermag eine kommunikationstheoretisch inspirierte Konzeption deutsch-deutscher Nachkriegsgeschichte zu eröffnen? Während der neunziger Jahre waren nicht zuletzt auch aus politischen Gründen eine Vielzahl zeitgeschichtlicher Ressourcen der Aufarbeitung der DDR-Geschichte gewidmet. Bereits Ende des ersten Jahrzehnts nach der Einheit zeigte sich das Problem, die mannigfaltigen und schier unüberschaubaren Ergebnisse dieses Forschungsbooms bilanzierend zur Kenntnis zu nehmen, zu systematisieren und zu kontextualisieren. Thomas Lindenberger und Martin Sabrow vom Zentrum für Zeithistorische Forschung glaubten etwas später, vor einer „Verinselung" und „Provinzialisierung" der DDR-Forschung warnen zu müssen.[31] Doch in welche Richtung sollten Versuche einer Systematisierung und Kontextualisierung gehen? Unter welchen Prämissen sollten die geforderten Einbettungen erfolgen?[32] Welche Möglichkeiten vermochte die historische Komparatistik zu eröffnen? Die Systemvergleiche der siebziger Jahre waren Instrumente politischer Auseinandersetzung gewesen. – Die westdeutsche Demokratie hier und die ostdeutsche Diktatur dort ließen sich sicher nicht in toto valide gegeneinander aufrechnen. Welche Anforderungen sollten an plausible und nachvollziehbare Vergleichshorizonte der DDR-Geschichte gestellt werden?

---

29 Bernd Weisbrod: Zur Erfahrungsgeschichte der Teilung. Ein Diskussionsbeitrag, in: Deutschland Archiv 41 (2008) 1, S. 131-135, S. 133. Zum generationengeschichtlichen Zugriff siehe Annegret Schüle, Thomas Ahbe und Rainer Gries (Hrsg.): Die DDR aus generationengeschichtlicher Perspektive. Eine Inventur. Leipzig 2006.

30 Weisbrod (Anm. 29), S. 134.

31 Thomas Lindenberger und Martin Sabrow: Zwischen Verinselung und Europäisierung: Die Zukunft der DDR-Geschichte, in: Deutschland Archiv 37 (2004) 1, S. 123-127.

32 Martin Sabrow: Die DDR in der Geschichte des 20. Jahrhunderts, in: Deutschland Archiv 41 (2008) 1, S. 121-130.

Über das Medium „Kommunikation" lässt sich eine Kontextualisierung der DDR-Historie mit der westdeutschen Geschichte nachvollziehbar und nachhaltig modellieren – ohne die systemischen Unterschiede zu leugnen. In einem nächsten Schritt wäre ein solch deutsch-deutsche Verdichtungsraum wiederum in europäischen Kontexte einzudenken und einzubinden. „Kommunikation" sei in diesem Verständnis als ein Prozess der Bedeutungsvermittlung im deutsch-deutschen Handlungsraum verstanden.[33] Dabei gilt es, stets die jeweiligen Akteure beziehungsweise Interakteure, die Medien und Kanäle, die Gehalte und die Inhalte, die Wirkungen und die mit diesen Wirkungen verbundenen Handlungen nachzuvollziehen und bezüglich ihrer politischen und sozialen Implikationen zu beobachten. „Kommunikation" als Modus einer „Parallel- und Kontrastgeschichte" zu denken und in die Forschungspraxis umzusetzen, eröffnet die Chance, sowohl die Verflochtenheiten wie die Asymmetrien jenes kommunikativ-konjunktiven Erfahrungs- und Erwartungsraumes der beiden deutschen Gesellschaften mitzudenken und aufzudecken. Freilich sind die Beziehungen und die Bedeutungen, die in diesem Raum „Geschichte machten", zu unterschiedlichen Zeiten und aus unterschiedlichen Perspektiven unterschiedlich zu gewichten, selbstverständlich handelte es sich um ein „asymmetrisch" zu charakterisierendes Geflecht von Interaktionen. Im Rahmen eines solchen Verständnisses kommt Kanälen und Medien, Formen und Formaten von Kommunikation über die Mauer hinweg eine entscheidende Bedeutung zu.

Einerseits gilt es, die Qualitäten, also die Inhalte und Gegenstände solcher Interaktionen, genauer zu untersuchen. Andererseits gilt es, die Foren des Austausches und ihre Geschichte nachzuvollziehen. In den siebziger und achtziger Jahren kam es nicht nur zu vermehrten Besuchsreisen in die DDR, sondern zugleich auch zum Ausbau institutioneller und wirtschaftlicher Kontakte. Mit dem Konzept eines deutsch-deutschen Kommunikationsraumes lassen sich die Arenen des Austausches, die Inhalte und die Frequenzen und Intensitäten der Wahrnehmung einordnen und analysieren.

Scheinbar gesellschaftsspezifische Entwicklungen lassen sich so in einen größeren Bezugsrahmen stellen. Beispielsweise die Tatsache, dass sich ebenfalls seit den siebziger Jahren DDR-Bürger vermehrt im eigenen Staat zu Wort meldeten respektive zu Wort melden wollten. Bürger begannen, die Medien des Arbeiter-und-Bauern-Staates für ihre Interessen nutzbar zu machen und wandten sich mit Beschwerden vermehrt an Zeitungen, Radio und an das Fernsehen. In der Arbeiter-und-Bauern-Republik entwickelte sich sozusagen eine Kommunikationskultur „von unten".

---

33 Zum Themenkomplex: Kommunikationen als soziale Handlungen siehe Roland Burkart: Kommunikationswissenschaft. Grundlagen und Problemfelder. Umrisse einer interdisziplinären Sozialwissenschaft. Wien, Köln, Weimar 2002, S. 25-35 und passim.

In der DDR entwickelte sich zudem die Friedens- und die Umweltbewegung – und in der Bundesrepublik entstanden die „neuen sozialen Bewegungen", die sich gegen Atomkraftwerke und gegen die Aufstellung neuer Mittelstreckenraketen richteten. Diese Bewegungen interagierten ebenso miteinander wie die ostdeutschen Kombinate und die westdeutschen Konzerne, die sich zu frühen Joint Ventures zusammenschlossen, um gemeinsam am Weltmarkt zu reüssieren. Erst eine vielschichtige Analyse der Wechselbeziehungen auf unterschiedlichen Ebenen im deutsch-deutschen Kommunikationsraum lässt ein Bild von Gemeinsamkeiten und Nicht-Gemeinsamkeiten entstehen, die gleichwohl Bedingungen und Gegenstand der Interaktionen in diesem Raum darstellen. Die Konzeption eines deutsch-deutschen Kommunikationsraumes vermag einer „Verinselung" der DDR-Forschung insofern entgegen zu wirken, als es die gleichzeitige Vielschichtigkeit deutsch-deutscher Interaktionen darzustellen vermag.

Dieses Konzept vermag einer etwaigen oder weiteren „Verinselung" der DDR-Forschung insofern vorzubeugen, indem es in seiner Grundstruktur nicht exkludierend, sondern inkludierend und integrierend angelegt ist. Es schließt Ebenen und Perspektiven nicht aus, sondern erschließt sie und erweitert so Horizonte der Forschung. – Nicht nur kulturell und territorial, sondern auch temporal. Die Debatten der vergangenen Jahre, die weitere Konzeptualisierung deutscher Geschichte zum Gegenstand hatten, blendeten überraschend eine Konzeptionierung der beiden Jahrzehnte nach 1989/90 aus.[34] Der Fokus der Diskussionen lag auf der vierzig Jahre dauernden DDR-Geschichte – ohne jedoch die Geschichte der vereinten Bundesrepublik seit den neunziger Jahren zu thematisieren.

Das Konzept eines gemeinsamen deutsch-deutschen Kommunikationsraumes vermag auch einer unangemessenen zeitlichen Portionierung der DDR-Geschichte zu steuern. Die ostdeutsche Transformationsgesellschaft generiert nicht nur Diskontinuitäten, sondern lebt auch von Kontinuitäten und Fortschreibungen von Erfahrungen und Erwartungen. „Statt an einer narrativen Einheitsperspektive festzuhalten, verlangt die widersprüchliche Entwicklung wechselnde Blickwinkel, die sich an sukzessiven Problemlagen orientieren. Jedoch sollten die (…) Entwicklungsschübe, mit denen die deutsche Geschichte nach 1945 ihre doppelte Gestalt angenommen hat, nicht als starre Periodisierungsabschnitte verstanden werden, sondern als fortwirkende Faktoren, die sich zu bestimmten Zeiten in jeweils unterschiedlicher

---

34 Die Debatten entzündeten sich an dem Votum der 2005 von der Bundesbeauftragten für Kultur und Medien eingesetzten Expertenkommission zur „Bestandsaufnahme und Perspektiventwicklung der SED-Diktatur als Teil der nationalen ‚Erinnerungslandschaft' im europäischen Kontext". Vgl. dazu das dokumentierende Kompendium: Martin Sabrow, Rainer Eckert, Monika Flacke, Klaus-Dietmar Henke, Roland Jahn, Freya Klier, Tina Krone, Peter Maser, Ulrike Poppe und Hermann Rudolph (Hrsg.): Wohin treibt die DDR-Erinnerung? Dokumentation einer Debatte. Göttingen 2007 und Bonn 2007.

Gewichtung überlagert und dadurch quasi-sedimentäre Muster ausgebildet haben. Für die gesamte Nachkriegsgeschichte konstituieren diese Prägekräfte wechselnde Bedingungen, mit denen sich die Deutschen als Individuen und Gesellschaften immer wieder auseinandersetzen mussten, um ihre Existenz bestimmen zu können."[35] Das gilt ohne Abstriche auch für die ostdeutsche Transformationsgesellschaft und die westdeutsche Gesellschaft bis auf den heutigen Tag, die wir als integralen und integrierenden Gegenstand zeithistorischer Forschung betrachten müssen. Wie also wäre eine Geschichte jener beiden Jahrzehnte zu schreiben, ohne die gegenseitigen Durchdringungsprozesse auch als anhaltende kommunikative Prozesse zu fassen?

Unser Forschungsprojekt und unser Workshop in Wien war einem solchen Verständnis deutsch-deutscher Geschichte verpflichtet. Wir beobachten im besten Sinne deutsch-deutsche Bilder- und Diskurslandschaften:[36] Als Kristallisationsobjekte dieses Diskurses werden beispielhaft „die Ostdeutschen" und als Akteurssubjekte dieses Diskurses werden sowohl west- wie ostdeutsche Publizisten und Journalisten beobachtet – freilich ohne das aneignende, „aktive" west- wie ostdeutsche Publikum zu vergessen. Mit dem Fall der Mauer kam es zu erheblichen Verwerfungen und Verdichtungen in jenem eben skizzenhaft entworfenen deutsch-deutschen Kommunikationsraum, der sich seit Kriegsende in Mitteleuropa herausbildete. Nicht von ungefähr untersuchen wir diese deutsch-deutschen Diskurse an *der* temporalen und an *der* territorialen Nahtstelle schlechthin: in den westdeutsch geprägten Medien der neunziger Jahre.

Die hier diskutierte deutsch-deutsche „Beziehungsgeschichte" dürfte sich als „geteilte" Geschichte im doppelten Wortsinne erweisen: Als getrennte und als gemeinsame Geschichte zugleich – als „shared history"[37]. Also drängen sich Fragen wie diese auf: Wie genau lassen sich die Akteure in den deutschen Medien beobachten und beschreiben? Wer schreibt? Wann schreiben Ostdeutsche worüber? Wann schreiben Westdeutsche worüber und in welchen Medien? Welche Textgattungen werden genutzt, um Themen der Wiedervereinigung und um ostdeutsche Themen zu lancieren? Welche Bilder werden von welchen Autoren wann erzeugt? Welche Rolle spielt das Fernsehen in der Geschichte der geteilten Medienkultur?

35 Jarausch (Anm. 23), Abschnitt 9. URL: <http://www.zeithistorische-forschungen.de/16126041-Jarausch-1-2004> (3. 8. 2008).

36 Vgl. Thomas Ahbe: Sich ein Bild von der DDR machen. Das geschichtliche Bild von der DDR folgte und folgt verschiedenen Interessen. In: Horch und Guck. Historisch-Literarische Zeitschrift des Bürgerkomitees ‚15. Januar' e.V., 14 (2005) 2, S. 6-9.

37 Im Sinne von Shalini Randeria und Sebastian Conrad Conrad: Geteilte Geschichten – Europa in einer postkolonialen Welt. In: dies. (Hrsg.): Jenseits des Eurozentrismus. Postkoloniale Perspektiven in den Geschichts- und Kulturwissenschaften. Frankfurt/Main 2002, S. 9-49.

Bundeskanzler Helmut Kohl und Ministerpräsident Lothar de Maizière – ein ungleiches Paar als politisches Symbol in Deutschland und in Österreich. (Foto: dpa Picture-Alliance)

• Liest man die *österreichischen* Medien der Nachwendemonate, so zeigt sich, dass jetzt zahlreiche Autoren aus Ostdeutschland als Gastautoren zu Wort kommen, beispielsweise der Schriftsteller Rolf Schneider. Wie also gestaltet sich der Einfluss ostdeutscher Kommentatoren in „westdeutschen" Medien? Welche inhaltlichen und ästhetischen Transfers von Ost nach West und vice versa lassen sich also bereits ausmachen? Welche Metaphern werden bemüht?

• In Österreich wurde beispielsweise das künftige Deutschland gerne mit der Physiognomie von Helmut Kohl in eins gesetzt: „massig, beharrlich, unsensibel" galten als Attribute des deutschen Bundeskanzlers – und gleichermaßen als Attribute des ganzen Landes. Das Foto vom großen westdeutschen Regierungschef Kohl und von seinem kleinen Pendant aus Ostdeutschland Lothar de Maizière wurde in Deutschland wie in Österreich symbolisch gedeutet: Hier „umarmte" ein mächtiges und gewaltiges West-Deutschland einen schmächtigen und nahezu hilflosen Verwandten.[38] Ein Bild, das die zum Auftakt dieses Beitrages zitierten Befürchtungen und Drohkulissen aus österreichischer Perspektive geradezu mustergültig zu verdichten schien.

Und schließlich: Wann und wo lassen sich Zäsuren in dieser geteilten Medienkultur im doppelten Wortsinne im Laufe der neunziger Jahre erkennen? Wo wächst zusammen, was zusammen gehört? Welche Entwicklungsgesetze dieser geteilten medienkulturellen Gemengelage im Prozess der Einheit lassen sich in einer ersten Rückschau erkennen?

---

38 Lothar de Maizière kommentierte dieses Foto im Nachhinein so: „Zwischen Kohl und mir ist wahrlich keine Männerfreundschaft entstanden. Er – der rheinische Katholik, der machtbewusste, auch vierschrötige Mann, ich dagegen ein wenig protestantisch-musisch angehaucht. Kohl hat in seinen Erinnerungen geschrieben, zwischen uns hätte die Chemie nicht gestimmt. Wo er Recht hat, hat er Recht." In: „Angetreten, um sich selbst abzuschaffen", in: Freitag 11 (2005) vom 18. 3. 2005.

Literatur

AHBE, Thomas: Sich ein Bild von der DDR machen. Das geschichtliche Bild von der DDR folgte und folgt verschiedenen Interessen. In: Horch und Guck. Historisch-Literarische Zeitschrift des Bürgerkomitees ‚15. Januar' e.V., 14 (2005) 2, S. 6-9.

BAUER, Thomas A.: Geschichte verstehen. Eine kommunikationstheoretische Intervention. In: medien & zeit. Kommunikation in Vergangenheit und Gegenwart, Jg. 21 (2006), H. 1 (= Themenheft „Europäische Erinnerungskultur(en)?"), S. 26-39.

BECK, Klaus: No Sense of Place? Das Internet und der Wandel von Kommunikationsräumen., in: Christiane Funken/Martina Löw (Hrsg.): Raum – Zeit – Medialität. Interdisziplinäre Studien zu neuen Kommunikationstechnologien. Opladen 2003, S. 119-137.

BOHNSACK, Ralf.: Rekonstruktive Sozialforschung – Einführung in qualitative Methoden, Opladen 2000,

BURKART, Roland: Kommunikationswissenschaft. Grundlagen und Problemfelder. Umrisse einer interdisziplinären Sozialwissenschaft. Wien, Köln, Weimar 2002.

CASSIRER, Ernst: Philosophie der symbolischen Formen. Bd. 1, Darmstadt 1953.

GRIES, Rainer: Produktmedien. Zur Erkundung konjunktiver Erwartungs- und Erfahrungsräume in Europa. In: Daniel, Ute/Schildt, Axel (Hrsg.): Mediengeschichte im Kontext. Massenmedien in der europäischen Geschichte des 20. Jahrhunderts, 2009 (i.E.).

JARAUSCH, Konrad H.: „Die Teile als Ganzes erkennen". Zur Integration der beiden deutschen Nachkriegsgeschichten. In: Zeithistorische Forschungen/Studies in Contemporary History, Online-Ausgabe, 1 (2004), H. 1, Abschnitt 15. URL: <http://www.zeithistorische-forschungen.de/16126041-Jarausch-1-2004> (3.8.2008) und Abschnitt 9.

JÜNGST, Peter: Psychodynamik und Stadtgestaltung. Zum Wandel präsentativer Symbolik und Territorialität. Von der Moderne zur Postmoderne. Stuttgart 1995.

KLESSMANN, Christoph: Spaltung und Verflechtung – Ein Konzept zur integrierten Nachkriegsgeschichte 1945 bis 1990. In: Christoph Kleßmann und Peter Lautzas (Hrsg.): Teilung und Integration. Die doppelte deutsche Nachkriegsgeschichte als wissenschaftliches und didaktisches Problem. Bonn 2006, S. 20-37.

KLESSMANN, Christoph: Konturen einer integrierten Nachkriegsgeschichte. In: APuZ. Aus Politik und Zeitgeschichte B 18-19/2005, S. 3-11.

KROEBER-RIEL, Werner: Bildkommunikation. Imagerystrategien für die Werbung. München 1995.

LINDENBERGER, Thomas; SABROW, Martin: Zwischen Verinselung und Europäisierung: Die Zukunft der DDR-Geschichte, in: Deutschland Archiv 37 (2004) 1, S. 123-127.

MANNHEIM, Karl: Strukturen des Denkens. Frankfurt/Main 1980.

MÜNKEL, Daniela/SEEGERS, Lu (Hrsg.): Medien und Imagepolitik im 20. Jahrhundert. Deutschland, Europa, USA. Frankfurt 2008.

medien & zeit. Kommunikation in Vergangenheit und Gegenwart 23 (2008) 3, Themenheft: „Kommunikationsraum Europa – Europa als kommunizierter Raum".

LANGER, Susanne K.: Philosophie auf neuem Wege. Das Symbol im Denken, im Ritus und in der Kunst. Frankfurt/Main 1965.

LORENZER, Alfred: Das Konzil der Buchhalter. Die Zerstörung der Sinnlichkeit. Eine Religionskritik. Frankfurt am Main 1984.

RANDERIA, Shalini; CONRAD, Sebastian: Geteilte Geschichten – Europa in einer postkolonialen Welt. In: Shalini Randeria und Sebastian Conrad Conrad (Hrsg.): Jenseits des Eurozentrismus. Postkoloniale Perspektiven in den Geschichts- und Kulturwissenschaften. Frankfurt/Main 2002, S. 9-49.

SABROW, Martin: Die DDR in der Geschichte des 20. Jahrhunderts, in: Deutschland Archiv 41 (2008) 1, S. 121-130.

SABROW, Martin: Historisierung der Zweistaatlichkeit. In: APuZ. Aus Politik und Zeitgeschichte B 3/2007 vom 15. 1. 2007 (Themenheft: „Gemeinsame Nachkriegsgeschichte?"), S. 19-24.

SABROW, Martin; ECKERT, Rainer; FLACKE, Monika; HENKE, Klaus-Dietmar; JAHN, Roland; KLIER, Freya; KRONE, Tina; MASER, Peter; POPPE, Ulrike und RUDOLPH, Hermann (Hrsg.): Wohin treibt die DDR-Erinnerung? Dokumentation einer Debatte. Göttingen 2007.

SATJUKOW, Silke: Besatzer. „Die Russen" in Deutschland 1945–1994. Göttingen 2008.

SATJUKOW, Silke: Befreiung? Die Ostdeutschen und 1945, Leipzig 2009.

SCHÜLE, Annegret; AHBE, Thomas; GRIES, Rainer (Hrsg.): Die DDR aus generationengeschichtlicher Perspektive. Eine Inventur. Leipzig 2006.

WEISBROD, Bernd: Zur Erfahrungsgeschichte der Teilung. Ein Diskussionsbeitrag, in: Deutschland Archiv 41 (2008) 1, S. 131-135.

WIRSCHING, Andreas: Für eine pragmatische Zeitgeschichtsforschung. In: APuZ. Aus Politik und Zeitgeschichte B 3/2007 vom 15.1.2007 (Themenheft: „Gemeinsame Nachkriegsgeschichte?"), S. 13-18, S. 15.

ELKE KIMMEL

Vertraute Brüder – entfernte Verwandte?

Die bundesdeutsche Presseberichterstattung über die
DDR-Flüchtlinge in Ungarn vom Juli bis September 1989

1. EINIGE VORBEMERKUNGEN

An den Beginn meines Beitrags möchte ich zwei Aussagen aus jüngerer Zeit über
das Verhältnis zwischen West- und Ostdeutschen stellen. Zunächst Thomas Ahbe:

> „Den Ostdeutschen werden jene Eigenschaften zugeschrieben, welche die
> Westdeutschen – wenn man ihrem Eigenbild folgt – erfolgreich abgelegt
> haben, nämlich Autoritarismus und gefügige Verantwortungslosigkeit, Frem-
> denfeindlichkeit, Rassismus und Indifferenz gegenüber dem Nationalsozia-
> lismus."[1]

In der Wochenzeitung *Die Zeit* zitiert Patrik Schwarz aus einer Umfrage: „Auf die
Frage: »Würden Sie sich selber als bürgerlich bezeichnen?« antworteten 75 Prozent aller Westdeutschen und 49 Prozent aller Ostdeutschen mit Ja."[2] Offenbar unterscheiden sich West- und Ostdeutsche noch immer in vielem – und zwar in der Fremd- wie
in der Selbsteinschätzung.

Thema dieses Aufsatzes soll die mediale Wahrnehmung der Ostdeutschen aus
der Perspektive der westdeutschen Presse sein. Die wesentlichen Grundlagen dafür
wurden bereits in den Anfängen der deutschen Teilung gelegt und manifestierten
sich zunehmend im „Kalten Krieg". In seiner ganzen Bandbreite zeigt sich das Bild
der Ostdeutschen aber erstmals mit dem Beginn der Massenflucht über Ungarn;
reale Kontakte ergänzten das von den Medien vermittelte Bild. Zu diesem Zeitpunkt
konnten sich West- und Ostdeutsche erstmals seit dem Mauerbau wieder massenhaft
direkt begegnen und eine Überwindung der Teilung wurde denkbar. Der Blick auf

---

1   Vgl. Thomas Ahbe: Die Konstruktion der Ostdeutschen. Diskursive Spannungen, Stereotype und Identi-
    täten seit 1989. In: Aus Politik und Zeitgeschichte B 41-42/2004, S. 12-22, hier: S. 21.
2   Patrik Schwarz: FDP ja, Westerwelle – na ja. In: Die Zeit 49/2007 (29.11.), S. 5.

die „Brüder und Schwestern" in der DDR wurde nüchterner und kälter.[3] Als These möchte ich formulieren, dass zwar nicht alle Charakteristika, die die Medien den Ostdeutschen beigaben, bis heute Bestand haben. Allerdings wurden wesentliche Bestandteile dieses Bildes tradiert – welche dies sind und aus welchen Gründen sie teilweise bis heute die Wahrnehmung beeinflussen, wird eine der Fragestellungen des Aufsatzes sein.

Wesentlicher Träger des Ostdeutschen-Bildes waren die westdeutschen Medien. Meine Beobachtungen basieren auf einer Analyse des Boulevard-Blattes „BILD" (Berliner Ausgabe, im Folgenden *Bild*), der überregionalen, linksliberalen Tageszeitung *Süddeutsche Zeitung* (*SZ*) und des Nachrichtenmagazins DER SPIEGEL (*Spiegel*) der Monate Juli bis September 1989. Diese Auswahl kann selbstverständlich nur einen geringen Teil des Pressespektrums abdecken. Ein umfassendere Analyse der Presselandschaft des Sommers/Herbstes 1989 bleibt Desiderat.

Für die Auswertung meiner Beobachtungen ist eine weitere Voraussetzung zu beachten: Die Wahrnehmung in den Medien erfolgt in zwei stark von einander abweichenden Kontexten, die es zu berücksichtigen gilt. Zum einen schildert man die Ostdeutschen als schutzbedürftige Flüchtlinge in Ungarn (Juli/August 1989). Zum anderen erscheinen sie aber auch als Neuankömmlinge in der Bundesrepublik Deutschland/West-Berlin (August/September 1989). Hier ist darauf zu achten, inwiefern sich ihre Darstellung durch den neuen Aufenthaltsort und den damit verbundenen Statuswechsel veränderte.

---

3   Die Wahrnehmung der DDR-Bürger als ärmliche Verwandte war zumindest nicht ungewöhnlich. Erinnert sei nur an die bundesdeutsche Sitte, zu Weihnachten Päckchen in die DDR zu versenden, die neben Lebensmitteln (Kakao, Kaffee, Tee, Schokolade) vielfach sehr günstige erstandene Massenartikel enthielten (wie Damenstrumpfhosen). Diese Sendungen wurden von der Bundesrepublik steuerlich begünstigt. Weiterhin machten viele Bundesbürger auf das Unrecht in der DDR aufmerksam, indem sie zu Heiligabend Kerzen ins Fenster stellten. Vgl. dazu Christoph Dieckmann: Die Wende in Hildesheim. Hat der Mauerfall auch den Westen verändert? Unser ostdeutscher Autor hat sich „drüben" mal umgesehen. In: ZEITmagazin LEBEN 1 46/2007 (8.11.). Darin wird ein Gespräch mit dem Oberbürgermeister von Hildesheim, Kurt Machens wiedergegeben: „Was war Ihnen die DDR? Ostverwandte hatten wir nicht, sagt Machens. Meine früheste Erinnerung ist, dass man Weihnachten, noch ehe der Baum angezündet wurde, Kerzen ins Fenster stellte, zum Gedenken an die Brüder und Schwestern im Osten. Später hörte das auf."

2. ZUM HISTORISCHEN KONTEXT DER FLUCHT ÜBER UNGARN

Mit dem Begriff Flucht verbindet man spontan eine heimliche, eilige Aktion, die im Schutz der Dunkelheit passiert – wenn Fotografien von Flüchtlingen existieren, so sind diese verschwommen. Dies trifft in besonderer Weise auf Bilder von Fluchten von Deutschland nach Deutschland zu. Diese Bilder entstanden meist an der Berliner Mauer, und viele zeigen gescheiterte Fluchtversuche. Anders im Sommer 1989: Seitdem die Außenminister von Ungarn und Österreich, Gyula Horn und Alois Mock, am 27. Juni 1989 symbolträchtig den Stacheldraht zwischen beiden Staaten durchtrennten, gelangen Hunderte von DDR-Bürgern über Ungarn in den Westen. Zahlreiche westliche Journalisten begleiten sie und berichten über das Anwachsen der Fluchtbewegung in Ungarn. Bis zum Oktober 1989 wählen fast 60.000 Menschen aus der DDR diesen Weg in die Bundesrepublik.[4]

Der Abbau des „Eisernen Vorhangs" an der Grenze zu Österreich hatte politische und praktische Gründe. Der Zaun war baufällig und Ersatzteile für die maroden Sicherungsanlagen hätte Ungarn nur in Westeuropa bekommen. Angesichts der Tatsache, dass im Zuge der ungarischen Reformen der Reiseverkehr für die eigenen Bürger seit Anfang 1988 unbeschränkt war, wäre die Instandsetzung widersinnig gewesen.[5] Für DDR-Bürger bedeutet dies zweierlei: Einerseits wird die Reformunfähigkeit und -unwilligkeit der eigenen Regierung angesichts des politischen Wandels in Polen, der UdSSR und Ungarn noch offenkundiger. Und andererseits bietet sich mit der Lockerung des Grenzregimes in Ungarn erstmals seit dem Mauerbau eine vergleichsweise ungefährliche Fluchtmöglichkeit. Zusätzliche Dynamik erhält die Fluchtbewegung nicht zuletzt dadurch, dass viele Ostdeutsche befürchten, dass die SED-Regierung von einem Tag auf den anderen die Wege nach Ungarn kappen könne.

Bis zum Juni 1989 flüchten Einzelne über die ungarische Westgrenze nach Österreich. Entgegen der Darstellung in einigen westlichen Medien ist diese Grenze weiterhin gesichert – die Grenztruppen sind parallel zum Abbau der Sicherungsanlagen sogar verstärkt worden. Nur jeder zehnte Fluchtversuch ist erfolgreich, den

---

4 Zur genauen Darstellung der historischen Hintergründe vgl. Andreas Schmidt-Schweizer: Die Öffnung der ungarischen Westgrenze für die DDR-Bürger im Sommer 1989. Vorgeschichte, Hintergründe und Schlussfolgerungen. In: Südosteuropa Mitteilungen 37 (1997) 1, S. 33-53. Vgl. auch: Lazlo Nagy: Das paneuropäische Picknick und die Grenzöffnung am 11. September 1989. In: Potsdamer Bulletin für Zeithistorische Studien 8 (2001) Nr. 23/24, S. 24 – 40; Gyula Kurucz (Hrsg.): Das Tor zur deutschen Einheit. Grenzdurchbruch Sopron 19. August 1989. Berlin 2000. Außerdem: Dieter Grosser, Stephan Bierling und Friedrich Kurz (Hrsg.): Die sieben Mythen der Wiedervereinigung. Fakten und Analysen zu einem Prozess ohne Alternative. München 1991.

5 Zuvor hatte der ungarische Staatsminister Imre Pozsgay im Oktober 1988 geäußert, die derzeitigen Anlagen seien „moralisch, technisch und politisch überholt". Eine ähnliche Formulierung benutzte im Oktober 1987 erstmals der vom Innenministerium mit einer Zustandsbeschreibung der Grenzsicherungsanlagen beauftragte Generalmajor Székely. Vgl. Schmidt-Schweizer (Anm. 4), S. 36 ff.

Gefassten droht bis in den Sommer 1989 die unmittelbare Abschiebung in die
ungeliebte Heimat und ein Vermerk in ihren Papieren. Beides bedeutet mit hoher
Wahrscheinlichkeit zumindest unangenehme Befragungen bei der Rückkehr in die
DDR. Dennoch: Mit dem Beginn der Urlaubszeit nimmt die Zahl der Fluchtversuche
stark zu. Die „Abgefangenen" bleiben immer öfter in Ungarn – ungeachtet ihrer
ungültigen Aufenthaltspapiere. Da ihre finanziellen Reserven zu diesem Zeitpunkt
meist aufgebraucht sind, zelten viele „wild" in den öffentlichen Anlagen der Hauptstadt Budapest. Ab Mitte Juli versuchen Einzelne, über die dortige westdeutsche
Botschaft ihre Ausreise in den Westen zu erzwingen.

Die Situation spitzt sich schnell zu, da das Gebäude in keiner Weise auf die
Unterbringung von Flüchtlingen eingerichtet ist. Mitte August 1989 richten der
ungarische und westdeutsche Malteser-Hilfsdienst auf Initiative der Botschaft ein
Wohnlager auf dem Gelände einer Pfarrgemeinde im Budapester Stadtteil Zugliget
ein. Dort können die Flüchtlinge zentral versorgt werden. Die bundesdeutsche Botschaft betreibt eine Beratungsstelle, die auch westdeutsche Pässe für die Flüchtlinge
ausstellt. Allerdings berechtigen diese Papiere nicht zur legalen Ausreise ins westliche
Ausland, da sie keinen Einreisestempel besitzen. Würden die ungarischen Stellen
die Ausreise der Ostdeutschen mit westdeutschen Pässen hinnehmen, so stellten sie
das Staatsbürgerrecht der DDR direkt in Frage. Noch bis in den September 1989
hinein schrecken sie vor diesem Affront zurück. Die Botschaftsbesetzer verlassen
deshalb mit Papieren des Internationalen Roten Kreuzes am 24./25. August das Land.

DDR-Bürger warten am 31.8.1989 in einem Flüchtlingslager des Malteser-Hilfsdienstes in Budapest auf ihre
Ausreisegenehmigung. (Foto: akg-images)

3. ZUR ROLLE DER WESTDEUTSCHEN MEDIEN

Die westdeutschen Medien besitzen in den Sommermonaten eine Doppelfunktion: Zum einen informieren sie über das Geschehen, zum anderen beeinflussen sie durch ihre Berichterstattung teilweise massiv den Gang der Ereignisse. In einzelnen Fällen greifen sie direkt ein, indem sie Flüchtlingen helfen. Im Folgenden analysiere ich die Berichterstattung der *SZ*, der *Bild* und des *Spiegel* der Monate Juli bis September 1989. Die Auswahl erfolgte mit Blick darauf, dass die drei Organe sehr unterschiedliche Leserschichten ansprechen. Der *Spiegel* bewegt sich mit seiner Berichterstattung etwa in der Mitte zwischen der sehr distanzierten und unemotionalen Haltung der *SZ* und dem gezielt dramatisierenden Ton der *Bild*. Zudem ist es ihm vorbehalten, ausführlichere Analysen der Situation in Ungarn durchzuführen. Beginnen werde ich mit der Darstellung in *Bild*, gefolgt von *Spiegel* und *SZ*.

4. ALS DDR-BÜRGER IN UNGARN

Im Juli 1989 berichtet *Bild* nur überblicksartig von den Flüchtlingen. Die Beschreibung einer Familie, die am Neusiedler See die Grenze von Ungarn nach Österreich überquert, stellt eine Ausnahme dar.[6] Erst mit der Zuspitzung der Situation Anfang August widmet sich *Bild* Einzelschicksalen. „Sie schlafen auf der Straße, sie haben einen Traum" lautet der Titel eines Artikels über eine Gruppe junger Leute, die vor der bundesdeutschen Botschaft warten.[7] Doch selbst wenn der Titel darauf verweist, erfahren die Leser weder etwas über die „Träume" der Flüchtlinge noch über deren Fluchtmotive. Diese werden auch in den nächsten relevanten Texten – am 9. und 10. August 1989 – nicht erwähnt.[8] Zentral ist die aktuelle, verzweifelte Lage der Flüchtlinge, eine nähere Charakterisierung der Menschen fehlt. Als Fluchtmotiv nennen sie unisono „Perspektivlosigkeit".

Am 10. August 1989 kritisiert *Bild* die fehlende Empathie der Botschaftsangestellten: Diese hätten die Menschen stundenlang warten lassen und ihnen nicht einmal erlaubt, die Toilette in der Botschaft zu benutzen. Der Autor benutzt ein vertrautes Klischee: Der einzelne, hilflose Mensch steht dem „allmächtigen" Behördenapparat gegenüber und braucht dringend einen Verbündeten. Sowohl die Verzweiflung der

---

6   Lauf, Papi, lauf – gleich sind wir frei. In: *Bild*, 15.7.1989, S. 2.

7   Vgl. *Bild*, 1.8.1989, S. 2.

8   Vgl. Ost-Berlin, Budapest: Hilft uns denn keiner? In: *Bild*, 9.8.1989, S. 1 und: Enttäuschungen, Hoffnungen, falsche Ratschläge und keiner sieht einen Ausweg – Kerstin, Apothekerin aus Halle (DDR). In: *Bild*, 10.8.1989, S. 6f.

Flüchtlinge als auch das unangemessene Verhalten und die Kaltherzigkeit der Diplomaten nehmen laut *Bild* in den Tagen bis zum 15. August noch zu: Die Wartenden
müssen hungern, eine junge Frau prostituiere sich in ihrer Not.[9] Die Botschaftsangehörigen verhalten sich zynisch, setzen die Hilfesuchenden vor die Tür und raten einer
angeblich selbstmordgefährdeten jungen Frau, in die DDR zurückzukehren. Der
Vertreter der Botschaft wird dadurch negativ charakterisiert, dass er nach „süßlichem
Eau de Toilette" rieche.[10]

Angesichts der angespannten Lage macht sich *Bild* mit der „Bild-Soforthilfe-
Aktion" zum Ritter in der Not und weist prompt den ersten Erfolg vor: Man habe
für die Ostdeutschen eine Hotel-Etage angemietet.[11] Der anschließende Text behandelt
die Einrichtung des Flüchtlingslagers Zugliget durch Hilfsorganisationen, die Überschrift des Artikels legt aber nahe, dass *Bild* die eigentliche Initiatorin sei. Unterstützt
wird dieser Eindruck durch eine Reihe von Danksagungen der Flüchtlinge an *Bild*.

Wenig später gelingt vier jungen Männern, die *Bild* zuvor betreute, die Flucht
nach Österreich.[12] Die Überschrift skizziert eine Geschichte in mehreren Akten: Ab-
stieg – Ausweisung der Flüchtlinge aus der Botschaft – Erste Hilfe und Versorgung
durch *Bild* – und schließlich die gelungene Grenzüberquerung als endgültige Ret-
tung. Offenbar nimmt die Geschichte der Flüchtlinge in dem Moment eine positive
Wendung, als sie sich *Bild* anvertrauen. Die nur oberflächlich geschilderte Massenflucht anlässlich des „Paneuropäischen Picknicks" am 19. August dient dagegen vor
allem als Beleg für die große nervliche Belastung, unter der die Flüchtlinge leiden:
Ein Mann stirbt direkt hinter der Grenze an einem Herzinfarkt.[13]

---

9   Bild-Reporter Kenntemich in Ungarn. Für uns gibt es kein Zurück mehr! In: *Bild*, 14.8.1989, S. 2. Vgl.
    auch: Dramatischer Appell der Flüchtlinge: „Herr Kohl, holen Sie uns raus!" In: *Bild*, 18.8.1989, S. 1,
    Unglaublich: Unsere Botschaft warf DDR-Bürger raus. In: *Bild*, 15.8.1989, S. 1, und: Die Verzweiflung
    der DDR-Flüchtlinge: Heike (25) denkt an Selbstmord. Botschafts-Beamter: „Gehen Sie doch in die DDR
    zurück", in: ebd., S. 2.
10 Vgl. auch: Botschafts-Frechheit – DDR-Bürger werden geduzt. In: *Bild*, 17.8.1989, S. 6 und: Das Bild-
    Team ist zurück – zehn Tage, die uns verändert haben, In: *Bild*, 23.8.1989, S. 5.
11 Die Verzweifelten von Budapest. In: *Bild*, 16.8.1989, S. 1 und: Bild-Soforthilfe – „Ihr seid schneller als
    die Regierung". In: ebd., S. 2. Zur Kritik an der Aktion: Panorama war da – lesen Sie, wie es wirklich
    war. In: *Bild*, 31.8.1989, S. 2.
12 Die Vier sind da! Sonnabend aus der Botschaft geworfen. Montag von Bild betreut. Jetzt Flucht bei Voll-
    mond! In: *Bild*, 19.8.1989, S. 1 (Titel-Schlagzeile).
13 Gleich hinter der Grenze: Flüchtling starb vor Glück. In: *Bild*, 22.8.1989, S. 1.

Eine Gruppe von Flüchtlingen passiert den Grenzzaun am 19. August 1989. (Foto: akg-images)

Nach dieser ersten Massenflucht erscheinen nur noch wenige Berichte über die Lebensbedingungen in den ungarischen Flüchtlingslagern.[14] Selbst den Tod eines Flüchtlings an der Grenze stellt man sehr zurückhaltend dar. Zum einen will *Bild* möglicherweise den Weg über die ungarisch-österreichische Grenze als gefahrlos schildern, zum anderen passt aggressives Verhalten von Flüchtlingen nicht zu ihrer Darstellung der Ostdeutschen.[15] Dagegen gelangt eine Gruppe von Flüchtlingen als „tragische" Helden in die Schlagzeilen, die angeblich mit einem Hungerstreik die Ausreise erzwingen will.[16] Wieder steht die Verzweiflung im Mittelpunkt, die durch die in Aussicht gestellte, aber immer wieder verzögerte Ausreise geschürt werde.

Fasst man die hervorstechendsten Merkmale der dargestellten Flüchtlinge zusammen, so ist insbesondere der Opfer-Charakter der Dargestellten bemerkenswert. Sie sind verzweifelt bis hin zu Selbstmordgedanken, der Willkür verschiedener

---

14 Vgl. DDR-Flüchtlinge frieren im Regen. In: *Bild*, 28.8.1989, S. 10. Nachtmärsche im Regen. Immer mehr kommen aus Ungarn. In: *Bild*, 31.8.1989, S. 10, Busse, Züge, Zelte – alles bereit: Bange Fragen in Budapest – kommen wir heute schon raus? In: *Bild*, 2.9.1989, S. 7. Der Campingplatz der Glückseligkeit. In: *Bild*, 4.9.1989, S. 2f. Norbert Trentwein: Grausam. In: *Bild*, 5.9.1989, S. 2 und Erbarmen. Flüchtlinge warten im eisigen Regen. In: ebd., S. 2.

15 Vgl. Neue Massenflucht. 1 Flüchtling erschossen. Er wollte nicht noch mal zurück. In: *Bild*, 23.8.1989, S. 1/7.

16 Letzte Verzweiflung: Flüchtlinge – Hungerstreik. In: *Bild*, 6.9.1989, S. 1/7 und: Flüchtlinge schlafen auf feuchten Pappkartons. In: ebd., S. 7. Der Hungerstreik entpuppte sich als „Ente": DDR-Flüchtlinge in Ungarn: „Haut ab, Lügnerpack!" In: *Bild* 7.9.1989, S. 2.

Behörden nahezu schutzlos ausgeliefert, haben keine Unterkunft. In einer als ausweglos erscheinenden Situation muss erst *Bild* auf den Plan treten, um diesen Hilflosen beizuspringen. Deren eigene Mittel, aus der Misere zu finden, führen bestenfalls in die Prostitution. Die, denen die Flucht in den Westen gelingt, verdanken dies
nach Darstellung der *Bild* entweder der Unterstützung durch diese Zeitung oder
aber einem historischen Zufall wie dem Paneuropäischen Picknick – doch selbst in
dessen Umfeld macht *Bild* einige Opfer aus. Überspitzt formuliert könnte man sich
fragen, wie es diesen etwas initiativlosen Menschen überhaupt gelungen ist, bis
nach Ungarn zu kommen. Weiterhin ist das Fehlen jeglicher individueller Merkmale
bemerkenswert.

Der *Spiegel* dokumentiert die Umwälzungen in Ungarn sehr gründlich, berichtet
aber ebenfalls erst spät über die Fluchtbewegung aus der DDR. Ausführlich widmet
er sich dem Thema erst am 14. August. Die Schriftstellerin Monika Maron, die im
Juni 1988 in die Bundesrepublik übergesiedelt war, fordert von den Bundesbürgern
mehr Verständnis gegenüber den Ostdeutschen.[17] Diese seien nicht in eine „kollektive
Fluchthysterie" verfallen, sondern nutzten nur den ersten Weg, den es seit 28 Jahren
aus der DDR in den Westen gebe. Maron erinnert die Bundesbürger an ihre Verpflichtung gegenüber den Ostdeutschen, die die Lasten der gemeinsamen Vergangenheit allein getragen hätten. Nun müssten die Westdeutschen bereit sein, ihren
Wohlstand zu teilen.

An den Artikel von Maron schließt sich ein „Hilferuf" der Budapester Botschaftsbesetzer an, die sich darüber beklagen, dass die Bundesregierung sie „schmählich im Stich" lasse: „Für uns, ausnahmslos Deutsche, ist diese Art der Behandlung
nicht mit dem Grundgesetz vereinbar."[18] Deutsche Stellen kümmerten sich angeblich engagierter um „nichtdeutsche Asylbewerber". Man habe ihnen bereits mit
gewaltsamen Maßnahmen gedroht:

> „Deutsche gegen Deutsche! Ist das denn die Freiheit, von der wir gemeinsam
> sprechen? Wir sagen, Verrat am eigenen Volk! Das hier sind keine Wirtschafts
> flüchtlinge, nein, wir alle haben weder gehungert, noch hatten wir materielle
> Nöte! Aber es fehlte uns die Freiheit!"[19].

An gleicher Stelle berichtet der *Spiegel* aus einem Zeltlager in der Nähe der
ungarisch-österreichischen Grenze, in dem sich viele Ostdeutsche aufhalten, die
bereits mehrere erfolglose Fluchtversuche unternommen haben.[20] Besonders groß

---

17 Vgl. Monika Maron: Warum bin ich selbst gegangen? In: *Spiegel* 33/1989 (14. 8.), S. 22-23.
18 Vgl. Wir bitten nicht – wir fordern. In: ebd. (Anm. 17), S. 24.
19 Ebd. (Anm.18).
20 Vgl. Wir wollen nicht mehr. (Anm. 17), S. 30 f.: Ein Kellner aus Karl-Marx-Stadt sei den Grenzern
    schon „siebenmal ins Netz gegangen".

sei der Frust der Menschen, weil sich viele durch die Westmedien – vor allem Fern-
sehberichte – getäuscht sähen, da die Grenze weiterhin streng gesichert werde.
„Kerscher ist verbittert: »Warum erzählt uns das Westfernsehen solchen Mist.
Warum fährt denn nicht mal einer hin und guckt selbst?«"[21] Die im Mittelpunkt
stehende Familie Kerscher aus Dresden habe in den letzten 15 Jahren verschiedene
Fluchtversuche unternommen und sei in den letzten Wochen fast die gesamte ungarische Westgrenze entlanggefahren, ohne eine geeignete Stelle zum Überqueren
gefunden zu haben.

Am 21. August beschäftigt sich der *Spiegel* mit der Situation der Flüchtlinge in
den Budapester Lagern.[22] Besonders belastend sei es für die Menschen, ständig von
der DDR-Staatssicherheit bespitzelt zu werden[23], zumal sich diese für sie nicht immer
von westdeutschen Geheimdienstlern und Reportern unterscheiden lasse. Der *Spiegel*
berichtet von der „Bild-Soforthilfe-Aktion":

„Die Zeitung richtete einen Schlaf-, Eß- und Duschservice für die Landsleute
von drüben ein. Die Freude verging einigen Flüchtlingen schnell, als sie sich in *Bild*
wiederfanden: ein Mädchen etwa als Prostituierte vorgestellt, andere als Zeugen
gegen angeblich unmenschliche westdeutsche Diplomaten."[24]

Tatsächlich, so der Autor, seien die Botschaftsangehörigen zuerst überfordert
gewesen, das allerdings sei angesichts der Ausnahmesituation verständlich. Wenig
später informiert das Magazin über die Zuspitzung der Situation im Lager Zugliget,
einerseits bedingt durch den Wetterwechsel und andererseits wegen der unklaren
Zukunftsperspektiven für die Menschen.[25]

Die Ostdeutschen durchleben in der Darstellung des *Spiegel* sehr schwierige
Situationen, in denen sie sich aber fast immer behaupten können – wenn auch teilweise mit eher als zweifelhaft dargestellten Mitteln. So ist der „Hilferuf" aus der
Botschaft wohl kaum geeignet, Sympathie bei den *Spiegel*-Lesern hervorzurufen.
Sowohl seine Diktion als auch das explizite Konkurrenz-Gebaren gegenüber Asyl-
bewerbern aus der „Dritten Welt" ist geeignet, die Botschaftsbesetzer als „Rechte"
erscheinen zu lassen.

Früher als die beiden zum Vergleich herangezogenen Titel beschäftigt sich die
SZ mit der Fluchtbewegung über Ungarn – allerdings teilt sie selten mehr als die

---

21 Ebd. (Anm. 20).
22 Vgl. Und wenn sie die ganze Stasi schicken. In: *Spiegel* 34/1989 (21. 8.), S. 30f. Neben Zugliget existierte
    noch ein Lager in Csillebérc.
23 Vgl. ebd. (Anm. 22): Die interviewten Flüchtlingsfamilien berichten von einem „schwarzhaarigen Mitt-
    vierziger in grünen Bermudashorts", der „teures Hansa-Pils aus Dortmund" trinke und den sie für einen
    Spitzel der Staatssicherheit halten.
24 Ebd. (Anm. 22).
25 Vgl. Teddybär und Schmusekissen. In: *Spiegel* 36/1989 (4. 9.), S. 20.

aktuellen Flüchtlingszahlen mit.[26] Das ändert sich aber in dem Moment, als sich die Lage in den ungarischen Lagern Mitte August verschlechtert. Unter den Flüchtlingen greife, so die *SZ*, die Verbitterung um sich. Diesen hätte die westdeutsche Boulevard-Presse Hoffnungen auf einen schnellen Weg in den Westen gemacht, die sich nicht bestätigten – nun fühlten sich die Menschen „geprellt".[27] Allerdings mache die „lagermäßige" Erfassung den meist unter 25-Jährigen Mut auf eine baldige politische Lösung, die der Autor Michael Frank jedoch für eher unwahrscheinlich hält. Seiner Ansicht nach würden die meisten DDR-Bürger auch dann nicht als politische Flüchtlinge anerkannt, wenn Ungarn die Regelungen der Genfer Konvention umsetze. Zurück in die DDR könnten die Menschen nicht, da viele von ihnen einen Vermerk in den Papieren hätten, der den Fluchtversuch belege. Der Autor verurteilt insbesondere die *Bild*-Zeitung, die die Menschen den Grenzern gleichsam in die Arme treibe und deren Misstrauen in die westdeutsche Diplomatie nähre. „Dessen ungeachtet breitet sich unter den DDR-Bürgern, die solche Zusammenhänge langsam zu durchschauen beginnen, die kalte Wut aus. Viele fühlen sich von den Westmedien in die Falle gelockt"[28], führt er aus.

Ein weiterer Text von Ende August 1989 beschreibt die Stimmung im Lager Zugliget als angespannt: Viele der Neuankömmlinge leiden darunter, gute Fluchtmöglichkeiten verpasst zu haben.[29] Von einer der Familien berichtet Christoph von Marschall, der sie bei ihrem Fluchtversuch begleitet: Die Gruppe wird nahe der Stadt Sopron aufgegriffen.[30] Wehrpflichtige umstellen sie und „nesteln" an ihren Schlagstöcken, als klar ist, dass es sich bei ihnen überwiegend um ostdeutsche Flüchtlinge handelt. Die jungen Männer grinsten dann, als die Mutter den Säugling stillt. Man habe sie lange in einer Kaserne festgehalten, jedoch zunehmend freundlicher behandelt – und mit einer neuen Anlaufstelle in Budapest versehen frei gelassen. Während den Mann dieser Ratschlag ermutigt habe, habe die Frau betont, dass für sie kein weiterer Versuch in Frage komme.

In der Nacht auf den 22. August stirbt erstmals ein Mann beim Fluchtversuch an der ungarisch-österreichischen Grenze: Kurt-Werner Schulz hatte bereits einen Tag zuvor versucht zu flüchten und wird nun erneut mit seinen Angehörigen an der Grenze gefasst.[31] Er attackiert daraufhin den Grenzbeamten und im Handgemenge löst sich ein tödlicher Schuss. Der Vorfall bestätigt die von der ungarischen Presse behauptete zunehmende Gewaltbereitschaft der ostdeutschen Flüchtlinge. Die damit einhergehende negative Akzentuierung der Flüchtlingsdarstellung – die nicht mehr

---

26 Vgl. 1989 bereits 44.000 Übersiedler und Flüchtlinge. In: *SZ*, 7.7.1989, S. 7. Zwei DDR-Familien über Ungarn nach Österreich. In: *SZ* 11. 7. 1989, S. 7. Immer mehr DDR-Bürger flüchten über Ungarn. In: *SZ* 14.7.1989, S. 8. Starker Andrang auf ständige Vertretung. In: *SZ* 22./23. 7. 1989, S. 5.

27 Vgl. Michael Frank, Ausharren bei der Heiligen Familie. In: *SZ* 18.8.1989, S. 3.

28 Ebd. (Anm. 27).

nur Opfer staatlicher Willkür, sondern jetzt auch Aggressoren sind – lässt die *SZ* unkommentiert. Sie relativiert diese Gewaltbereitschaft aber mit einem Bericht über einen brutal verhinderten Grenzdurchbruch am 24. August 1989 und den damit zusammenhängenden Aufforderungen der Bundesregierung, weitere Fluchtversuche einzustellen.[32]

Auf diese Ereignisse beziehen sich zwei Berichte von Christoph von Marschall, die Mitgefühl mit den Flüchtlingen zeigen: „Ungarn-Flüchtlinge weiter im Ungewissen" und „Sind im Bus noch Plätze frei?"[33] Vor allem im zweiten Text vermittelt der Autor eindringlich, dass viele der DDR-Bürger so verzweifelt seien, dass sie buchstäblich ihr letztes Hemd für einen Fluchtversuch opferten und aus dieser Verzweiflung heraus überreagierten. Marschall beschreibt die Vorbereitungen eines Fluchtversuchs, dessen Beteiligte – eine Frau aus Dresden, eine Studentin aus Jena und ein Lehrer aus einer Kleinstadt im Süden der DDR – allesamt wenig aggressiv scheinen. Während der Vorbereitungen erfährt die Gruppe von dem zuvor gescheiterten Fluchtversuch: Einzelne Flüchtlinge reagieren darauf verzweifelt, weil dieses Scheitern in ihren Augen belege, dass man keiner Person im Lager trauen könne.[34] Die meisten DDR-Bürger richten sich vorerst auf einen längeren Lageraufenthalt ein und warten auf eine Regelung zu ihren Gunsten.[35]

Dabei werden die Lebensbedingungen in den ungarischen Lagern zunehmend unerträglich: Schwere Regenfälle führen Ende August dazu, dass die Wiesen morastig werden, warme Kleidung treffe nur peu à peu ein.[36] Als Befreiung für alle Seiten begrüßt auch die *SZ* die Grenzöffnung am 11. September 1989. „Das Ende des Wechselbades" ist ein Artikel von Cathrin Kahlweit überschrieben, in dem diese die Aufnahme der Nachricht im Lager Zugliget beschreibt.[37] Der Jubel nach der Ankündigung des ungarischen Außenministers Horn sei groß gewesen, allerdings hätten sich die Menschen dann unverzüglich auf den Weg gemacht – der kurzen Ekstase

---

29 Vgl. Zustrom von DDR-Bürgern hält unvermindert an. In: ebd. (Anm. 27), S. 5.

30 Vgl. Christoph von Marschall: Nach jedem Scheitern neue Hoffnung schöpfen. In: *SZ* 22. 8. 1989, S. 3.

31 Vgl. Christoph von Marschall: Flüchtling bei Handgemenge erschossen. In: *SZ*, 23.8.1989, S. 1.

32 Vgl. Weitere 500 DDR-Bürger über Ungarn geflohen. In: *SZ* 24.8.1989, S. 1 und: Rühe fordert DDR-Bürger zum Abwarten auf. In: *SZ* 25.8.1989, S. 2.

33 Vgl. *SZ* 25.8.1989, S. 4 und 6.

34 Ende August geht die SZ auf die Bedrohung durch die Staatssicherheit ein: Der Verfassungsschutz könne momentan nicht garantieren, dass sich keine Spitzel unter den vielen Flüchtlingen im „agentenfähigen" Alter befänden. Vgl. Ungarn will beim Flüchtlingsproblem vermitteln. In: *SZ* 28.8.1989, S. 6.

35 Vgl. Christoph von Marschall: Meinungswandel in den Lagern. In: *SZ* 26./27.8.1989, S. 2.

36 Vgl. Christoph von Marschall: Bund und Länder bereiten sich auf die Aufnahme von mehreren Tausend Flüchtlingen aus Ungarn vor. In: *SZ* 30.8.1989, S. 1f. Angesichts der schlimmen Lage drohten einige Flüchtlinge mit Hungerstreik – was sich aber als „Zeitungsente" entpuppte, vgl. DDR-Flüchtlinge drohen mit Hungerstreik . In: *SZ* , 6.9.1989, S. 1. Als Folge sind westdeutsche Medien aus den Lagern ausgesperrt.

37 Vgl. *SZ* 11. 9. 1989, S. 3 und: Ende der Nervenprobe. In: ebd., S. 4.

sei ein hektischer Aufbruch gefolgt. Die Flüchtlinge seien ganz offensichtlich verunsichert und niemand wolle riskieren, noch einmal den entscheidenden Moment zu verpassen. Während die „alten" Flüchtlinge zügig in die Bundesrepublik gelangen, treffen in Zugliget täglich neue Menschen ein, die teilweise unter Lebensgefahr die tschechisch-ungarische Grenze überwunden haben.[38]

Die *SZ* widmet sich vor allem Ende August mehrfach der Situation der DDR-Flüchtlinge in Ungarn. Ihre ausweglose Lage wird anhand individueller Fluchtgeschichten exemplarisch geschildert, in denen die Hintergründe der Verzweiflung ebenfalls thematisiert werden. Die Dargestellten erscheinen so als komplexe Akteure, die lediglich von den schwierigen Umständen in eine Opferrolle gedrängt werden. Dabei zeigen sie mitunter eine Gewaltbereitschaft, die unter anderen Bedingungen abstoßend wäre, in der akuten Notlage aber als verständlich geschildert wird.

Während die *Bild* dazu auffordert, sich mit der von ihr kreierten „Sofort-Hilfe-Aktion" zu solidarisieren und somit in die Helfer-und-Retter-Rolle einzusteigen und der *Spiegel* Menschen zeigt, die sich mit notfalls auch unfairen Mitteln zu helfen wissen, schafft die *SZ* mit ihrer Darstellung der Flüchtlinge ein Identifikationsangebot für ihre Leser.

5. ALS NEUBÜRGER IN DER BUNDESREPUBLIK UND WEST-BERLIN

Schon ab Mitte August nimmt *Bild* die Ostdeutschen stärker in den Blick, die im Westen ankommen.[39] Fast ausschließlich bestimmen diese dann ab dem 11. September 1989 die Berichterstattung: Die ungarische Regierung öffnet in der Nacht auf diesen Tag die Westgrenze für DDR-Bürger. Die *Bild*-Schlagzeile dieses Tages lautet: „Ungarn: Alle Flüchtlinge raus. Honecker will sterben".[40] An diesem Tag erscheint erstmals ein Servicekasten, in dem die Macher die Flüchtlinge dazu auffordern, sich bei Problemen an die Redaktion zu wenden – eine spezielle Notrufnummer sei eingerichtet.[41]

---

38 Vgl. Nach Öffnung der Grenze mehr als 8.000 DDR-Bürger auf dem Weg in die Bundesrepublik. In: *SZ* 12.9.1989, S. 1.

39 Vgl. Die Liebesflucht des Jahres. Wie Michael seine Sabine aus Ungarn holte. In: *Bild*, 23.8.1989, S. 7. Leute aus der DDR – heiß begehrt von unseren Chefs. In: ebd., S. 7. Freund holte sie raus – Mannequin aus Ost-Berlin versteckte sich im Auto-Tank. In: *Bild* 24.8.1989, S. 4. Flughafen Tegel: Camela empfing Liebsten mit riesigem Lebkuchen-Herz. In: ebd., S. 4. Es traf den Richtigen. DDR-Flüchtling gewann 1,7 Mio. im Lotto. In: *Bild* 29.8.1989, S. 1/10.

40 *Bild* 11.9.1989, S. 1/7.

41 Vgl. „Servicekasten" ohne Titel ebd. (Anm. 40), S. 7.

Sehr breit behandelt die Ausgabe vom 12. September die Grenzöffnung; sie erscheint als Sonderausgabe in Schwarz-Rot-Gold gerahmt.[42] Auf der Titelseite sind zwei Männer zu sehen, die kniend den Boden küssen. Die folgenden Seiten zeigen Menschen, die ihre DDR-Ausweise zerreißen, ihre westdeutschen Pässe den Journalisten entgegenhalten oder Deutschlandfahnen schwenken. Im Text bereiten die Autoren die West-Berliner auf die Ankunft der ersten Flüchtlinge vor. Ein weiterer Artikel thematisiert die Hilfsbereitschaft der Bundesbürger – insbesondere der eigenen Leserschaft – unter der Überschrift: „Bild-Leser helfen DDR-Flüchtlingen. Der Bundeskanzler unterstützt die Bild-Aktion".[43] Im Interview mit der Berliner Sozialsenatorin Ingrid Stahmer wird aber auch deutlich gemacht, dass es dieses Engagements sowie der Bereitschaft, „enger zusammen[zu]rücken", dringend bedarf.[44] Die Politikerin weist explizit darauf hin, dass die Chancen für den Neubeginn in West-Berlin besonders schlecht seien.

In der selben Ausgabe geht es um eine Frau aus Magdeburg, die nach Hamburg will: Foto und ein Hinweis auf ihr Reisegepäck – eine Plastiktüte – charakterisieren sie.[45] Ein anderer Flüchtling („Toni") kommt selbst zu Wort und schreibt über die Trabi-Fahrt von Budapest nach Bayern: An der österreichischen Grenze habe man ihn wie einen Staatsgast empfangen. Toni zeichnet sich als „starken Mann", der aber – wie seine schwangere Freundin – ebenfalls mit den Tränen kämpfe.[46]

Am 13. September treffen, begleitet von einem *Bild*-Reporter, die ersten Flüchtlinge in Berlin-Tegel ein.[47] Die Artikel beschreiben den Empfang am Flughafen – bei dem kein Angehöriger des rot-grünen Senats anwesend ist – sowie die Pläne der Ankommenden: Einige wollen an die Mauer fahren, andere nur noch schlafen. Einen Tag später berichtet ein Reporter von seiner Erkundungsfahrt mit einer ostdeutschen Familie: Er schildert deren Interessen („Kudamm-Bummel") und ihre Bedürfnisse als absolut durchschnittlich.[48] Diese „Neuen" sind keine Fremden, sondern Deutsche

---

42 Vgl. Deutschland 12. September 1989. Sie küssen die Freiheit. In: *Bild* 12.9.1989, S. 1.
43 Ebd. (Anm. 42), S. 1/4. Vgl. auch: Politiker: 5 Familien dürfen ins Schloß. In: ebd., S. 4. Minister Haussmann: „Eine gute Sache" – Leser helfen DDR-Flüchtlingen. In: *Bild* 13.9.1989, S. 1 und: Arbeitsplätze für DDR-Flüchtlinge. In: ebd., S. 10.
44 Vgl. *Bild*-Interview mit Bürgermeisterin Ingrid Stahmer: Wir müssen jetzt enger zusammenrücken. In: ebd. (Anm. 42), S. 3.
45 Vgl. Claudia will nach Hamburg. In: ebd. (Anm. 42), S. 4.
46 Vgl. Mach Platz, mein Trabi will nach Westen. In: ebd. (Anm. 42), S. 5.
47 Vgl. Hurra, Berliner sind da! Erste Ungarn-Flüchtlinge in Tegel gelandet. In: *Bild* 13.9.1989, S. 1. Mit der Taxe ins Lager: Wir wollen nur noch schlafen. In: ebd., S. 9 und: Tegel. 300 Freunde und Verwandte warteten mit Stofftieren und Blumen. In: ebd., S. 9. Zur Unkenntnis der Ostdeutschen vgl.: Sie halten den neuen Paß fest in der Hand. „Pizza, was ist das, Mutti?" In: ebd., S. 11. Auch Ankunft am nächsten Tag: Wieder Freudentränen in Tegel – 170 kamen angeflogen. In: *Bild*, 14.9.1989, S. 5.
48 Vgl. Unsere Landsleute da – ihre ersten Stunden in Berlin. Kudamm-Bummel, Einkaufen, ein Schluck Sekt – und Schlafen. In: *Bild*, 14.9.1989, S. 5 und: Stadtrundfahrt mit Hertha-Fan. In: ebd., S. 5.

mit vertrauten Gewohnheiten.[49] Sie seien lediglich etwas rückständig, weshalb man sie anfangs unterstützen müsse. Die Aktion „Bild-Leser helfen DDR-Flüchtlingen" soll dabei helfen: Neben Arbeits- und Wohnungsangeboten gibt es auf bis zu einer Doppelseite auch einen Suchdienst.[50] Außerdem bietet die Redaktion einen Notruf für Ostdeutsche an und ein ehemaliger Ost-Berliner stellt einen Verhaltenskodex für die Neubürger auf.[51] Charakterisiert werden die Ostdeutschen durch Schlagworte wie „fleißig, ehrlich, anspruchslos"[52]. Die „Normalität" der „Neuen" unterstreicht ein gemeinsamer „Kneipenbummel", bei dem Charlottenburg deutlich mehr Zustimmung findet als der „verrufene" Bezirk Kreuzberg.[53]

Bereits Mitte September meldet *Bild* die ersten Integrationserfolge von ostdeutschen Familien im Westen: „Familie Jacobs. 4 Wochen da – schon alles klar. 3-Zimmer-Wohnung, er bei der Lufthansa, sie bei der Post, Kind in der Schule".[54] Selbst die Neubürger, die (noch) nicht gut gestellt sind, bleiben – laut *Bild* – geduldig und gut gelaunt. So ein Ehepaar, das wegen der Unterstützung zuversichtlich sei: „Ihr helft ja alle mit".[55] Hilfe brauchen die Flüchtlinge ihrer Naivität wegen, da „Zuhälter, Drücker, Bauerfänger" sie – insbesondere die „hübschen DDR-Mädchen" – in den Lagern belauerten.[56] An anderer Stelle erschienen die Ostdeutschen als „unverdorbene" Variante der Altbundesbürger: „Ich habe ein Ehepaar von drüben aufgenommen … und sehe die Welt mit anderen Augen"[57]. Erst jetzt wisse die *Bild*-Mitarbeiterin Freiheit und Wohlstand in der Bundesrepublik (wieder) zu schätzen.

Auffällig im Gegensatz zur Darstellung der DDR-Flüchtlinge als Opfer in Ungarn ist zunächst die aktivere Rolle der Ostdeutschen in der Bundesrepublik. Zudem werden jetzt einzelne Familien vorgestellt, deren Ziele mit denen der eingesessenen Bürger ebenso identisch sind wie ihre Vorlieben und Abneigungen. So werden sie

---

49 Vgl. dazu auch: Horst Fust: Übrigens, es sind Deutsche. In: *Bild* 9.8.1989, S. 2 und: Herzlich Willkommen, liebe DDR-Bürger. In: *Bild* 4.9.1989, S. 1/3.

50 Vgl. auch: Bei Radio 100,6: In einer Stunde einen Job. In: ebd. (Anm. 48), S. 5. Zur Hilfsbereitschaft der West-Berliner vgl. auch: Gastwirt Ezze: 50 Kinder zum Futtern eingeladen. In: ebd., S. 5.

51 Vgl. Ost-Berliner (ein Jahr im Westen) warnt Flüchtlinge. Vorsicht bei Geld, Versicherung, Ratenkauf. In: ebd. (Anm. 48), S. 6.

52 Vgl. Suche Ossi – fleißig, ehrlich, anspruchslos. 20 Minuten später hatte ihn der Firmenchef. In: Ebd. (Anm. 48), S. 6. Vgl. auch: Familie Jacobs. 4 Wochen da – schon alles klar. In: *Bild* 19.9.1989, S. 6. Eine DDR-Familie sagt Danke. In: *Bild* 20.9.1989, S. 8.

53 Vgl. Erster Kneipenbummel. „Endlich kein Stasi, der mitlauscht". In: *Bild* 19.9.1989, S. 6.

54 *Bild*, 19.8.1989, S. 6.

55 Vgl. Eine DDR-Familie sagt Danke. In: *Bild*, 20.9.1989, S. 8. Vgl. auch: Verlobung in Dresden, Hochzeit in Westfalen. In: *Bild* 23.9.1989, S. 6 und: Brief aus Nürnberg. Bild zu danken, ist mir ein Herzensbedürfnis. In: *Bild* 30.9.1989, S. 8.

56 Vgl. Zuhälter, Drücker, Bauernfänger. Die schamlosen Geschäfte mit den DDR-Flüchtlingen. In: *Bild* 25.9.1989, S. 8.

57 *Bild* 26.9.1989, S. 7.

deutlich von anderen Zuwanderern – Asylsuchenden und Spätaussiedlern – abgegrenzt. Die Berichte von extrem schnellen Integrationserfolgen unterstützen diese Sichtweise. Dazu passen wiederholte Bemerkungen über die Bescheidenheit und Dankbarkeit der Ostdeutschen. Dabei schwingt allerdings ein drohender Ton in der Berichterstattung mit – fehlende Dankbarkeit könnte durchaus negativ sanktioniert werden. Bemerkenswert ist außerdem die Darstellung der weiblichen Flüchtlinge, die durchweg als sehr hübsch und „verfügbar" gezeigt werden – sei es nun, dass sie sich gelegentlich prostituieren oder dass sie zuvor als Unterwäschemodell arbeiteten. Der Tenor der Berichte ist durchweg paternalistisch: Zwar beschützt und hilft man den Neubürgern, aber man erwartet auch die entsprechende Gefügigkeit.

Der *Spiegel* stellt die in der Bundesrepublik angekommenen Ostdeutschen erstmals Mitte August 1989 genauer vor: „Zusammenrücken – ja, wo denn? DDR-Aussteiger im Westen: sozial unverträglich, aber beruflich begehrt und pfiffig".[58] Der unter dieser Überschrift veröffentlichte Text beschäftigt sich mit der Situation, auf die die Ostdeutschen in der Bundesrepublik treffen. Insbesondere die Wohnungsnot lasse die Westdeutschen abwehrend reagieren, dabei gebe die Unterbringung der Ostdeutschen keinen Anlass zum Neid. Container-Unterkünfte betrachteten die Neuankömmlinge schon als Luxus, teilweise müssten sie in umgebauten „Eros-Centern" leben. Der Autor befürchtet dennoch bei einer Zunahme des Flüchtlingsansturms soziale Spannungen bis hin zum „Volkszorn Deutsche gegen Deutsche". Auf Widerwillen stoße insbesondere die Durchsetzungsfähigkeit der Neubürger, die ihre „Ellenbogen" rücksichtslos einsetzten. Gleichfalls würden sie die sozialen Sicherungssysteme ausnutzen, viele meldeten sich erst mal „krank", weil sie so mehr Geld bekämen. Der Text erwähnt jedoch auch die hohe Motivation der meisten Flüchtlinge, die gut ausgebildet und handwerklich geübt seien. Zudem akzeptieren sie auch Tätigkeiten, die unter ihrer Qualifikation lägen und erhöhten dadurch ihre Attraktivität für Arbeitgeber weiter.

Wenig später, im September, stehen die Folgen des massenhaften Zuzugs aus der DDR auf die Bundesrepublik im Mittelpunkt: „Das Faß läuft über".[59] Zwar bereiteten momentan alle den Neubürgern einen herzlichen Empfang und als Arbeitskräfte seien sie extrem begehrt (trotz zwei Millionen bundesdeutscher Arbeitsloser), aber man – und vor allem die Ankommenden – dürften sich nicht täuschen lassen:

> „Allzu schnell werden die Männer und Frauen in ihren stinkenden Trabis merken, daß sie zwar als Reservearmee für den Arbeitsmarkt und als Einzahler in die marode Rentenkasse hoch willkommen, im Grunde aber ähnlich überzählig sind wie viele Nachkommen der einst gerufenen Gastarbeiter [...]."[60]

58　*Spiegel* 33/1989 (14.8.), S. 27-32.
59　*Spiegel* 38/1989 (18. 9.) S. 20-26.
60　Ebd. (Anm. 59), S. 21.

Die DDR-Flüchtlinge treffen auf das
Wohnungsproblem in der Bundsrepublik.
Titelbild des Spiegel H. 38/1989 (18.9.)

Schon jetzt keime Neid auf, obwohl die Neubürger vom Staat nicht verwöhnt würden,
und die Kommunen fürchteten – angesichts des angespannten Wohnungsmarktes
„jeden neuen Flüchtling". Das Image der Ungarn-Flüchtlinge sei eher negativ –
zwar schätzten die Arbeitgeber sie als hochmotiviert ein, die westdeutschen Kollegen
aber hielten sie für „Streber".

Die Gruppe der Ungarn-Flüchtlinge, von denen viele eine „Datsche" zurückge-
lassen haben, wird klar getrennt von den Übersiedlern der vergangenen Jahre, deren
soziale Prognose weniger günstig sei. Mit dem wachsenden Konkurrenzdruck auf
Arbeits- und Wohnungsmarkt, den vor allem die Arbeitergeber durch spezielle
Angebote für Ostdeutsche anheizten, nehme die Integrationsbereitschaft der Westdeutschen ab:

„Was Wunder, daß sich bei Umfragen mehr und mehr Vorbehalte gegen die
zugereisten Streber und Wohnungskonkurrenten zeigen. 46 Prozent der Bundesbürger [...] sind bereits jetzt gegen einen weiteren Zuzug von DDRlern."[61]

---

61 Ebd. (Anm. 59), S. 23.

Der Text schließt mit Bemerkungen darüber, dass man noch nicht soweit sei, den Ausnahmezustand auszurufen – das werde erst eintreten, wenn die Mauer eingerissen werden sollte. Dazu meint der ungenannte Autor: „Doch so schlimm wird es wohl nicht kommen."[62]

In der letzten September-Ausgabe des Spiegel befassen sich gleich drei prominente Autoren mit der Massenflucht aus der DDR – Oskar Lafontaine, Hans-Dietrich Genscher und Manfred Stolpe –, wobei nur Stolpe die Motivation der Flüchtlinge thematisiert.[63] Für die meisten sei die Suche nach allgemein besseren Lebensbedingungen das entscheidende Motiv, etwa 90 Prozent der Abwanderer hätten bis zu ihrem Weggang angepasst gelebt. Stolpe leitet daraus keinen Vorwurf ab, sondern fordert die rasche Verbesserung der Lebensverhältnisse in der DDR. Er warnt außerdem davor, die Zurückbleibenden völlig unbeachtet zu lassen, da die Gefahr drohe, dass diese sich den Rechtsradikalen zuwendeten.

Die Darstellung der „Charakteristika" der Ankommenden schließt sich an die der Flüchtlinge in Ungarn logisch an: Aus den „skrupellosen" Botschaftsbesetzern werden in der Bundesrepublik rücksichtslose Streber, die sich möglicherweise vor allem aus Berechnung bescheiden geben. In dieser Sichtweise sind die Altbundesbürger zwar (noch) keine Opfer, können dies aber ohne Weiteres werden. Die Vorbehalte, die die Westdeutschen gegenüber den Ostdeutschen laut Spiegel besitzen, scheinen vor diesem Hintergrund nachvollziehbar – selbst wenn sich nicht wenige Arbeitgeber, allzu skrupellos nach vorne drängelten, um die Neubürger auszubeuten.

Bereits am 9. August 1989 erscheint in der *SZ* ein Bericht über die Lebensverhältnisse im Aufnahmelager für DDR-Flüchtlinge und -Übersiedler in Gießen, in dem auch Ungarn-Flüchtlinge zu Wort kommen.[64] Sie berichten unter anderem von professionellen Fluchthelfern, die bis zu „mehreren zehntausend Mark" für ihre Dienste verlangt hätten. Ein weiterer Bericht aus Gießen schildert die Erleichterung der Menschen, die teilweise strapaziöse und meist spontane Flucht überstanden zu haben.[65] Sie bleiben anonym, um Angehörige und Freunde in der DDR nicht zu gefährden. Gegenüber den Österreichern äußern alle Dankbarkeit, gegenüber den Ungarn seien die Gefühle gemischter, da man ihnen den geschäftsmäßigen Umgang mit den Ostdeutschen übel nähme; außerdem eigneten diese sich angeblich schnell alle Hinterlassenschaften an. Autor Brill spricht auch die Motive für das Verlassen der DDR an: mangelnde Freiheiten und die „ökonomische Malaise", zudem die fehlende

---

62 Ebd. (Anm. 59), S. 26.
63 Vgl. Manfred Stolpe: Ein deutsches Sommertheater. In: *Spiegel* 39/1989 (25. 9.) S.28-29. Vgl. auch: Das deutsche Ärgernis: Flüchtlinge. Wiedervereinigungs-Träume. DDR-Opposition. In: ebd., S. 16-24; Oskar Lafontaine: Das Gespenst des Vierten Reiches. In: ebd., S. 20-21. und: Hier ist Engagement gefordert (Interview mit Bundesaußenminister Hans-Dietrich Genscher). In: ebd., S. 24 – 27.
64 Vgl. DDR-Flüchtlinge in überfülltem Lager. In: *SZ*, 9.8.89, S. 1.
65 Vgl. Klaus Brill: In qualvoller Enge Freiheit atmen. In: *SZ* 10.8.1989, S. 3.

Hoffnung auf dringend notwendige Reformen. Den meisten sei bewusst, dass sie in der Bundesrepublik auf Vorbehalte stoßen würden. „Wir bauen uns keine Luftschlösser", wird ein junger Bautzener zitiert, der bereits gehört habe, dass man in der Bundesrepublik die Ostdeutschen als „Ost-Türken" bezeichne. „Wir sind bei den BRD-Bürgern verhasst, weil wir jede Arbeit machen, aber bei den BRD-Arbeitgebern willkommen", wird ein anderer Flüchtling zitiert. Hoffnung gäbe den Neubürgern ihre in der DDR erprobte Ausdauer: Außerdem verlange man ja nicht viel – zumindest so lange, bis man aufhöre, „ein DDR-Bürger zu sein".

Derselbe Autor berichtet am 21. August aus dem Lager Gießen von seinen Gesprächen mit Ostdeutschen, die im Zuge des „Paneuropäischen Picknicks" geflüchtet sind. Diese erzählen von ihrem „Spaziergang" über die Grenze.[66] Wie im Tierpark sei er „gebummelt", wird ein 25-Jähriger aus Ost-Berlin zitiert. Seit dem Grenzübertritt sei er jeweils so schnell von einer Station zur nächsten gebracht worden, dass er in Gießen noch gar nicht richtig angekommen sei – und schon weiter müsse ins Schöppinger Lager. Ein Kommentar in derselben Ausgabe der *SZ* macht darauf aufmerksam, dass man die Übersiedler und Flüchtlinge als Arbeitskräfte sicher gut brauchen könne, allerdings müssten diese sich erst an das höhere Arbeitstempo gewöhnen.[67]

Obwohl die DDR-Flüchtlinge in den ungarischen Lagern in ihrer Notlage sympathisch erscheinen, äußert die *SZ* vom 5. September Zweifel daran, dass sich die Westdeutschen dem Menschenandrang gegenüber in ähnlicher Weise gewachsen zeigten wie die Ungarn.[68] Offizielle Stellen beugten vor und schilderten die Flüchtlinge als zielbewusste Menschen, die die Allgemeinheit nicht lange belasten würden.[69] Zudem betont der Autor, dass es sich um „unsere Landsleute" handele, man also selbstverständliche Verpflichtungen habe. „Keinem Bundesbürger wird etwas genommen"[70] betont ein anderer Autor, denn die Neubürger kämen nicht als Konkurrenten ins Land. Bei den Ankommenden handele es sich nicht um Wirtschaftsflüchtlinge zitiert man einen Tag später Bundeskanzler Helmut Kohl.[71]

Die *SZ* besucht die Flüchtlinge auch in den Lagern in der Bundesrepublik mehrfach. Die Menschen dort werden als nüchtern-pessimistisch abgebildet: Sie sehen für sich als Ostdeutsche keinen Platz in der bundesrepublikanischen Gesellschaft – dazu bedürfe es der vollständigen Assimilation.

---

66   Vgl. Klaus Brill: Es war wie ein Spaziergang. In: *SZ* 21.8.1989, S. 3.
67   Vgl. Zuwanderung als Chance. In: ebd. (Anm. 66), S. 4.
68   Vgl. Die Bewährungsprobe steht noch aus. In: *SZ* 31.8.1989, S. 4. Vgl. auch: Unsere kleine Wiedervereinigung. In: *SZ*, 5.9.1989, S. 4.
69   Vgl. Christian Schneider: Schließlich sind das ja unsere Landsleute. In: *SZ* 31.8.1989, S. 27.
70   Christian Schneider: Keinem Bundesbürger wird etwas genommen. In: *SZ* 2./3.9.1989, S. 25. Vgl. auch: Wolf Reiner: Vergebliches Hoffen auf DDR-Schwestern. In: *SZ* 8.9.1989, S. 10.
71   Vgl. Kohl und Blüm mahnen zur Solidarität mit DDR-Flüchtlingen. In: *SZ* 4.9.1989, S. 1.

6. CHARAKTERISTIKA DER WAHRNEHMUNG
DER OSTDEUTSCHEN

Angesichts der verschiedenen Rollen, die die Ostdeutschen im Sommer/Herbst 1989 – als obdachlose Flüchtlinge und als Neubürger – einnehmen, sind die übermittelten, teilweise stark von einander abweichenden Charakteristika in ihrer Darstellung wenig erstaunlich.

Alle drei Medien stimmen in der Zweiteilung ihres Flüchtlingsbildes überein. Die Menschen in Ungarn erscheinen unisono als heimat- und besitzlose Menschen, die stark durch die ihnen aufgezwungenen Lebensbedingungen charakterisiert scheinen und mehr oder weniger auf Unterstützung von außen angewiesen sind.

Bild stellt sie dabei als absolut hilflos dar: Diese ausschließliche Opferrolle autorisiert die *Bild*, als Retter aufzutreten, wobei die Zeitung qua Spendenaktion auch ihre Leser partizipieren lässt.

Abweichend davon sind die Flüchtlinge in *SZ* und *Spiegel* zumindest zeitweise aktive Menschen, die immer wieder – teils allein von Verzweiflung getrieben – neue Versuche unternehmen, ihre Lage selbstständig zu verbessern. Dabei erscheinen sie nicht immer als angenehme Menschen – so beispielsweise in dem im *Spiegel* abgedruckten „Hilferuf".

Das so gezeigte „Ellbogendenken" leitet über zu dem alltäglichen Verhalten, dass laut *Spiegel* viele Bundesbürger bei den Ostdeutschen feststellen und bemängeln. So appellieren zwar alle drei Organe an die Bundesbürger, sich den Neuankömmlingen gegenüber aufnahmebereit zu zeigen. Neidisch, so wird unisono betont, brauche niemand auf sie zu sein: Die Neubürger besäßen nur geringe Ansprüche.

Für die *Bild* sind die Neubürger schon deshalb keine Konkurrenz, weil sie rückständig und unterlegen sind. Ihnen fehle die „Weltgewandtheit" der Bundesbürger, sie wissen mit Konsum nicht umzugehen, sind aber dankbar für jede Hilfe. In diesem Zusammenhang steht auch die *Bild*-Soforthilfeaktion für die Ostdeutschen, die in erster Linie aus einem Stellen- und Wohnungsmarkt mit teilweise dubiosen Angeboten besteht. Absehbar ist aus den skizzenhaften Porträts in der *Bild*, dass sich die Ostdeutschen bald an das neue Leben gewöhnt haben werden und dann ununterscheidbar von den Alt-Bundesbürgern sein werden. Einzelne exemplarische Erfolgsgeschichten sollen dies belegen. Ihre vollständige Assimilation hebt sie entscheidend von den anderen Zuwanderergruppen ab und macht sie zur willkommenen Migrantengruppe.

Der *Spiegel* fordert zwar zu Solidarität mit den Ostdeutschen auf, er zeigt sie aber sehr zielbewusst und betont darüber hinaus ihre Strebsamkeit, so dass klar ist, dass man sich um diese Menschen keine Sorgen machen muss. Eher scheint die Sorge um die eigenen Besitzstände angebracht, die man auf absehbare Zeit gegen die Neubürger wird verteidigen müssen. Die Argumentation des Magazins ist dabei schein-widersprüchlich: Die Autoren äußern ihre Befürchtungen darüber, dass die Situation in heftige soziale Auseinandersetzungen münden könne – und gefallen sich in einer kassandraartigen Pose. Die Nationalität der Neubürger wird als Argument nicht ins Spiel gebracht.[72]

Die *SZ* zeigt sich den Flüchtlingen gegenüber am neutralsten: Sie fordert deren Integration – auch unter Hinweis darauf, dass es sich um Landsleute handele. Die Ostdeutschen erscheinen als Menschen, die in einer akuten Notlage Hilfe brauchen, sonst aber durchaus für sich selbst sorgen können. Mehrfach wird betont, dass sie nicht mit den Alt-Bundesbürgern um Wohnraum oder Arbeitsplätze konkurrieren wollten.

7. BESTANDTEILE DES OSTDEUTSCHEN STEREOTYPS HEUTE

Nach dem Mauerfall am 9. November 1989 wird das von mir skizzierte Bild der ost-deutschen Flüchtlinge auf die gesamte Bevölkerung der DDR übertragen. Einzelne Aspekte davon haben bis heute überlebt: So blicken noch heute viele Westdeutsche – bewusst oder unbewusst – auf die „Brüder und Schwestern" im Osten herab, wie die eingangs zitierte Aussage von Thomas Ahbe deutlich macht. Vor allem in den ersten Jahren nach der Wende galten insbesondere ostdeutsche Frauen als weniger „kompliziert" als westdeutsche – dies eine Einschätzung, die sich in der Berichter-stattung der *Bild* abzeichnet. Zudem hat sich der Begriff „Ellbogenmentalität" bis heute in der Auseinandersetzung zwischen Ost- und Westdeutschen gehalten, hat dabei aber als Vorwurf quasi die Seite gewechselt.

Als bemerkenswert zäh hat sich die Einschätzung der Ostdeutschen als „passiv" – wie sie vor allem in *Bild* auftaucht – erwiesen. Sie findet sich unter anderem in immer wieder erneuerten Anschuldigungen gegen untätige „Jammerossis" auf privater und politischer Ebene, beispielsweise in den Debatten um den Solidaritäts-beitrag.[73] Dagegen spielt die Strebsamkeit, die vor allem der Spiegel seinerzeit be-mängelte, nur eine untergeordnete Rolle – wo Ostdeutsche als aktive Menschen auf-fallen, sind dies vor allem junge Frauen, die auf der Suche nach Jobs ihre Heimatdörfer

---

72 Zu beachten ist außerdem die schon im Laufe der achtziger Jahre überwiegend distanziert-kritische Berichterstattung des *Spiegel* über DDR-Übersiedler: Diese erschienen häufig als reine Wohlstands-flüchtlinge – ohne dass man ihnen eine Berechtigung für diesen Status zuerkannte. Vgl. Wie die Motten. In: *Spiegel* 53/1979 (31.12.); Hans-Joachim Noack: Ein Päckchen Tabak und das Grundgesetz. In: *Spiegel* 10/1984 (5. 3.), S. 20-21; Wie ein Sprung über zwanzig Jahre. In: *Spiegel* 14/1984 (2. 4.) S. 22-26 und „Schließlich bin ick Deutscha". In: *Spiegel* 36/1984 (3. 9.) S. 61-75.
73 Vgl. Christiane Kohl: Die unvollendete Einheit. In: *SZ* 2.10.2007.

in Brandenburg und Mecklenburg verlassen.[74] Den passiven Gegenpart bilden die jungen Männer, die sich scheinbar mit einer marginalen Existenz im Niemandsland begnügen. Im Zusammenhang mit den Debatten um den Solidaritätsbeitrag fällt zudem häufiger der Vorwurf der fehlenden Dankbarkeit. Hier erfüllt sich das, was in den Texten der *Bild* implizit bereits mitgedacht war: Fehlender Dank zieht Schelte unmittelbar nach sich, wobei ein paternalistischer Unterton selten fehlt.

Allerdings ist bei diesem Ostdeutschen-Bild auch mitzudenken, dass gerade das Überlegenheitsgefühl der Westdeutschen noch wesentlich früher entstand. Bereits nach der Aufteilung des besiegten Deutschen Reichs in Besatzungszonen zeichnete sich der „Stolz" der von den Westalliierten regierten Teile Deutschlands ab. Die Westzonen wähnten sich in der Gewalt der „besseren" Besatzer. Weitere Bestätigung erhielt dieses Überlegenheitsgefühl durch das „Wirtschaftswunder" und die Massenflucht aus der „SBZ" in den fünfziger Jahren. Insofern bestätigte das Jahr 1989 mit dem Mauerfall vielen Bundesbürgern und West-Berlinern nur zum wiederholten Male, was diese längst „wussten": Das Gefühl, als „bessere" Deutsche im „besseren" Deutschland zu leben.

---

74 Vgl. Frauen verzweifelt gesucht. In: *SZ* 30.5.2007 und: Bundesregierung will Abwanderung stoppen. In: *SZ* 3.6.2007. Vgl. auch: Theo Sommer: Frauenmangel im Osten. In: *Die Zeit* 22/2007 (31.5.) Vgl. dazu auch die Online-Kommentare unter: http://www.zeit.de/online/2007/22/abwanderung-ostdeutschland.

Literatur

AHBE, Thomas: Die Konstruktion der Ostdeutschen. Diskursive Spannungen, Stereotype und Identitäten seit 1989. In: Aus Politik und Zeitgeschichte 54 (2004), 41-42, S. 12-22, hier: S. 21.

DALOS, György: Der Vorhang geht auf. Das Ende der Diktaturen in Osteuropa. München 2009.

GROSSER, Dieter; Bierling, Stephan; Kurz, Friedrich (Hrsg.): Die sieben Mythen der Wiedervereinigung. Fakten und Analysen zu einem Prozeß ohne Alternative. München 1991.

KURUCZ, Gyula (Hrsg.): Das Tor zur deutschen Einheit. Grenzdurchbruch Sopron 19. August 1989. Berlin 2000.

LAFONTAINE, Oskar: Das Gespenst des Vierten Reiches. In: Spiegel 39/1989 (25. 9.), S. 20-21.

MARON, Monika: Warum bin ich selbst gegangen? In: Spiegel 43 (1989) H. 33 (14. 8.), S. 22-23.

NAGY, Lazlo: Das paneuropäische Picknick und die Grenzöffnung am 11. September 1989. In: Potsdamer Bulletin für Zeithistorische Studien 8 (2001) Nr. 23/24, S. 24-40.

OPLATKA, Andreas: Der erste Riss in der Mauer. September 1989 – Ungarn öffnet die Grenze. Wien 2009.

SCHMIDT-SCHWEIZER, Andreas: Die Öffnung der ungarischen Westgrenze für die DDR-Bürger im Sommer 1989. Vorgeschichte, Hintergründe und Schlussfolgerungen. In: Südosteuropa Mitteilungen 37 (1997) H. 1, S. 33-53.

SCHWARZ, Patrik: FDP ja, Westerwelle – na ja. In: Die Zeit 49/2007 (29.11.), S. 5.

STOLPE, Manfred: Ein deutsches Sommertheater. In: Spiegel 39/1989 (25. 9.) S.28-29.

THOMAS AHBE

Die Ost-Diskurse als Strukturen der Nobilitierung und Marginalisierung von Wissen.

Eine Diskursanalyse zur Konstruktion der Ostdeutschen in den
westdeutschen Medien-Diskursen 1989/90 und 1995

1 EINLEITUNG

Wie wird das Wissen einer Gesellschaft über bestimmte Gegenstände formiert?
Wer prägt die gültigen Vorstellungen – beispielsweise über die Eigenarten und die
Geschichte einer bestimmten Bevölkerungsgruppe? Welche Rolle spielen die meinungsführenden Medien? Welchen Einfluß üben tradierte Identitäten und neue Konfliktlinien aus? Und welche Auswirkungen haben die diskursiven Konstruktionen
auf die Konstruierten?

Zur Beantwortung dieser Fragen sind die Jahre nach dem Umbruch von 1989/1990
hoch interessant. Das differenzierte Mediensystem der Bundesrepublik wurde über-
gangslos mit einem bis dahin nicht unmittelbar erfassbaren Gegenstand konfrontiert:
den Ostdeutschen und Ostdeutschland. Seit 1989/90 kann beobachtet werden, wie
Jahr für Jahr bestimmte ‚Wahrheiten' über die Ostdeutschen, ihre Vergangenheit und
ihre Sitten in Umlauf gesetzt, welche Stereotype und Deutungsmuster zu gültigem
Wissen wurden – und schließlich welche Rolle dabei die verschiedene Medien-
Akteure spielten.

Der Beginn dieser Entwicklung war der Mauerfall am 9. November 1989 und die
folgende Grenzöffnung. Nachdem „eine Flut" von Ostdeutschen West-Berlin[1] und
die grenznahen Städte der Bundesrepublik „überschwemmte"[2], nachdem im Zuge
der friedlichen Revolution jene Restriktionen aufgelöst wurden, die bis dahin die
Arbeit der „West-Medien" auf dem Gebiet der DDR eingeschränkt hatten, konnten

---

1 „Die Menschen überschwemmen einen Ort, an dem die Mauer am symbolträchtigsten ist. (…) Die
   Schleusen für die Flut in den Westen waren geöffnet." Eine Flut befreiter Menschen. *Süddeutsche
   Zeitung (SZ)*, 11./12. November 1989, S. 3; „Unkontrolliert ergoss sich … ein Strom von Ost-Berlinern.
   … Selbst in anderer Richtung eine Menschenwoge – Wessies (sic!), die unkontrolliert in den Osten
   schwappten …" „Eine friedliche Revolution". *Spiegel* 46/1989 (13.11.), S. 18-28, S. 18.
2 So wurde zwei Tage nach der Maueröffnung, am Wochenende vom 11./12. November 1989, allein die
   52.000 Einwohner zählende Stadt Hof von 40.000 Menschen aus der DDR besucht. Am folgenden
   Wochenende verzeichnete der Freistaat Bayern 0,8 Mio. Besucher aus der DDR.

die Ostdeutschen und Ostdeutschland nun unmittelbar erforscht werden. Die Medien der Bundesrepublik näherten sich diesem Gegenstand, wie es Medien einer modernen Reflexionskultur immer tun: Das Fremde wurde vermessen, erforscht, interpretiert und dabei dem Eigenen gegenübergestellt. Das widerspiegeln schon die Presseberichte über die Nacht und den Tag nach der Maueröffnung. Noch deutlicher wird das bei der Darstellung der massenhaften Besuche von DDR-Bürger in den grenznahen Städten Westdeutschlands an den beiden Wochenenden, die der Maueröffnung folgten.

Nach der Beschreibung dieser Ausnahmeereignisse[3] entfalteten sich seit November 1989 lang anhaltende und von besonderen Rahmenbedingungen geprägte Diskurse, die Darstellungen über die Ostdeutschen und deren Kultur liefern – und die hier als „Ost-Diskurse" bezeichnet werden.[4]

2 ZEITGESCHICHTLICHER KONTEXT

Die Ost-Diskurse entfalteten sich in einer besonderen Situation. Nachdem die kleinere DDR den Beitritt zur größeren (Alt-)BRD und die vollständige Übernahme bundesdeutscher Institutionen und Normen beschlossen hatte, vollzog sich in Ostdeutschland eine rasche und tief greifende Transformation.

Die alten ostdeutschen Eliten, das Fach- und Führungspersonal wurden durch die politischen Säuberungen, Abwicklungen und den Aufbau neuer Strukturen verdrängt. Ihre Stelle nahmen Westdeutsche ein, zum Teil auch Angehörige jener ostdeutschen Subelite, deren Professionalisierung oder Aufstieg durch die Machthaber in der DDR verhindert worden war. Die Größenverhältnisse des Beitrittsgeschehens (die DDR und die alte BRD verhielten sich wie 1:4), die Richtung der Neuorganisation Ostdeutschlands (Übernahme des westdeutschen Systems) wie auch die nach der Aufhebung der Zweistaatlichkeit weiterwirkende ideologische Konkurrenz eines großen Teils der Fach- und Führungskräfte, führte dazu, dass zur Elite des vereinigten Deutschlands kaum Ostdeutsche gehörten. Eine Elite-Studie

---

3   Vgl. Thomas Ahbe und Manuela Tesak: Die ersten 50 Tage: Bilder von den Ostdeutschen in westdeutschen und österreichischen Printmedien im Herbst 1989. In: HMRG Historische Mitteilungen der Ranke-Gesellschaft. Bd. 18 (2005), S. 246-270.

4   Vgl. Thomas Ahbe: Ost-Diskurse. Das Bild von den Ostdeutschen in den Diskursen von vier überregional erscheinenden Presseorganen 1989/1990 und 1995. In: Kersten Sven Roth und Markus Wienen (Hrsg.): Diskursmauern. Aktuelle Aspekte der sprachlichen Verhältnisse zwischen Ost und West. Bremen 2008, S. 21-53; ders.: Der Osten aus der Sicht des Westens. Die Bilder zu den Ostdeutschen und ihre Konstrukteure. In: Hannes Bahrmann und Christoph Links (Hrsg.): Am Ziel vorbei. Die Deutsche Einheit – Eine Zwischenbilanz. Berlin 2005, S. 268-281; ders.: Die Konstruktion der Ostdeutschen. Diskursive Spannungen, Stereotype und Identitäten seit 1989. In: Aus Politik und Zeitgeschichte, B 41-42/2004, S. 12-22, sowie Anm. 3.

aus dem Jahr 1997 zeigte folgendes Ergebnis: In den Sektoren Justiz oder Militär war die Quote von Ostdeutschen in Elite-Positionen null Prozent, im Sektor Wirtschaft 0,4 Prozent, in der Wissenschaft 7,3 Prozent. Etwas weniger dramatisch war die Unterrepräsentierung von ostdeutschen Positionsinhabern in Medien und Kultur mit 12 und 13 Prozent. Eine Ausnahme bildete der Sektor Politik, wo 32,1 Prozent der Positionsinhaber Ostdeutsche waren.[5] Die Leitung des ‚operativen Geschäfts‘ in den Behörden, der Wirtschaft, in Wissenschaft, Medien und Kultur der Neuen Bundesländer lag also bei den sogenannten „Wessis“. Nach dem Ende der neunziger Jahre ist die erste Generation von ostdeutschen Journalisten, Sozialwissenschaftlern und Zeitgeschichtlern durch ihre westdeutschen Mentoren und Chefs professionalisiert, promoviert und habilitiert worden und übt nun selbst Einfluss auf die Ost-Diskurse aus. Insofern verliert die Frage der Herkünfte etwas an Bedeutung. Statt ihrer dürfte es in den folgenden Jahren mehr um Identifikationen gehen, also um die Frage, an welchen Werten und Leit-Erzählungen sich die neuen Angehörigen der „medienpolitischen Klasse“[6] orientieren werden.

Die Verfasstheit der Ost-Diskurse und damit die mediale Konstruktion des Wissens über die Ostdeutschen, hatte in den neunziger Jahren drei wichtige Voraussetzungen: Erstens konnten die überregionalen meinungsführenden Sendeanstalten und Qualitäts-Blätter den kleinen Ost-Markt ohne große redaktionelle Veränderungen übernehmen. Zweitens kam hinzu, dass das Leitungspersonal der in den Neuen Bundesländern geschaffenen öffentlich-rechtlichen Sendeanstalten aus dem Westen stammte – und zumeist auch das der restrukturierten regionalen ostdeutsche Tageszeitungen.[7] Und drittens bildete sich kein adäquater professioneller Gegen-Diskurs ostdeutscher Akteure heraus. Ostdeutsche Sprecher wurden nur insofern eingebunden, als sie der etablierten Ausrichtung der Ost-Diskurse entsprachen. Die Bewegung und Entwicklung von Diskursen bezeichnete Siegfried Jäger einmal als „Verläufe oder Flüsse von sozialen Wissensvorräten durch die Zeit“.[8] Dies aufnehmend könnte man das in den Ost-Diskursen vorfindbare Verhältnis zwischen den zugelassenen Ostdeutschen und den Westdeutschen als das von Schiffen und Schleusenwärtern fassen: *Wer* aus der Gruppe der ostdeutschen Autoren auf dem Strom der veröffentlichten Gedanken sein Segel aufspannen konnte, *welche* Beschreibungen, Deutungen und Wertungen

---

5   Jörg Machatzke: Die Potsdamer Elitestudie – Postionsauswahl und Ausschöpfung. In: Wilhelm Bürklin und Hilke Rebenstorf (Hrsg.) Eliten in Deutschland. Rekrutierung und Integration. Opladen 1997. S. 35-69.

6   Siegfried Jäger: Kritische Diskursanalyse. Eine Einführung. 2., überarb. und erw. Aufl. Duisburg 1999, S. 143.

7   Vgl. hierzu eine Studie des Mitteldeutschen Rundfunks (MDR) und der Redaktion *Umschau* aus dem Jahr 2004, zitiert bei: Peer Pasternak: Wissenschaftsumbau. Der Austausch der Deutungseliten. In: Hannes Bahrmann und Christoph Links (Hrsg.): Am Ziel vorbei. Die deutsche Einheit – Eine Zwischenbilanz. Berlin 2005. S. 221-236, hier S. 224-225.

8   Vgl. Jäger (Anm. 6) S. 158.

also als ‚ostdeutsche Selbstbeschreibungen' sichtbar gemacht wurden und Geltung erlangten, wurde von den Schleusenwärtern – den westdeutschen Redaktionsleitungen – entschieden. Die setzten jene Ostdeutschen ein, die ihre – schon in der DDR existierende – Distanz zu bestimmten sozialen Milieus Ostdeutschlands nun im Rahmen der Ost-Diskurse thematisieren wollten. Zum anderen wurden jene ostdeutschen Autorinnen und Autoren in die Ost-Diskurse eingebunden, die vor allem den verbrecherischen Charakter der DDR thematisierten, die die Repression und die Doppelzüngigkeit, die Ödnis und den Mangel als das Wesen des DDR-Alltags beschrieben.

Die vorgenannten strukturellen Gegebenheiten – die unproblematische Übernahme des ostdeutschen Marktes durch die westdeutschen überregionalen Medien, die westdeutsche Anleitung bei der Transformation ostdeutscher Printmedien oder beim Aufbau der regionalen Sendeanstalten und schließlich das Fehlen eines adäquaten ostdeutschen Gegen-Diskurses – bestimmten die inhaltliche Ausrichtung der Ost-Diskurse. Medial wurden die Ostdeutschen also entsprechend der Maßstäbe und dem Problemverständnis jener westdeutschen Milieus beschrieben, die durch die überregionalen Medien der Bundesrepublik repräsentiert werden.

Dass diese Bilder und Deutungen zunächst recht stereotypisierend ausfielen, war zu erwarten. Es gab zu dieser Zeit ohnehin wenig objektives Wissen über die Ostdeutschen und ihre Welt. Die Sozialwissenschaften und die Statistik der DDR hatten hierzu wenig veröffentlicht. Darüber hinaus fehlte in der DDR eine freie und differenzierte Medienlandschaft, die die verschiedenen Sichtweisen der Ostdeutschen auf ihre Gesellschaft hätte unzensiert veröffentlichen – und damit auch für Außenstehende, in diesem Falle die bundesdeutschen Beobachter – ablesbar machen können. Die Wissensdefizite über die ostdeutsche Kultur wurden bis zum Ende der neunziger Jahre jedoch beseitigt. Das geschah sowohl in den universitären Strukturen wie auch in eigens installierten Sonderprogrammen wie dem Förderschwerpunkt der *Deutschen Forschungsgemeinschaft* „Sozialer und Politischer Wandel im Zuge der Integration der DDR-Gesellschaft" oder durch die Installation der *Kommission zur Erforschung des sozialen und politischen Wandels in den neuen Bundesländern (KSPW)*. Die Zeitgeschichte, die Kultur- und Sozialwissenschaften tilgten die weißen Flecken auf der Wissenschaftslandkarte, und bald konnte davon gesprochen werden, dass die DDR und die Ostdeutschen zu den am besten erforschen Gegenständen der Geschichts- und Sozialwissenschaft gehörten.

Doch das neue Wissen und die differenzierteren Wertungen wurden von den Medien – wie durch einen im Folgenden noch näher zu beschreibenden Filter – nur selektiv aufgenommen, verstärkt oder eben hartnäckig ignoriert. Zum Ende der neunziger Jahre war endgültig deutlich geworden, dass die „bewährten wirtschaftspolitischen Konzepte beim „Aufbau Ost" wider Erwarten kein zweites Wirtschaftswunder hergebracht hatten, parallel beschäftigte die Republik die fremdenfeindliche

Jugendgewalt in Ostdeutschland. Zu dieser Zeit wurden die in Medien und Publizistik bemühten Deutungsmuster immer verhärteter und uniformierter.[9] Alle wichtigen Medien-Akteure sprachen von der negativen Sozialisation durch das DDR-System oder von „seelischer Deformation", man räsonierte über Verhaltensweisen und „Mentalität" – also über Konstrukte, die sich zwar sehr schwer operationalisieren lassen, dennoch aber *unisono* für geeignet erachtet wurden, die Lage in Ostdeutschland und ihre Einwohner zu deuten. Die verschiedenen Formen von „Ostalgie", die zu dieser Zeit in Ostdeutschland zu beobachten waren, erhielten dadurch weitere Nahrung.[10] Dieser sich im Laufe des ersten Jahrzehnts des vereinten Deutschlands einstellende Eindruck einer Uniformierung und Zuspitzung der westdeutschen Medien-Diskurse[11] war für den Autor der Anlass, ein auf die Medien-Diskurse ausgerichtetes Forschungsprojekt zu konzipieren.

9   Vgl. Thomas Ahbe: Der Osten aus der Sicht des Westens; ders.: Die Konstruktion der Ostdeutschen (Anm. 4).

10 Vgl. Thomas Ahbe: Ostalgie als Laienpraxis. Einordnung, Bedingungen, Funktion. In: Berliner Debatte INITIAL 10 (1999) H. 3, S. 87-97, ders.: Ostalgie als Selbstermächtigung. Zur produktiven Selbststabilisierung ostdeutscher Identität. In: Deutschland Archiv (1997) H. 30, (H.4), S. 614-619, ders.: Arbeit am kollektiven Gedächtnis. Die Fernseh-Shows zur DDR als Effekt der vergangenheitspolitischen Diskurse seit 1990. In: Deutschland Archiv 36 (2003) H. 6, S. 917-924, sowie ders.: Ostalgie. Zum Umgang mit der DDR-Vergangenheit in den 1990er Jahren. Erfurt 2005.

11 Diesen Eindruck bestätigen auch andere Autorinnen, beispielsweise Juliette Wedl (i. d. Bd.), die die *Zeit online* im Zeitraum von 1996 bis 2007 untersuchte. Julia Belke (i. d. Bd.) macht in ihrer Untersuchung zum TV-Magazin KONTRASTE die Jahre 1997 bis 2005 als Höhepunkt der negativen Stereotypisierung der Ostdeutschen aus. Sie stellt fest, dass in diesen Jahren die Negativdarstellungen „in allen Themenbereichen mitgetragen wurden und keine Differenzierung stattgefunden hat."

3 ZUGRIFF UND LEITFRAGEN EINES DISKURSANALYTISCHEN PROJEKTS

Das deutsch-österreichische Forschungsprojekt „Ost-Diskurse"[12] versuchte im transnationalen Vergleich zu erkunden, welches Wissen über die Ostdeutschen und Ostdeutschland durch die Medien-Diskurse konstruierten und welche gültigen ‚Wahrheiten' im übergreifenden Diskurs[13] verbreitet werden. Durch eine diskursanalytische Untersuchung versucht das Projekt jene sozialen Deutungsmuster zu zeigen, die in den verschiedenen Ost-Diskursen bestimmend sind. Soziale Deutungsmuster repräsentieren kollektiv geteilte Sinngehalte, sie sind oft nur latent und den Subjekten reflexiv auch nur bedingt verfügbar.[14] Diese Deutungsmuster liefern den Rahmen, der die Komplexität von Erfahrungen und Informationen reduzieren und systematisieren hilft und somit gültiges Wissen zur Verfügung stellt. Die im übergreifenden Diskurs[15] reproduzierten Deutungsmuster prägen die Vorstellungen des Publikums von ihm unbekannten Gegenständen.

In seinem auf Deutschland bezogenen Teil rekonstruiert das Projekt, wie vier überregionale Presseakteure die Ostdeutschen darstellen und welche Varianzbreite sich dabei im synchronen und diachronen Vergleich zeigt. Ausgewählt wurden die Tageszeitungen *Frankfurter Allgemeine Zeitung (F.A.Z.)*, die *Süddeutsche Zeitung (SZ)*, *die tageszeitung (taz)* sowie das wöchentlich erscheinende Nachrichtenmagazin

---

12 Das Forschungsprojekt „Ost-Diskurse. Die diskursive Konstruktion der Ostdeutschen in westdeutschen und österreichischen Medien als Quelle für kollektive Alteritäts- und Identitäts-Diskurse in den 1990er Jahren" wurde vom Jubiläumsfond der Oesterreichischen Nationalbank gefördert und war am Institut für Geschichte der Universität Wien beheimatet. Die Projektleitung lag bei Wolfgang Schmale, Institut für Geschichte der Universität Wien und Rainer Gries, Institut für Publizistik und Kommunikationswissenschaft der Universität Wien. Die Bearbeitung lag bei Thomas Ahbe und bis 2007 bei Manuela Tesak.

13 Ich nutze die Formulierung „übergreifender Diskurs" anstelle des etwas sperrig wirkenden Fachbegriffs „Interdiskurs". Als Interdiskus wird der Medien-Diskurs verstanden, der erst zusammen mit Spezial-Diskursen den „gesellschaftlichen Gesamtdiskurs" bildet. Jäger (Anm. 6) S. 159. Dabei behält der Interdiskurs jedoch immer den Vorrang gegenüber den Spezial-Diskursen. „Der Interdiskurs bezeichnet hier das strukturierte Gesamtensemble diskursiver Formationen bzw. einen diskursiv-ideologischen Raum, in dem sich die diskursiven Formationen in Abhängigkeit von Herrschafts- und Konfliktbeziehungen entfalten." Jacques Guilhaumou: Geschichte und Sprachwissenschaft – Wege und Stationen (in) der ‚analyse du discours'. In: Reiner Keller, Andreas Hirseland, Werner Schneider und Willy Viehöver (Hrsg.) Handbuch Sozialwissenschaftliche Diskursanalyse. (Bd. 2) Opladen 2003, S. 19-65, hier S. 57.

14 Michael Meuser und Reinhold Sackmann: Deutungsmusteransatz und empirische Wissenssoziologie. In: Michael Meuser und Reinhold Sackmann (Hrsg.): Analyse sozialer Deutungsmuster. Beiträge zur empirischen Wissenssoziologie. Pfaffenweiler 1991, S. 9-37; Christian Lüders und Michael Meuser: Deutungsmusteranalyse. In: Ronald Hitzler und Anne Honer (Hrsg.): Sozialwissenschaftliche Hermeneutik. Opladen 1997, S. 57-79.

15 Vgl. Anm. 13.

Der Spiegel. Alle vier Medien zählen zu den Meinungsführern. In der Regel sind es die Meinungsführer und nicht alle Zeitungen und Redaktionen, die das Spektrum, die Behandlungsweisen oder die Deutungen von bestimmten Themen oder Nachrichten prägen.[16]

Gegenstand der Deutungsmusteranalyse im Projekt Ost-Diskurse sind Textsorten wie Leitartikel, Kommentare, Feuilleton-Artikel, Essays und schließlich Reportagen und Reisebilder. Das Hauptaugenmerk liegt also nicht auf Textsorten, die durch eine stark verregelte Präsentation von Inhalten geprägt sind, sondern auf Genres, die die Subjektivität, die Empfindungen, Erfahrungen und Assoziationen der Autorinnen und Autoren einfordern. Dieser Zugriff erschien besonders geeignet, die Perspektiven, Bewertungsmaßstäbe und Argumentationsmuster herauszuarbeiten, mit denen die westdeutschen Medien *die Ostdeutschen* gedanklich bewältigten.

Zum Verständnis der folgenden Darstellung sind zwei diskursanalytische Grundsätze wichtig.

Erstens: Für die sozialwissenschaftliche Diskurs-Analyse ist es unumstritten, dass Diskurse nicht lediglich Widerspiegelungen von Wirklichkeit sind, sondern dass Diskurse „wirkmächtig und wirklichkeitskonstitutiv", also „vollgültige Materialitäten ersten Grades" sind.[17] Diskurse bilden Ordnung nicht ab, sondern sie schaffen diese Ordnung erst.

> „Diskurs muß als wirklichkeitserzeugender Modus verstanden werden, d.h. als gesellschaftlich-institutionell verankertes Raster des Verstehens, Ordnens und Hierarchisierens, das Möglichkeiten der Wahrnehmung von Realität generiert, das Gegenstände des Wissens kreiert, indem Aussagen über diese gemacht und sie somit der Betrachtung erst zugänglich werden. Denn es wird keine vorgängig vorhandene Wirklichkeit interpretiert, sondern eine ganz bestimmte Wirklichkeit und keine andere geschaffen."[18]

---

16 Vgl. Edward S. Herman und Noam Chomsky: Manufacturing consent. The Political Economy of the Mass Media. London 1994; Wolfgang Eichhorn: Agenda-Setting-Prozesse. Eine theoretische Analyse individueller und gesellschaftlicher Themenstrukturierung. München 1996.

17 Hannelore Bublitz: Differenz und Integration. Zur diskursanalytischen Rekonstruktion der Regelstrukturen sozialer Wirklichkeit. In: Reiner Keller, Andreas Hirseland, Werner Schneider und Willy Viehöver (Hrsg.): Handbuch Sozialwissenschaftliche Diskursanalyse. (Bd. 1) Opladen 2001, S. 225-260, hier S. 256; Siegfried Jäger (Anm. 6) S. 146.

18 Sabine Hark: Feministische Theorie – Diskurs – Dekonkstruktion. Produktive Verknüpfungen. In: Reiner Keller, Andreas Hirseland, Werner Schneider und Willy Viehöver (Hrsg.): Handbuch Sozialwissenschaftliche Diskursanalyse. (Bd. 1) Opladen 2001, S. 353-371, hier S. 362.

Zweitens gilt:

> „Diskurse unterscheiden sich voneinander durch die Regeln, denen sie fol-
> gen, (…) der Gegenstand kann gleich bleiben, obwohl die Regel, nach der er
> gebildet wird, jeweils eine andere ist. Das heißt: Verschiedene Diskurse pro-
> blematisieren aufgrund unterschiedlicher Regeln ein und denselben Gegen-
> stand auf je unterschiedliche Art und Weise. Sie bilden verschiedene perspek-
> tivische Sichtweisen des Gegenstandes"[19]

Die folgende Darstellung ist ein anhand zweier Untersuchungsschnitte gewonnenes
Zwischenergebnis. Es zeigt, wie der Gegenstand *die Ostdeutschen und Ostdeutsch-
land* in den vier untersuchten Ost-Diskursen 1990 und 1995 konstruiert wurde, welche
Diskurs-Regeln hierbei erkennbar sind, und ob der am Ende der Dekade entstandene
Eindruck der Verhärtung, Uniformierung und Zuspitzung der Ost-Diskurse sich auch
bei einer systematischen Untersuchung dieser frühen Phase bestätigt.

4 DIE OST-DISKURSE VON VIER ÜBERREGIONALEN PRESSE-ORGANEN 1990 UND 1995

Der Vergleich wird in zwei Perspektiven vorgenommen: synchron und diachron. Die
Untersuchungsschnitte zeigen, wie deutlich sich die vier Ost-Diskurse zum gleichen
Zeitpunkt bei der Konstruktion des gleichen Gegenstandes – die Ostdeutschen und
Ostdeutschland – unterscheiden. Hierzu werden Diskurssequenzen aus einem Untersuchungsschnitt vom November 1989 bis Januar 1990 und Sequenzen aus einem
Schnitt vom Oktober und November 1995 präsentiert. Damit ist außerdem noch ein
diachroner Vergleich möglich. Mit diesen beiden Schnitten lässt sich zumindest
exemplarisch deutlich machen, inwieweit sich der Ost-Diskurs *einer* Zeitung über
die Zeit geändert hat.

Der Untersuchungsschnitt von November 1989 bis Januar 1990 bezieht sich auf
die Initialereignisse der Ost-Diskurse: Die Grenzöffnung am 9. November 1989 und
die beginnende Debatte um die staatliche Vereinigung. Der Schnitt von Oktober und
November 1995 ist in die Wochen gelegt, in denen aufgrund der sich hier häufen-
den Jubiläen das Thema Ostdeutschland und die Ostdeutschen immer wieder in den
Blick kommt: Es war ein 9. Oktober, an dem die für die friedliche Revolution entscheidende Leipziger Demonstration der Staatsmacht erstmals den Verzicht auf
Gewaltanwendung abgenötigt hatte. Es war ein 9. November, an dem die Berliner
Mauer und kurz danach auch die wichtigsten Grenzübergänge geöffnet worden

---

19 Bublitz (Anm. 17).

waren. Und da der 3. Oktober 1990 als Tag des Beitritts der DDR zur Bundesrepublik bestimmt worden war, feierte man am 3. Oktober 1995 zudem *Fünf Jahre Deutsche Einheit*.

Die der Diskursanalyse zugrunde liegenden Textkorpora umfassen im ersten Untersuchungsschnitt (dem von 1989/1990) für die *F.A.Z.* 64, für die *SZ* 16, für die *taz* 103 und für den *Spiegel* 100 Artikel und im Untersuchungsschnitt von 1995 für die *F.A.Z.* 10, für die *SZ* 17, für die *taz* 12 und für den *Spiegel* 23 Artikel.

Im Folgenden werden die für die einzelnen Presseakteure typischen Deutungsmuster bei der Darstellung Ostdeutschlands und der Ostdeutschen schlaglichtartig vorgestellt.

4.1 SCHLAGLICHTER AUF DIE TEXTE IM UNTERSUCHUNGSSCHNITT NOVEMBER 1989 BIS JANUAR 1990

Die Frankfurter Allgemeine Zeitung[20]

Bis zur Maueröffnung erfolgte die DDR-Berichterstattung der großbürgerlich und konservativ orientierte *F.A.Z.* durch zwei akkreditierte Korrespondenten. Nach der Umstrukturierung der West-Berliner Redaktion waren das Peter Jochen Winters und Monika Zimmermann (die auch in Ost-Berlin lebte) sowie die Feuilletonredakteurin Sybille Wirsing, die als Reisekorrespondentin fungierte.[21] Mit der Grenzöffnung und der Erosion der alten DDR-Machtstrukturen fielen die meisten DDR-spezifischen Hürden für die journalistische Arbeit in Ostdeutschland weg. Neben den vorgenannten Korrespondenten werden die Ost-Diskurse der *F.A.Z.* nun auch von anderen Autorinnen und Autoren entfaltet.

Der Ost-Diskurs der *F.A.Z.* ist im Grundton pejorativ. Das gilt sowohl für das Bild von Ostdeutschland wie auch von den Ostdeutschen. Der schlechte Eindruck, den die Städte und die Kulturdenkmäler im Osten bei den westdeutschen Beobachtern hinterließen, verdichtet sich zu einer impressionistischen Szenerie *Ostdeutschland*. In ihr mischen sich die Trauer und Empörung über die „unwiederbringlichen Zerstörungen" mit Ängsten oder Hoffnungen, die sich auf die Möglichkeiten des Wiederaufbaues und des Wiedereinfügens des Ostens in die Normalität des Westens richten. In den Wochen der Richtungssuche der friedlichen Revolution nimmt die Wiedervereinigungsdebatte großen Raum ein, wobei Texte, die Vereinigung befürworten, ganz klar dominieren. Der Ost-Diskurs der *F.A.Z.* reagiert auch auf die Diskussion

---

20　Die *F.A.Z.* erschien im Jahr 1989 mit einer Auflage von 354.800 Exemplaren. Walter J. Schütz: Zeitungen in Deutschland. Verlage und ihr publizistisches Angebot 1949-2004. 2 Bd. Berlin 2005, S. 679.

21　Beatrice Dernbach: DDR-Berichterstattung in bundesdeutschen Qualitätszeitungen. Eine empirische Untersuchung. Nürnberg 1990, S. 39-42.

zu den „bewahrenswerten Errungenschaften der DDR". Hierzu erscheint ein ausführlicher Artikel, der Argument für Argument zerpflückt und deren Protagonisten
als befangen in „der Propaganda" bezeichnet.[22] Ein weiterer Text zu diesem Thema
fügt die Erwartung an, „dass die marode DDR der reichen Bundesrepublik wie ein
fauler Apfel in den Schoß fallen könnte".[23]

In den Reportagen um den Jahreswechsel taucht immer wieder das Bild vom
konformen und lavierenden DDR-Bürger auf. In diesem Zusammenhang wird festgestellt, dass sich die alte Macht „zäh" in ihren Positionen hält oder „wiederkehrt".
Beispielhaft hierfür ist ein spannungsvoller Text, der im Untertitel als eine „deutsch-
deutsche Szene" angekündigt wird:

> „Es ist kalt und diesig geworden an diesem Januarmorgen in Thüringen.
> Nicht einmal das Wetter erinnert mehr an die Hochstimmung der vergangenen
> Tage. Noch keine zwei Wochen ist es her, daß den Besuchern an den offenen
> Grenzen des Landes eine Herzlichkeit und Wärme entgegenschlug, die alle
> Gegensätze vergessen machte. (…)Welche Hoffnung konnte man spüren in
> den Dörfern zwischen Suhl und Eisenach, welche Begeisterung hatte die
> Menschen ergriffen. Nur wenige Tage danach scheint nichts mehr davon
> übrig zu sein. Niedergeschlagenheit macht sich breit, manchmal schon Re-
> signation. Die alten Verhältnisse behaupten sich zäh."[24]

Schließlich wird in dem Text „ein junges Mädchen" eingeführt, welches „von
Anfang an" bei den Leipziger Montagsdemonstrationen dabei war und den oben
geäußerten Befund bezeugt:

> „Ihre ganze Familie und fast alle ihre Freunde sind in den Westen gegangen.
> Warum sie blieb? Sie zuckt mit den Schultern. In einer kalten, viel zu großen
> Wohnung harrt sie aus. Worauf sie eigentlich wartet, weiß sie selbst nicht
> mehr. Von Anfang an war sie in Leipzig mit dabei gewesen (…) Sie hatte mit-
> geholfen, das alte Regime in die Knie zu zwingen, und war eine der Ersten,
> die in der Nacht des neunten Novembers die offene Grenze überschritt. Sie
> war zurückgekehrt, um weiterzukämpfen, voller Hoffnung, daß dieses Land,
> daß ihre Heimat noch eine Zukunft habe. Doch in der Silvesternacht ging ihr
> diese Zuversicht verloren. In jener Nacht waren die früheren Freunde zu
> Besuch gekommen, ihre Familie und viele von denen, die in den vergangenen

---

22 Ein Netz, das nicht hält. *F.A.Z.* 27. 01. 1990, S. 27.
23 Der Ausverkauf endet, wenn alles weg ist. *F.A.Z.* 08. 01. 1990, S. 3.
24 Die alte Angst kehrt wieder. *F.A.Z.* 10. 01. 1990, S. 25.

Monaten das Land verlassen hatten. Sie waren gekommen mit ihren gebrauchten Westautos und ihrem Wohlstand auf Pump, berichteten von ihrer Arbeit und ihrem neuen Leben, und die Zurückgebliebenen hörten betreten zu. Der fremde Westen zeigt sich jetzt auch mit vertrautem Gesicht, das verwirrt noch mehr.

Während sie erzählt, kauert sich das Mädchen an einen kleinen elektrischen Heizofen, die einzige Wärmequelle, die in ihrer Wohnung funktioniert. Die elende Braunkohle im Keller brennt nicht richtig, und Koks ist wieder einmal nirgendwo zu haben. Das tägliche Leben kostet hier fast alle Kraft. Für den politischen Widerstand bleibt wenig übrig."[25]

Das Bild vom am Heizofen kauernden, deprimierten und frierenden Mädchen ist der erste dramatische Höhepunkt des Essays. Er leitet eine Aufzählung dessen ein, wogegen die aus Sicht des Autors wenigen und erschöpften Gerechten der DDR Widerstand leisten müssen – oder müssten – , denn oft fehle ihnen dazu die Kraft, weil sie von der eigenen Bevölkerung allein gelassen und vom Westen nicht entschieden genug unterstützt werden:

„Die SED (…) spielt auf Zeit. Längst hat sie sich erholt und gewinnt täglich mehr an Boden. In Erfurt sind die alten Funktionäre noch am Ruder, in Suhl stellt die SED schon wieder den Bürgermeister. Durch Zufall kam heraus, daß die Operativleitungen der Stasi weiter existieren und daß es nach wie vor geheime Depots gibt, Zugang zu Waffen und Munition. Wahrscheinlich werden wir auch wieder abgehört, sagt das Mädchen beiläufig. Sie hat sich längst daran gewöhnt. Doch der Besucher aus dem Westen wird mit einem Mal still. (…) Da ist sie wieder, die alte Angst, die man vergessen glaubte. (…) Daß die Regierung Modrow auf ein neues Amt für Verfassungsschutz drängt, gilt vielen als Beweis, wie schnell die SED zur Arroganz der Macht zurückgefunden hat. (…) Die zweite Ausreisewelle wird mit der wärmeren Jahreszeit beginnen, und sie könnte katastrophale Ausmaße annehmen, wenn die Kommunisten bei der Wahl gewinnen sollten.(…) *Wer die SED wählt, wählt den Bürgerkrieg*, stand auf einem der Leipziger Transparente. Die Angst geht um in diesen Tagen, nicht nur in Thüringen."[26]

---

25 Die alte Angst kehrt wieder. *F.A.Z.* 10. 01. 1990, S. 25.
26 Die alte Angst kehrt wieder. *F.A.Z.* 10. 01. 1990, S. 25.

Die möglichen Unterstützter und Wähler der SED versucht der Autor dann soziologisch und charakterologisch zu klassifizieren. Die SED könne sich demnach

> „ … der Unterstützung jener sicher sein, die all die Jahre von ihr profitiert
> haben: Das Heer der Funktionäre und Bürokraten, der Aufpasser und Spitzel,
> die sich vor einer freien Gesellschaft fürchten müssen. Aber auch den Bauern
> im Norden, in der Altmark oder in Mecklenburg steht der Sinn nicht nach
> Veränderung. Ihnen hat die Kollektivierung der Landwirtschaft zu einer be
> scheidenen Sicherheit verholfen, die sie nicht riskieren wollen. Ganz ähnlich
> denken viele Arbeiter, die ihren Schlendrian als soziale Errungenschaft ver
> teidigen. Von den neuntausend Arbeitern im Eisenacher Wartburgwerk hat
> kaum einer den Weg zu den Oppositionsgruppen gefunden."[27]

Solcherart Volksschelte findet sich im Ost-Diskurs der *F.A.Z.* immer wieder. Nach dieser Lesart wird der vollständige und irreversible Sturz der SED-Macht in der als weitgehend als marode dargestellten DDR durch den Opportunismus und die Indifferenz der Ostdeutschen wie auch durch die Blauäugigkeit der Westdeutschen gefährdet. Gegen diese imaginierten Gefahren scheint der Ost-Diskurs der *F.A.Z.* mobilisieren zu wollen.

Die Süddeutsche Zeitung[28]

Die bürgerlich und liberal orientierte *SZ* hatte nur einen in der DDR akkreditierten Korrespondenten. Noch Ende der achtziger Jahre lehnte die Verlagsleitung den Vorschlag der Redaktion, einen zweiten DDR-Korrespondenten akkreditieren zu lassen, aus Kostengründen ab.[29] Der *SZ*-Diskurs zu den Ostdeutschen und zu Ostdeutschland war also im Vergleich zu dem der *F.A.Z.* von geringerem Ressourceneinsatz und auch einem anderen Blickwinkel geprägt. Die Berichterstattung der *SZ* operierte weniger auf einer deutschlandpolitischen, sondern eher auf einer kulturellen Ebene, insbesondere auf der von Alltagsbegegnungen. Das zeigt sich besonders bei der Schilderung der Besuchswellen von DDR-Bürgern in die grenznahen Gebiete Bayerns. Nach der Grenzöffnung fungierten im *SZ*-Diskurs dann auch Ostdeutsche, die in den vergangenen Jahrzehnten auf die eine oder andere Weise in

---

27   Die alte Angst kehrt wieder. *F.A.Z.* 10. 01. 1990, S. 25.
28   Die *SZ* erschien im Jahr 1989 mit einer Auflage von 314.700 Exemplaren Schütz 2005 (Anm. 20) S. 632.
       In einer älteren Studie gab der Autor für 1989 373.200 Exemplare an. Vgl.: Walter J. Schütz: Die redaktionelle und verlegerische Struktur der deutschen Tagespresse 1989. In: Media Perspektiven 12/1989,
       S. 812-866, hier S. 815.
29   Dernbach 1990 (Anm. 21) S. 32-46

die Bundesrepublik gekommen waren als Autoren. Sie versuchten den ihnen nun unerwartet zugefallenen Expertenstatus bisweilen auch mit Übertreibungen zu untermauern.[30] Hinzu kamen Texte, die man gewissermaßen zum Sub-Genre des *Heimat-Besuchs* rechnen könnte: Menschen, die in den vergangenen Jahren die DDR nicht mehr besuchen durften oder wollten, schilderten nun ihre Beobachtungen, Bewertungen und Gefühle an den Orten der Jugend oder Kindheit. Die so entstandenen Texte sind oft von Superlativen und sentimental wirkenden Formulierungen geprägt – wie beispielsweise im folgenden Artikel, der so beginnt:

> „Ja, es gibt sie noch die Straßenbahn von Halberstadt – eben die, die der Vater des Autors unter tätiger Mithilfe von Peter Stephan und Fränzchen Ulrich in der Dominikanerstraße entgleisen ließ (…) genau vor des Tischler Biertimpels Haus, von wo aus sie (wie Fränzchen sich noch heute freudig erinnert) von einem Werkstattwagen wieder zurück in die Schienen gezogen werden mußte. 60 Jahre später, im Januar 1990, fährt die Straßenbahn immer noch durch die Dominikanerstraße (…) Sonst aber ist hier nichts beim Alten geblieben. Tischler Biertimpels Haus wurde am 8. April 1945 durch einen verheerenden Bombenangriff zerstört, der zugleich einen großen Teil der alten Bischofsstadt in Schutt und Asche legte. Den Rest erledigte dann der volkseigene Sozialismus, wie gründlich er das getan hat, läßt sich am heutigen Zustand der Dominikanerstraße mit Schaudern ablesen. (…) Halberstadt, die einstige Idylle aus mittelalterlichen Kirchen und Fachwerkhäusern," so resümiert der Autor, sei nun „eine der hässlichsten Städte der DDR. (…) Wo ist Halberstadt?"[31]

Das „Schaudern" in den Texten der Heimat-Besucher wird durch die professionellen und detaillierten *SZ*-Reportagen über Infrastruktur und Umweltsituation im Osten ergänzt. So heißt es in einem Bericht über die Stadt Jena und das Saale-Tal:

> „30 Kilometer weiter in Jena. (…) Herrlich gewesene alte Wohnhäuser stehen unten an der warzenübersäten Kahlaischen Straße, geschnitzte Holzbalkone haben sie – aber alles ist geschlossen, vernagelt, gesperrt wegen Einsturzgefahr. Der Pudelsalon ‚H. Maier' an der Ecke Kahlaische/Mühlenstraße: geschlossen. Der Konsum gegenüber: geschlossen. Die Gaststätte Schubertsburg: ein finstres Haus, von schwarzem Staub überzogen. (…) Abends, wenn Feuchtigkeit sich auf die Straßen senkt, überzieht den Gehweg eine glitschige

---

30 Einer der Autoren stufte eine ohne vorherige Hotelzimmerbuchung unternommene Reise durch den Süden der DDR so ein: „Ein größeres Abenteuer war wohl kaum drin in mitteleuropäischen Breiten." In: Die Sonne des Untergangs. *SZ* 23./24./25./26.12.1989, S. 1 der Weihnachts-Beilage

31 Zerfallene Zeugen einer perversen Kommunalpolitik. *SZ* 27./28. 01. 1990, S. 14.

Schmiere, und der Geruch verbrennender Braunkohle aus Zehntausenden von
Öfen und rauchenden Aschentonnen mischt sich mit dem säuerlich-bitteren
Gestank des Trabi-Berufsverkehrs. (…) In Dorndorf, 12 Kilometer nördlich
von Jena. Ist das hier wirklich eine Fabrik? Eine funktionierende, produzie-
rende Fabrik? Bis zu den Knöcheln im Schlamm versinkend gehen wir mitten
durch das Betriebsgelände des Chemiewerkes Steudnitz (…) Mit uns geht
Pfarrer Oberthür, der junge Pfarrer von Dorndorf. Wir sehen: einen 50 Meter
langen, völlig verrosteten Drehofen, Förderbänder, deren hölzerne Abdeckung
teilweise zusammengebrochen ist, Werkshallen, die aussehen, als habe man
sie mit Zement übergossen, dazwischen Ruinen älterer Gebäude, Schorn-
steine, an denen grau-weiße Schlieren herunterlaufen, Eisenbahnwaggons, an
denen kein Stück Metall nicht verrostet ist. Hier wird produziert, tatsächlich.
Das Chemiewerk Steudnitz stellt Dünger her, sogenanntes Alkalisinterphos-
phat aus Soda, Rohphosphat und Sand. Pro Jahr, sagt Oberthür, Sprecher der
Bürgerinitiative gegen das Werk, werden dabei durch ständig defekte Filter
rund 3000 Tonnen Staub aus den Schornsteinen gepustet. (…) Der Staub
besteht zu 30 Prozent aus Soda und ist so aggressiv, daß in den Dörfern der
Umgebung die Farbe von den Fensterrahmen gefressen wird. Jeden Tag
bringt ein Güterzug Soda und Phosphat in offenen Waggons hierher – die
Hälfte der Ladung geht allein durch den Fahrtwind verloren. Geschlossene
Waggons, stellte man fest, waren nur schwer zu entladen; der vergammelte
Mechanismus der Klappen ließ sich nicht schnell genug öffnen. Die Planen,
mit denen man die Waggons zeitweise abdeckte, verschwanden jedes mal
beim Rücktransport nach Rostock. (…) Man wirtschaftet am Rand der Katastrophe und darüber hinaus. Nun, da dies offensichtlich wird, stehen die Verantwortlichen hilflos und mit hängenden Armen da. Der Umweltbeauftragte
des Werkes ist seit der Wende Mitglied der Bürgerinitiative gegen das Werk.
Der Betriebsleiter unterschrieb eine Resolution für die Schließung seines
eigenen Betriebes. Er kam anderntags zum Pfarrer Oberthür und bat, seinen
Namen von der Liste wieder zu streichen: Er könne das schwer rechtfertigen
vor seiner Belegschaft."[32]

Neben solchen Texten findet sich im Untersuchungsschnitt auch eine Reportage,
die die Geschichte der DDR, die unterschiedlichen Schicksale typischer sozialer
Charaktere und deren auseinanderdriftenden Bewertungen am Beispiel an der
Kleinstadt Guben *pars pro toto* sichtbar macht.[33]

---

32 Die erschreckende Normalität des Verfalls. *SZ* 24. 01. 1990, S. 3.
33 Anschluß suchen an die neue Zeit. *SZ*, 03. 01. 1990, S. 3.

Durch das besondere Gewicht, das das Genre der Reportagen im *SZ*-Diskurs einnimmt, erscheinen die Ostdeutschen als eine differenzierte Bevölkerung mit gegensätzlichen Haltungen zum Problem der Vereinigung und ganz unterschiedlichen Identifikation mit dem Leben in Ostdeutschland.

So rückt der *SZ*-Diskurs schon im Dezember auch solche Positionen ins Bild: „Der jungen Kostümbildnerin Antje Schrader etwa ist es so ‚wahnsinnig peinlich‘, wie sich einige DDR-Bürger erniedrigen, um am Konsumrausch in der Bundesrepublik teilzunehmen: ‚Die betteln um eine paar Orangen‘, hat Antje beobachtet, ‚als seien sie am Verhungern.‘ Schließlich hätten die Menschen in der DDR selber vollgepfropfte Speisekammern und reichlich Übergewicht. Antje sagt: ‚Ich habe doch auch meinen Stolz.‘"[34]

In der bereits erwähnten Reportage über Guben lässt der Reporter einen jungen Mann, der „nur vorübergehend dem Suff verfallen, weil ihm die Frau abgehauen ist" so zu Wort kommen: „‚Ich hab keinen Grund abzupfeifen‘, sagt er, ‚sozial sind wir Euch zwanzig Jahre voraus. Wenn du arbeiten gehst, brauchst du dich um nichts zu kümmern. Wer abpfeift, ist für mich feige.‘"[35] Eine andere Reportage protokolliert folgende Abschlussworte eines Busfahrers aus dem thüringer Eisenberg: „‚Wir sind für die Wiedervereinigung‘, hat Fritz Rieche noch gesagt. ‚Und die nicht dafür sind, haben schon eine Vier-Raum-Wohnung und duschen sich dreimal am Tag und nachts auch noch. Daß es uns nicht gleich so geht wie euch im Westen, das wissen wir auch. Aber wir wollen nicht mehr so beschissen werden.‘"[36]

Bisweilen erscheinen in der *SZ* – anders als in der *F.A.Z.* – die ostdeutschen Vereinigungsskeptiker geradezu wie Revolutionäre – also mutig für ihre Überzeugung auch gegen die Mehrheit einstehend – während manche Vereinigungsbefürworter und Gegner der DDR als aggressiver Mob figurieren:

„Jetzt stehen wir vor dem Neuen Rathaus am Martin-Luther-Ring neben einer verloren wirkenden Gruppe von jungen Leuten und können die Angst nachempfinden, die einigen von diesen jungen Menschen ins Gesicht geschrieben steht. Hundertfach, tausendfach schlägt den jungen Leuten die Aggression der Demonstranten entgegen: ‚Wir sind Deutsche, was seid ihr?‘, ‚Faules Pack, faules Pack!‘, ertönen die Sprechchöre. Ein Mann in den Vierzigern ruft: ‚Geht doch nach Russland!‘ Eine Frau schreit: ‚Schaut euch doch

---

34 Die ratlosen Kinder. Jugendliche in der DDR: „Worauf sollen wir denn noch stolz sein?" *SZ* 09./10. 12. 1989, S. 3.
35 Anschluß suchen an die neue Zeit. *SZ* 03. 01. 1990, S. 3.
36 Die erschreckende Normalität des Verfalls. *SZ* 24. 01. 1990, S. 3.

an, wie die schon aussehen!' Ein Jugendlicher hält der Gruppe, getreu dem
Gruß der Neonazis in der Bundesrepublik, drei gespreizte Finger am ausge-
streckten Arm entgegen. Die Menschen, denen dieser Hass gilt, sind weder
Stasi-Spitzel (…) noch die Volkspolizisten, die Anfang Oktober noch mit
Schlagstöcken auf eben diese Demonstranten losgegangen waren. Es sind
nicht SED-Kader und auch keine FDJ-Funktionäre. Es ist nur eine Gruppe
von Studenten der Leipziger Karl-Marx-Universität, von denen sich die
meisten einem losen Zusammenschluss namens ‚Die Linke' zurechnen. (…)
Die Studenten haben auf ein Plakat geschrieben, daß sie sich nicht ‚BRDigen'
lassen wollen, sie schwenken die Fahne der DDR und plädieren für einen
selbstbestimmten Staat. (…) Auf der Treppe zur Oper drängt sich der harte
Kern der Wiedervereinigungs-Befürworter. (…) Ein paar angetrunkene ältere
Männer in abgewetzten Parkas ereifern sich im Licht von Fernsehscheinwer-
fern über die ‚roten Schweine' von denen sie 40 Jahre lang beschissen worden
seien. Rechts und links von der Treppe sind die Transparente für ein vereintes
Deutschland zu erkennen. Neben dem bekannten ‚Deutschland einig Vaterland' auch die Parole: ‚Sozialismus nein danke – keine Experimente mehr'.
(…) Die Menge auf der Operntreppe brüllt sich schon vor Beginn der Kundgebung die Kehle heiser, der Feind steht links, da wo die Studenten sind. ‚Ihr
seid das Letzte, ihr seid das Letzte! ', ‚Rote aus der Demo raus!' dazwischen
immer wieder der Schlachtruf ‚Deutschland, Deutschland!'."[37]

Der Ost-Diskurs der *SZ* stellt den Streit zwischen Vereinigungsbegeisterten und
-skeptikern anders dar als der der *F.A.Z.* Er macht deutlich, dass es sich bei den
Gegnern einer raschen Wiedervereinigung nicht generell um abgestumpfte und
angepasste Profiteure des DDR-Systems handelt.

die tageszeitung[38]
Der Ost-Diskurs der *taz* deckt sich lediglich bei der Darstellung der Umwelt- und
Infrastrukturproblematik der DDR mit dem der anderen Blätter. Der Vereinigungs-
Option begegnet er durchgängig mit Ablehnung. So heißt es in einem Kommentar:

„Sind die glücklichen Tage des Frühlings im Herbst schon vorbei? Die
Millionenkundgebung am Alexanderplatz, die Montagsdemonstrationen in
Leipzig, der massenhafte Aufbruch zum aufrechten Gang bis in die letzten
Kleinstädte hinein, der aggressive Witz der Friedfertigen und die immer
härter werdenden Forderungen der Opposition – all das ließ zum ersten Mal

---

37 Gefährliches Spiel mit Reizwörtern. *SZ*, 13. 12. 1989, S. 3.
38 Die *taz* hatte im Jahr 1989 eine Auflage von 63.900 Exemplaren, also etwa ein Sechstel derjenigen der
    F.A.Z. oder der *SZ*. Vgl. Schütz 1989 (Anm. 28) S. 818.

an eine DDR-Identität glauben. Es war die Identität einer revolutionären Bewegung, einer Demokratisierung von unten, eines geschichtlich neuen Massenbewusstseins ohne Führer und Strategen, die die Hoffnung erweckte, daß die bundesdeutsche Wiedervereinigungsrhetorik endlich dorthin käme, wo sie hingehört: in die Endlagerung historischen Giftmülls."[39]

Auch die in den *taz*-Reportagen zitierten Ostdeutschen äußern sich der deutschen Vereinigung gegenüber zumeist skeptisch. Über die in anderen Medien ausführlich behandelte Kundgebung des Bundeskanzlers am 19. Dezember 1989 in Dresden, berichtete die *taz*, indem sie am Tag darauf einzelne Stimmen zur Kundgebung und zum Vereinigungsprojekt protokollierte:

„,Prima, daß er da war. Mal gucken, ob er unserer Wirtschaft wirklich hilft.' ,Gut, daß die Staatsmänner sich mal getroffen haben, wenn Modrow sich jetzt Mühe gibt, bleiben wir natürlich hier.' So kommentierten auch jene den Besuch, die nach eigenem Bekunden den bundesdeutschen Kanzler stürmisch begrüßt hatten. Ob für sie wie für Helmut Kohl die ,deutsche Einheit' das Endziel darstelle? ,Nein', sagt ein Schüler, ,aber daß wir das rufen, macht denen da oben Dampf.'"[40]

Die Vereinigung der Bundesrepublik und der DDR ist im *taz*-Diskurs keine ,natürliche Forderung der Zeit' die dringlich umgesetzt werden müsste. Statt dessen erhofft man sich von der Demokratiebewegung in der DDR einen Entwicklungsschub für die bundesdeutsche Demokratie. Ein Text aus den ersten Dezembertagen zählt die Entwicklungen auf, die aus der DDR in die BRD übertragen werden sollten:

„Der Begriff der Demokratie hat in der DDR eine Leuchtkraft und inhaltliche Füllung, wie er sie in der Bundesrepublik nie gehabt hat. Angefangen von den inzwischen rituellen Schuld- und Schambekenntnissen der Verantwortlichen. Wie scheinheilig und opportunistisch die Staatsanwälte, Stasi-Leute, Funktionäre sich auch immer vor dem Volk entschuldigen – sie tun es. Was wäre schon an sogenannter demokratischer Kultur hierzulande gewonnen, wenn Lambsdorff, die bayerische oder niedersächsische Regierung sich gezwungen fühlen müßten, wenigstens Lippenbekenntnisse der Schuld vor dem Volk abzuleisten. Ganz abgesehen davon, wenn es bei uns das Volk gäbe und nicht den deutschen Stammtisch. In der Demokratie DDR ist jetzt schon die Straflosigkeit des gewaltlosen Widerstands garantiert, wird das politische

---

39   Wiedervereinigung. *taz* 23. 11. 1989, S. 8.
40   „Prima, daß er da war!" *taz* 21. 12. 1989, S. 2.

Strafrecht überhaupt verschwinden, ein Prozeß, der unsere Sicherheitsgesetze noch peinlicher machen wird.

Die repräsentative Demokratie der Bundesregierung, die im Grunde eine Großparteienherrschaft ist, wehrt nach wie vor alle Ansätze direkter Demokratie und Kontrolle von unten ab. In der DDR hingegen wird inzwischen selbst der innerste Repressionsbereich einer demokratischen Kontrolle von unten unterworfen. Ganz abgesehen davon, daß inzwischen alles, Volkswirtschaft, Volksarmee, Verfassung, der Diskussion unterworfen ist.

Schon jetzt beginnen, gebrochen zwar, die Impulse der neuen Demokratie DDR in der Bundesrepublik zu wirken. Denkbar, daß Bonn massiv den Wiedervereinigungsprozeß bald beschleunigen will, um den möglichen Demokratisierungsdruck aus dem Osten zu brechen."[41]

Zu den Besonderheiten des *taz*-Diskurses im Untersuchungsschnitt von 1989/90 zählen grundsätzliche sozialpsychologische Problematisierungen. Im Unterschied zu anderen Ost-Diskursen, die Grenzöffnung und die ersten Besuche im Westen als „Wiedersehen" und Aufhebung einer unnatürlichen Spaltung deuten, fragt die *taz*: „Kann eine Gesellschaft es verdauen, wenn ihre Mitglieder zu Hunderttausenden in den Westen fahren und sich massenhaft ‚grau und tot' vorkommen und gleichzeitig die Staatspartei zu keiner Identifikation mehr einlädt?" Um diese Frage beantworten zu können, holt der Autor in verschiedenen psychiatrischen Institutionen Ost-Berlins nähere Auskünfte ein und schließt:

> „Doch noch genügt ein Gang durch die Städte, um sich von ziviler Aggression ein Bild zu machen, wie sie in diesen Tagen Alltag geworden sind: Fußgänger lassen sich von roten Männchen nicht mehr den Gang über die Leipziger Straße verwehren; biedere Matronen maßregeln den Mitropa-Kellner, statt ihren kalten Broiler stumm in sich hineinzustopfen. Die DDR im 41. Jahr: kein krankes, aber ein gekränktes Land."[42]

Auf der gleichen Seite findet sich ein Interview mit dem Schweizer Ethnologen und Psychoanalytiker Mario Erdheim. Er hat eine andere Perspektive als der *taz*-Reporter. Erdheim stellt eine neue Dynamik zwischen West- und Ostdeutschen fest:

> „ … mit Leuten aus der DDR konfrontiert, erlebt man gleichsam einen Flashback in die fünfziger Jahre – der ganze Habitus, die Mentalität, die Ästhetik, aber auch die Einstellung zu den Objekten, oder auch der Autoritarismus, die

---

41 Demokratie in der DDR. *taz* 09. 12. 1989, S. 8.
42 Wende und Wahn. *taz* 09. 12. 1989, S. 14-15.

Verkehrsformen der Höflichkeit. Die essen wirklich immer Kuchen und denken nicht an Kalorien. Da kommt sich natürlich jeder Bundesrepublikaner als Avantgarde vor. Hier entsteht also eine Art Paternalismus und Konfrontation wie schon im Verhältnis der BRD zu den USA. Wer 1950 in die USA ging, war dort von den Apparaten, dem technischen Niveau völlig fasziniert, und nun kommt man sich selber wie der amerikanische Onkel vor. Die Frage ist, wie lange sich dieser Paternalismus, der ja auch anstrengend ist, halten wird."[43]

Großen Raum nimmt im Untersuchungsschnitt von 1989/1990 eine in sechs mehrseitigen Folgen veröffentlichte Reportage-Serie der Schriftstellerin Gabriele Goettle ein. Sie analysiert die ostdeutsche Gesellschaft mit einem empathischen Blick auf die *kleinen Leute*. Sie beschreibt wie die Ostdeutschen mit den Grenzen und Chancen des DDR-Alltags lebten und welche Wünsche und Prognosen sie für den Umbruch haben.[44] Zwei der sechs Reportagen eignen sich für relativ kurze Referierungen, um die Qualität der Texte und die hier konstruierte Differenzierung der ostdeutschen Bevölkerung abzubilden.

Während ihres Besuches in Leipzig wohnen die Autorin und ihre Fotografin bei Hausbesetzern und Intellektuellen. Gabriele Goettle bewegt sich hier in jenem ostdeutschen Milieu, das dem mit dem *taz*-Diskurs assoziierten West-Milieu am nächsten liegt. Diese enge soziale Ost-West-Nachbarschaft könnte ein Grund dafür sein, dass das Spannungsverhältnis von Eigenem und Fremden in diesen Passagen besonders intensiv befragt wird.

„Unsere Gastgeberin ist Haus- bzw. Wohnungsbesetzerin, wohnt nahe beim Zentrum im Bezirk Gohlis. Das ist einer jener Bezirke, in denen ganze Straßenzüge leer stehen. Die vier und fünfstöckigen Häuser aus dem vorigen Jahrhundert sind schwarz von Ruß, ruinös und sollen abgerissen werden. Man sieht ihnen aber immer noch an, daß sie einstmals solide und schön waren. Nun lösen sich die Stuckfassaden in ganzen Partien ab, aus den Regenrinnen wächst Moos und zwischen den Häusern der Schutt dessen, was bereits abgerissen und nicht abtransportiert wurde.
Ein junger Mann öffnet nach längerem Klingeln die Tür und wirkt verschlafen. Er trägt jenes Outfit, das offensichtlich bei DDR-Kulturschaffenden recht

---

43 Versuch, „einige Züge der deutschen Geschichte neu zu interpretieren" *taz* 09. 12. 1989, S. 14.

44 Die Reportagereise war schon vor der Maueröffnung geplant. Alle fünf im Untersuchungsschnitt liegenden Reportagen tragen den gleichbleibenden Haupt-Titel „Bitte komplettieren Sie selbst!" mit den folgenden Einzelüberschriften [1] Besuch beim selbständigen Mittelstand in der Provinz. *taz* 16. 12. 1989, S. 25-27; [2] Faschismus, Antifaschismus und ein Wannenbad. *taz* 06. 01. 1990, S. 25-27, [3] Kleiner Streifzug durch die klassenlose Gesellschaft. In: *taz* 16. 01. 1990, S. 15-17. [4] Vorwärts im Sinne der Hauptaufgabe. Diverse Vergiftungserscheinungen. *taz* 23. 01. 1990, S. 15-17. [5] „Wahrscheinlich werden sie wieder das Falsche korrigieren! *taz* 30. 01. 1990, S. 15-17.

beliebt ist und bei uns durch Dissidenten wie Brasch und Krawczyk bekannt
geworden ist. Kurzgeschorenes Haupthaar und Stoppelbart. Wir werden
umstandslos hineingebeten. Wenig später haben wir Tee. Der Heizlüfter ist in
vollem Lauf, und aus dem Nebenzimmer kommt ein gähnender Mensch im
Bademantel.

Er ist Westler, stellt sich heraus, und in Westmanier reißt er sofort das Gespräch an sich, forscht uns aus und berichtet dann mit wichtiger Miene von
seiner bevorstehenden Akkreditierung in Leipzig für irgendeine hannoversche
Zeitung. Dagegen sei Dublin – wo er bisher war – ein ‚echt langweiliges Nest‘.
Dann und dort sei eine Pressekonferenz, zu der wir unbedingt hinmüssten,
beschwört er uns, es kämen all die ‚wahnsinnig wichtigen Leute‘, mit denen
man reden müsse. Unser Desinteresse macht ihn neugierig, er vermutet, wir
seien auf etwas ganz Spezielles ‚angesetzt‘. Schon aber muß er zu einem
wichtigen Termin, was uns freut.

Der Geschorene ist auch nur zu Besuch, lebt in Ost-Berlin, schreibt Hörspiele
und Drehbücher. Er erzählt uns von den Hausbesetzungen, die es seit mehreren
Jahren gibt, wie man den Leuten die Wohnungen ohne Probleme legalisiert
hat unter der Bedingung, daß vom Bezirk keinerlei Hilfeleistungen erwartet
werden. Dachdecker weigern sich ohnehin, diese Dächer zu betreten, alles
muß in Eigeninitiative gemacht werden. So klettern sie dann, angeseilt und
unerfahren, auf den Dächern herum und versuchen wenigstens das Durchregnen
halbwegs zu verhindern mit Planen usw. Dachpappe ist nicht aufzutreiben,
noch weniger Ziegel. Die Mühe lohnt sich aber. Man hat – wo doch sonst für
eine Person lediglich die vorgeschriebene Einraumwohnung erlaubt ist – eine
Vierraumwohnung mit Holzböden, moosgrünen Kachelöfen, schönen Türen,
hohen Fenstern; und das alles für 35 Mark Monatsmiete. Da nimmt man das
Klo auf der Treppe und die fehlende Badewanne gern mit in Kauf. Arona, die
Wohnungsbesetzerin, kommt und heißt uns willkommen. Sie hat Karten mit-
gebracht für die ‚Internationale Leipziger Dokumentar- und Kurzfilmwoche‘,
wirft sie auf den Tisch und sagt: ‚Geschafft! Man muß ja bei uns leider zu
solchen Mitteln greifen, sonst ist an ein Reinkommen überhaupt nicht zu
denken.‘ Die Karten sind gefälscht. Offensichtlich sehr gut. Wir können
keinen Unterschied zum Original erkennen. Arona ist Mitte Zwanzig, studiert
an der Karl-Marx-Universität Philosophie, sieht mit dem brav gescheitelten
Blondhaar aus wie ein Lamm und interessiert sich für die Schriften von
Habermas. Sie bietet uns Karten an und kann gar nicht verstehen, daß wir sie
nicht wollen, holt das Programm und liest begeistert vor, hält dann inne und
sagt: ‚Na ja, sowas könnt ihr ja wahrscheinlich öfter sehen. Dann will ich

euch wenigstens was zum Lesen geben.' Wir bekommen einen Stapel Untergrundschriften. Allmählich füllt sich der Raum, die Freunde kommen, Karten werden verteilt. Offensichtlich funktionieren in der DDR einige gesellschaftliche Rituale noch ungebrochen, es scheint sogar, als wären es nicht nur Rituale. Jeder neuangekommene Besuch begrüßt uns mit festem Händedruck, nennt seinen Namen, fragt nach dem Woher und Wohin, erzählt ein bißchen von sich, von der Uni, der Arbeit und vom Neuen Forum. Das geschieht derart unbefangen und freundlich, daß selbst eingefleischten Misanthropen freudige Empfindungen nicht erspart bleiben. Platten mit Wurstbroten werden herumgereicht, Weingläser, ein älterer Mann mit Baskenmütze erzählt von der letzten Montagsdemonstration und bietet uns seinen Wohnungsschlüssel an, er habe Bad und Zentralheizung, sagt er, falls wir Gebrauch davon machen möchten. Dann brechen alle voller Vorfreude auf zu den Filmen. Arona ruft uns zu: ‚Daß ihr ja alles stehn laßt, das machen wir später! Und wenn ihr Hunger bekommt, schaut in der Küche nach, falls ihr weggeht, legt einfach den Schlüssel unter die Matte.'"

Am Ende der Passage wird im verwandten alternativen Milieu das Fremde entdeckt, das Blasse und Graue. Selbst die Oppositionszeitungen haben nichts Antiautoritäres an sich, ihr Ton ist „betulich", das Layout ist blass und das Papier so grau wie der frische Nachtschnee am nächsten Morgen. Die Alternativen und die Revolutionäre von 1989 sind anders als die von 1968:

„Wir setzen uns aufs abgewetzte Gründerzeitsofa. Fünf Minuten Öffnen des Fensters haben gereicht, um den Raum mit Schwefelgestank zu erfüllen. Selbst die Zigarette schmeckt nicht mehr. Mit der Untergrundpresse erleben wir eine herbe Enttäuschung, es sind blasse Hektographien, zusammengeklammert, stellenweise kaum zu lesen und herausgegeben von diversen Kirchengemeinden. Ihr Zustand läßt darauf schließen, daß sie durch viele Hände gegangen sind. Nach anarchen oder antiautoritären Tönen sucht man vergeblich. (…) Im *Kontext*, fast 100 Seiten stark, herausgegeben von der Bekenntnis-Gemeinde Treptow, findet sich ein kirchliches Vorwort, in dem unentwegt die Rede ist vom ‚christlichen Fragehorizont', der zum ‚Dialog' führen müsse, zu einem ‚Stück Gemeinsamkeit im Handeln'. Die betuliche Reformersprache, bemüht um Abgrenzung zum alten Parteijargon, scheint hier ihre Wurzeln zu haben. Und die Ost-Kirche hat es aus dem Westen, von der ‚Kirche von unten', der Friedensbewegung. Im Kontrast dazu stehen die Texte dieser Nummer, sie sind von humanistisch-bildungsbürgerlicher

Solidität, geschrieben von Akademikern, handeln von Schoenberg und der Wiener Schule, Medizin im Nationalsozialismus, Planwirtschaft in der DDR. In der Nacht fiel Schnee. Morgens um sieben ist er bereits dunkelgrau."[45]

Für den nächsten Tag sind die *taz*-Reporterinnen eingeladen, die Tagebau-„Mondlandschaften" am Südrand der Stadt zu besichtigen. Doch der VW-Bus springt nicht an. Zwei Männer aus dem Haus ihrer Gastgeberin beginnen mit einer mehrstündigen Reparatur. Danach werden die Journalistinnen von Frank, einem der beiden hilfsbereiten Männer und zugleich Nachbar von Arona, zum Kaffee in die Wohnung eingeladen. Das Porträt von Frank zeigt, wie eine Reihe von Werten, die der Offizialdiskurs der DDR seiner Bevölkerung nahe bringen wollte – Emanzipation der Frauen, „Eigentümerbewusstsein" der Beschäftigten in der volkseigenen Produktion und schließlich der Antifaschismus – von den Angehörigen der beschriebenen Generationen nicht oder nur bruchstückhaft angeeignet worden sind.

„Franks Wohnung ist der von Arona sehr ähnlich im Schnitt, aber natürlich nicht mit alten Sesseln, Sofas, Truhen und Bücherregalen möbliert, sondern mit plüschiger beiger Sitzgruppe, Schrankwand, Stores, Teppichboden und Blumentapete. (…) Franks Frau Angelika ist Mitte Dreißig, schmal, dunkelhaarig und ein wenig schüchtern. Die Kinder, der Knabe sechs, das Mädchen vier, sitzen brav vorm Couchtisch und strecken uns zur Begrüßung die Hände entgegen. Alles ist blitzblank, der Kuchen wird verteilt, er ist mit Kokosraspeln gebacken, Angelika hat das Rezept selbst erfunden. Nebenbei erwähnt sie, daß sie eigentlich Diplomingenieurin sei im Bereich Chemie, aber seit Jahren nicht mehr arbeiten wegen der Kinder. ‚Das ist ja auch nichts für eine Frau', sagt Frank entschieden, ‚aber bei uns zwingt man die Frauen einfach zu einem Studium, ob sie nun dazu neigen oder nicht!' Sie widerspricht nicht. Mit Frank ist, seit wir in der Wohnung sind, eine merkliche Veränderung vor sich gegangen. War er vorher eher ein wenig linkisch beim Sprechen, so wirkt er nun wie der Hausvater, dem das Wort zusteht. Er erzählt von seiner Arbeit, ohne ein einziges Mal durch Angelika unterbrochen zu werden. Beschäftigt ist er in einer dem Wirtschaftsministerium angegliederten Forschungsabteilung. Dort sollen aus allen Sparten der Volkswirtschaft die jeweiligen Erzeugnisse katalogisiert werden, vom Hosenknopf bis zum Mikrochip. Seit zwanzig Jahren wird an diesem Katalog gearbeitet, ohne daß er sich je hätte verwenden lassen. Es ist eine reine Sisyphusarbeit. (…) Frank hat sich in Rage geredet und hält einen langen Monolog: ‚Da, der Farbfernseher, ein

---

45   Bitte komplettieren Sie selbst! Kleiner Streifzug durch die klassenlose Gesellschaft. *taz* 16. 01. 1990, S. 15-17.

West-Modell, sowas bekommen sie hier nur für Forum-Schecks, da müssen sie gnadenlos bezahlen. Von der Arbeit allein kann man sich das nicht leisten. Ich zum Beispiel mache Zierkappen und Spoiler, mit allen Raffinessen. Dadurch bin ich bekannt geworden. Die Leute hier mögen das und bezahlen mit Devisen. Sie kommen zu mir und bestellen für ihren Wartburg oder Skoda Kappen, wollen sie natürlich in Metallic, ich mache ihnen das. Hab' das Modell gebaut und die Form gemacht, dann wird mit Polyester ausgegossen, fertig! All die Vorarbeiten habe ich zum Teil auf der Arbeit gemacht, auch die Pläne für meinen aerodynamischen Wohnwagen. Denn es ist doch so, den wesentlichen Teil der Zeit sitzt man nur herum, und dann ist Feierabend. Dann will man sich ja zu Hause etwas erholen, es ist doch so. Auf der Arbeit macht man sich zwar so seine Gedanken ab und zu, aber das führt zu nichts, am Ende war alles umsonst, da arbeitet man doch lieber für sich. Das machen alle bei uns so, da kannst du rumgucken, wo du willst. Den Wohlstand, den wir haben – und bald ziehen wir ja um in die neue Wohnung, was auch einiges kostet – , den Wohlstand also, den verdanke ich letzten Endes nicht meiner Berufstätigkeit, ich verdanke ihn meiner privaten Kreativität auf der Arbeit. Das ärgert mich, man verplempert ja doch irgendwie seine Zeit. Es sind eben ganz andere Dimensionen bei uns. Wenn du drüben von der Arbeit kommst, dann hast du dein Geld schon verdient, kannst dich in aller Ruhe deinen Hobbys widmen, der Malerei, der Politik vielleicht oder der Lebensfreude. Das ärgert mich, daß sich der Bürger hier erst mal unter die Spüle legt, weil alles schwimmt, oder unter sein Auto. Aber nicht leichtfertig, um den Motor vielleicht zu frisieren, sondern einfach deshalb, weil's notwendig ist, immerzu irgendwelche Reparaturen durchzuführen, für die dann wieder das Material fehlt. Das ist zermürbend. Und dann wartest du 17 Jahre auf dein Auto, (…) Andererseits, (…) dieser typische Weg hier bei uns, Schule, Lehre, Beruf, Heirat, Kinder, den gibt's bei euch nicht mehr. Da tritt vielfach das Auto an die Stelle des Kindes. Bei uns gibt's das nicht. Wenn der Kinderwunsch vom Egoismus verdrängt wird, ist an der Gesellschaft etwas faul, und ich frage mich, wer wird denn später eure Renten bezahlen? Also, wir zum Beispiel, wir haben beizeiten unsere Kinder gekriegt'", er tätschelt dem Knaben den Kopf, ,wir führen ein ganz normales Leben. Angelika ist zufrieden, ich bin es, und die Kinder haben ihre Mutter zu Hause. Bei euch wirkt man ja wie ein Trottel, wenn man so lebt. Andererseits, wenn ich so sehe, was die Kinder bei euch für Möglichkeiten haben, in der Schule und für die Zukunft, dann würde ich unsre beiden am liebsten nehmen und rübergehen. Drüben haben die Gleichaltrigen einen viel größeren Wortschatz, davon habe ich mich selbst überzeugt. Was mich unter anderem abhält, ist das mit den Drogen und diese Punks oder Skinheads, das ist erschütternd. Meiner dürfte mir später mal nicht so nach Hause kommen. Man muß eben mit seinen Kindern vernünftig reden, in aller Strenge und beizeiten. Dann kommen sie ganz alleine zu den richtigen Urteilen.

Wir haben ja nun hier diesen Umbruch, alles kam viel zu schnell, es geht überall drunter und drüber, die Leute können nicht mehr schlafen und sind verstört. Wir gar nicht so. Ganze Nächte haben wir drüben diskutiert mit unseren Verwandten, ich bin raus aus der Partei, also ich muß sagen … wir, Angelika und ich, wir sind jetzt Republikaner. Wer nicht! Wir haben das alles überlegt. Genau wie ihr haben wir hier das Problem mit den Ausländern, nur daß es eben nicht Türken sind, sondern Polen, Vietschis und Neger. (…) Das ist ein Verbrechen, daß man diese Leute ins Land läßt in so großen Mengen. Die führen sich nicht gerade gut auf, sie belästigen unsere Frauen und kaufen unsere Läden leer, um die Waren nach Hause zu schicken. (…) Aber ich glaube, daß der Zulauf bei den Republikanern, auch hier jetzt bei uns, nicht nur deshalb kommt, sondern auch wegen dem Bedürfnis der Deutschen nach Stolz. Warum sollen wir keinen Nationalstolz haben, die Amerikaner haben ihn, die Franzosen, und dort gibt es auch Republikaner, und keiner regt sich darüber auf. Die Vergangenheit ist vorbei. Gerade wir hier, wir haben sie ja wirklich abgebüßt, nun muß auch mal Schluß sein. Allerdings gibt es da ein Problem, das mich stört, der Herr Schönhuber. Warum setzt man einen Mann mit so einer Vergangenheit an die Spitze? Hat man denn keinen besseren gefunden, der hier graue Eminenz sein kann und sauber ist? Aber das werden sie wohl schnell einsehen und es ändern. Vom Grundanliegen her jedenfalls ist mir das alles sehr sympathisch, wir sollten alle viel mehr nationalistisch denken, besonders jetzt, das kann doch gar nicht verkehrt sein. Und das Faschistische, das man ihnen nachsagt, das stimmt ja nicht, da sind vielleicht ein paar verwahrloste Jugendliche oder ein paar unbelehrbare Alte, die haben ein fehlendes Schuldverständnis, aber die Masse denkt anders, davon bin ich überzeugt! Da lasse ich mich nicht beirren. Das Gedankengut ist auf ein richtiges Ziel ausgerichtet, und dafür setze ich mich ein hier. Solche Zielvorstellungen fehlen ja ganz, wir brauchen sie dringend, wenn es irgendwo weitergehen soll und vor allen Dingen, endlich aufwärts. … Was ich mir noch wünsche, das ist eine Datscha, ein Häuschen irgendwo vor der Stadt mit allem Drum und Dran. Mit einem Birnbaum vielleicht und Stachelbeeren, wo man sein Leben genießen kann am Wochenende und in den Ferien. Aber nächste Woche ziehen wir erst mal um, und dann wird ohnehin alles ein bißchen besser mit dem Bad und dem Balkon.'"[46]

---

46 Bitte komplettieren Sie selbst! Kleiner Streifzug durch die klassenlose Gesellschaft. *taz* 16. 01. 1990, S. 15-17.

Der Schauplatz der letzten hier zu referierenden Reportage ist eine LPG in Köthen. In ihrem Zentrum steht ein in seiner genauen Position nicht näher definierter Verantwortlicher der LPG: Einerseits wird er im Text als „LPG-Leiter" bezeichnet, andererseits spricht er von seinem „Chef". Der Porträtierte ist ein ‚einfacher Mann', der in die gängigen Schubladen dieser Zeit nicht hineinpasst. Obwohl er kritisiert, wie es sich seine Kollegen und Chefs ‚unter den Rockschößen von Honecker' gut gehen ließen, plädiert er für eine bedächtige Vergangenheitsaufarbeitung und für den Weiterbetrieb der LPG in einer „autonomen DDR".

„Der LPG-Leiter Horst kommt nach Hause, die Katzen flüchten unter den Tisch. Er tritt ein wenig polternd auf, ist der Stimme und dem Habitus nach dem Schauspieler Gerd Fröbe ähnlich. Er begrüßt uns herzlich und sinkt seufzend auf den Stuhl. ‚Ach, war das heut wieder ein Tag, na ich kann euch sagen. Wir ham 'ne Diskussion geführt, da gings um den Stoph, den Mittag und alles. Wie die leben, was sie für Privilegien sich angeeignet ham, ich sage: na was soll sein, das interessiert mich doch gar nicht, schlimmer ist doch, was sie politisch gemacht haben, die Verbrecher. Solln sie meinethalben sechs Saunas haben, wenn sie nur das Richtige für unser Land gemacht hätten.' (…) Dann mein Chef, der kommt in mein Büro und sieht den Honecker und sagt: na, der is ja auch noch da, ich denk, der soll weg? Da sag ich zu ihm, ne, mein Lieber, so nich, der bleibt da. Ich bin nich für den schnellen Abwasch. Ihr habt euch alle unter seinen Rockschößen gesonnt, gewärmt, versteckt und dicke gemacht und nu soll ich ihn wegtun, damit ihr ihn nich mehr seht? Mit mir nich!' – ‚Bei uns is Honecker runter und Stoph auch', sagt Margot, ‚und wie isses mit Sindermann, hab ich gefragt. Der soll auch weg. Kommen denn nu welche von Krenz, frag ich, aber die sagen, erst mal kommt nichts. Sie können was eigenes hinhängen, wennse wollen.' – ‚Hängste mich auf', empfielt Horst und lacht dröhnend, ‚also mein Chef, is natürlich in der Partei, wird von allen, die ausgetreten sind, oder auch nicht drin waren, jetzt fertig gemacht und hat einen schweren Stand in der LPG. Da sag ich zu ihm: nu höre mal, ob du rot oder lila bist, das ist von mir aus gesehen deine Sache, aber worauf es jetzt ankommt, was jetzt gefragt ist, du bist verantwortlich für die Betriebe und alles, dafür, daß es nich zusammenbricht, daß wir einen vernünftigen Konsens finden, wir müssen alles tun fürs Weiterbestehen des Betriebes und des Staates, sonst laufen uns die Menschen alle weg. Sagt der: hm, hm… das hätt ich gar nicht gedacht von einem Schwarzen. … Ich sag: du wirst dich wundern, ich bin für eine autonome DDR, ich halte nichts vom Anschluß, und dann will ich dir noch was sagen, was dich vielleicht wundern wird, ich bin nicht der Meinung, daß man dem Sozialismus nu keine Chance mehr einräumen soll, aber von meiner Warte her muß man ihn ändern. Und das sage ich, der ich sehr unter euch gelitten habe bei allem, was ihr mit uns gemacht habt die ganzen Jahre.[47]

Später zeigt die Autorin, wie die Hauptfigur ihre Sicht auf die Weltwirtschaft und die künftige Rolle kapitalistischer und sozialistischer Modelle darstellt:

„Ich hab mal die Biographie von Henry Ford gelesen, manche Sachen sind da ja richtig gut. Und ich sag euch was, nur wirklich große Unternehmerpersönlichkeiten können den Karren noch aus dem Dreck ziehen. Ich bin für einen Sozialismus von rechts. Ich will das Kapital, aber es soll soziale Verpflichtung haben. Der Unternehmer muß das Schiff lenken und wissen, wos hingeht, den Arbeitern solls fast zur Hälfte gehören, also 49 Prozent. 51 Prozent muß der Unternehmer als Majorität in den Händen behalten, damit er handeln kann. Eine Zukunft kann es nur geben, wenn es den Massen gut geht und die Anteil haben an ihrem Betrieb. Das wird in den nächsten zehn Jahren brandaktuell werden. Man sieht nun, der Kapitalismus hat sich durchgesetzt, aber das sage ich euch, die Unternehmer werden genauso untergehen wie der Kommunismus, wenn sie nicht umdenken lernen. Denn jetzt schließt sich ja der Kreis, es werden immer mehr soziale Probleme durch die technische Entwicklung entstehen, weil, wers hat, ist ja der Herr. Sagen wirs doch, wies is, wir ham dann die Automatisierung und die Massenarbeitslosigkeit. (…) Wir werden jetzt alle eine Übergangsphase erlebt, mag sein, daß es lange dauert und hart wird, aber danach wird es anders werden, wirds einen vernünftigen Ausgleich geben für alle auf der ganzen Welt; und das werden die Unternehmer sein, die das auf die Beine stellen, in Europa und überall.'"[48]

Am letzten Tag des Besuchs schildert der Porträtierte den Gästen aus der Bundesrepublik seinen Lebensweg. Einerseits ist er ein Zwangskollektivierter und somit ein Opfer des Sozialismus. Andererseits konnte er in der DDR-Zeit aus Elend und Missachtung aufsteigen und sieht sich daher auch mit der DDR verbunden.

„‚Wir mußten 1960 in die Kolchose rin, und ich gab gesagt, ne, auf andrer Leute Acker geh ich nich, nur über meine Leiche! Da war der frühere Kolchosvorsitzende – ist lange tot – und sagt zu mir: Tu mir nen Gefallen, ich hab schon genug Ärger hier, geh in die Gärtnerei meinetwegen und mach dort,

---

47 Bitte komplettieren Sie selbst. „Wahrscheinlich werden sie wieder das Falsche korrigieren." *taz* 30. 01. 1990, S. 15-17.
48 Bitte komplettieren Sie selbst. „Wahrscheinlich werden sie wieder das Falsche korrigieren." *taz* 30. 01. 1990, S. 15-17.

was du kannst. Ich wollte ja eigentlich lieber LKW fahren, aber gut, ging ich in die Gärtnerei. Hatte freie Hand, sie ham mich in Ruhe gelassen. (…) Ich will nich unbescheiden sein, aber ich hab mehr lernen müssen als die. Mit 16 Jahren bin ich hier angekommen in Köthen, das war 1945, und ich hatte nichts. Keine richtige Schule, ne Hose, Hemd, Holzschuhe und ne Jacke. Bettwäsche mußt ich mir vom Bauern borgen, das war vielleicht blamabel, aber es war so. Ich hab die Landwirtschaft gelernt, war Roßknecht und hab immer aufgepaßt, daß ich von den Leuten was lerne. Hab Bücher gelesen und zugehört.

Hier von meiner Schwiegermutter hab ich eine Menge gelernt, sie hat mich gefördert, das ist eine bewunderungswürdige Frau, ich verehre sie. Und was heut aus mir geworden ist, das verdanke ich nich irgendwelchen Privilegien, sondern gutwilligen Leuten und mir selbst. So, und nu könnt ihr mich vielleicht auch besser verstehn, daß ich nich nur an mich denke, sondern auch daran, daß es allen besser gehn soll. Und was ich euch gestern gesagt hab, meine politische Meiung, daß ich für eine autonome DDR bin, das hat auch damit zu tun. Ich will nich, daß wir hier alle vergessen, wo wir herkommen und was gewesen is, so wie ihr. Aber wahrscheinlich wirds zur Vereinigung kommen, ob ich das will oder nich. Alle wollen jetzt in kürzester Zeit vierzig Jahre nachholen, und unsre Leute stehn so unter Druck und sind so durcheinander… Wahrscheinlich wern sie wieder das Falsche korrigieren.' Er trinkt einen Schluck Bier, seufzt und steht auf: ‚So, und jetzt zieh ich mich an und geh euch das Bild holen, heute mittag gings nich so recht', sagt er und ist trotz unseres Einspruchs nicht zu halten, erklärt, daß es morgen noch schlechter sei.

Nach einer Viertelstunde ist er wieder da mit dem Honecker -Bild, stellt es auf den Tisch und sagt: ‚Na, Junge, du hast es falsch gemacht, du Verbrecher! (…) Aber man soll nich vergessen, was du in deiner Jugend geleistet hast gegen die verdammten Braunen, dafür biste ins Zuchthaus gegangen …' Margot kommt mit einem Lappen, Papier und Kordel, staubt das Bild ab und verpackt es sorgfältig.

‚Und falls sie euch an der Grenze fragen, wo ihr das herhabt', überlegt Horst, ‚was sagt ihr dann?' Wir schlagen vor, in diesem Fall zu erklären, daß wirs auf dem Müll gefunden hätten. ‚Das geht, das glaubt jeder', unterstreicht Horst und ist es zufrieden.“[49]

---

49 Bitte komplettieren Sie selbst. „Wahrscheinlich werden sie wieder das Falsche korrigieren.“ *taz* 30. 01. 1990, S. 15-17.

Zu den Besonderheiten des *taz*-Diskurses im Untersuchungsschnitt von 1989/1990 gehört neben der bereits genannten sozialpsychologischen Perspektive, dass er sich mit dem DDR-Antifaschismus beschäftigt. So besichtigen *taz*-Reporter zwei Dresdner Ausstellungen zum Thema. Die eine, ältere Ausstellung, ist gerade wegen Malerarbeiten geschlossen. Das Personal läßt die Zeitungsleute trotzdem herein und teilt ihnen auch mit, dass die in der Ausstellung präsentierte „holzschnittartige Analyse" ihnen selbst unangenehm sei. Zur anderen Ausstellung schreibt die *taz*:

> Sie „ist schätzungsweise zehn Jahre jünger als die vorher gesehene – ist weniger eingleisig, vermeidet allzu hohle Abstraktionen, bietet konkrete Anknüpfungspunkte des Erinnerns im Raum Dresden, zur Widerstandsarbeit im Grenzgebiet zur Tschechoslowakei, zu NS-Justiz. Wir diskutieren mit dem Direktor der Gedenkstätte und Vertretern des Komitees antifaschistischer Widerstandskämpfer. (…) Immer wieder ist die Sprache unserer Gesprächspartner geeignet, uns eine Gänsehaut zu verpassen: ‚mit Stumpf und Stiel', ‚falsche Denkweisen liquidieren', ‚wir müssen uns neu positionieren' (…) Unser Begleiter aus Dresden weist darauf hin, daß Victor Klemperers LTI. Die Sprache des Dritten Reiches zu selten gelesen worden sei." Am Ende stellt die *taz* die Frage: „Gab es eigentlich eine Diskussion über Autoritarismus und Faschismus in der DDR?"[50]

Auch Gabriele Goettle besucht auf ihrer Reportagereise eine Ausstellung, die sich mit den nationalsozialistischen Verbrechen beschäftigt. Es ist jedoch eine Ausstellung, die schon nicht mehr von der alten Macht, sondern den neuen Kräften in der DDR organisiert wurde. Goettle belegt etliche Fehler und resümiert:

> „Da machen Reformer und Pfaffen eine solche Ausstellung, und schon wieder kommt die antifaschistische Aufklärung mit einer absichtlichen Unterschlagung wesentlicher Fakten daher."[51]

Der Spiegel[52]

Der Ost-Diskurs des Wochenmagazins unterscheidet sich von den Ost-Diskursen der drei Tageszeitungen durch das Fehlen von Identifikationen und Utopien. Hier wird weder das Wiedererstehen der geeinten deutschen Nation oder eine gelungene und glückliche Vereinigung mit den *Brüdern und Schwestern* gefeiert noch über die Demokratisierungs- und Modernisierungsimpulse spekuliert, die die Revolution der

---

50 Ende einer Staatsreligion? Wie steht es mit dem Antifaschismus in der DDR? Eindrücke aus dem Bezirk Dresden im November 1989. *taz* 11. 01. 1990, S. 15-16.
51 Bitte komplettieren Sie selbst! Faschismus, Antifaschismus und ein Wannenbad. *taz* 06. 01. 1990, S. 25-27.
52 Der *Spiegel* erschien 1989/1990 mit einer Auflage von 1.050.000 Exemplaren.

DDR für die Bundesrepublik liefern könnte. Bis zum Beginn des Januar 1990 schilderte der *Spiegel* die Ostdeutschen vor allem als Opfer unglücklicher Umstände. Hierzu gehörten die Umstellungsschwierigkeiten der Übersiedler[53], der Wohnungsmangel und natürlich die Tatsache, dass die Übersiedler aus der DDR von vielen Westdeutschen als „lästige Konkurrenten" angesehen werden. Noch im gleichen Monat ändern sich die Darstellungen. Nun thematisiert das Magazin die „Abgreifqualitäten" der Ostdeutschen und die Tatsache, dass immer mehr Zuwanderer aus „sozial schwachen Familien" ohne (soziale) Qualifikationen kommen. Schließlich kommt der *Spiegel* zu dem Schluss: „Die riesige staatliche Umverteilungsmaschine (…) ist nicht gebaut für eine Zeit, in der (…) die Mauern fallen."[54]

Der *Spiegel* zeigt, wie die West- und Ostdeutschen von Anfang an in verschiedenen sozialen Rollen und auf unterschiedlichen Ebenen interagieren – und vor allem konkurrieren: die ostdeutschen Übersiedler mit den einfachen westdeutschen Bürgern, Arbeitnehmern oder Handwerkern um preiswerten Wohnraum, um Jobs oder Aufträge. Beiden Gruppen, den Ostdeutschen wie den Westdeutschen, wird zugeschrieben, dass sie den bundesdeutschen Staat übervorteilen: Die Ostdeutschen im Kleinen, in dem sie extensiv oder unberechtigt die komfortablen Eingliederungszuschüsse, Arbeitslosen- und Krankengeldregelungen für DDR-Flüchtlinge und Übersiedler ausnutzen oder mehrfach Begrüßungsgeld kassieren; die Westdeutschen im Großen, indem sie leerstehende Miethäuser rasch und dürftig möblieren und zu horrenden Summen als Notunterkünfte an die Städte vermieten. Wie die Ostdeutschen ihre „Abgreifqualitäten" umsetzen, wird im *Spiegel*-Diskurs dieser Zeit immer wieder thematisiert.[55]

Das Terrain, auf dem West- und Ostdeutsche nun wieder vereint sind, erscheint hier nicht als das glücklich wiedererlangte und ungeteilte Vaterland, sondern als das einer kapitalistischen Marktgesellschaft deren Mitglieder miteinander um ihre Vorteile konkurrieren. Die Ostdeutschen werden viel stärker als in der *F.A.Z.* und der *SZ* im Kontext bekannter westdeutscher sozialer Rollen und Haltungen gedeutet. So schreibt man beispielsweise einem Lehrer „die Geschicklichkeit des dogmenfreien Opportunisten [zu], jenes Talent zur Anpassung, das in der kapitalistischen Leistungsgesellschaft schon längst zu den kulturellen Überlebenstechniken gehört."[56]

Im Vergleich mit den Ost-Diskursen der *F.A.Z.* und der *SZ* – und aufgrund der ausführlichen Reportagen von Gabriele Goettle in etwas geringerem Kontrast zum Ost-Diskurs der *taz* – ist die Textmenge des *Spiegel*-Diskurses deutlich größer. Das

---

53 Bettnässen fast normal. *Spiegel* 47/1989 (20.11.) S. 72.
54 „Da brennt die Sicherung durch." *Spiegel* 4/1990 (22.1.) S. 28-53.
55 Einzelzimmer im Puff. *Spiegel* 2/1990 (08.01.) S. 55-58; „Sie fühlen sich betupft". *Spiegel* 3/1990 (15.1.) S. 16-18.
56 „Osten erglüht, China ist jung." *Spiegel* 2/1990 (08.01.) S. 47-55, hier S. 54.

ist auch ein Grund dafür, warum hier ein facettenreicheres Bild zu finden ist: Es
zeigt die alten und neuen Lebenskonflikte, in denen sich Ostdeutsche im Übergang
von der intakten DDR-Diktatur zur Umbruchsgesellschaft befinden, beschreibt die
Mischung aus Hass- und Lynchstimmung sowie Angst, Müdigkeit und Resignation.
Und schließlich wird nicht nur die schwierige Umweltsituation protokolliert, sondern beispielsweise auch das Zusammenspiel von kriminellen West-Berliner Unter-
nehmern und DDR-Funktionären und beim Export-Import in Sachen Müll.

Wie im *F.A.Z.*-Diskurs so lässt sich auch im Diskurs des *Spiegel* die Charakter-
rolle der jungen Revolutionsheldin finden. Ganz offensichtlich ist die Figur der
engagierten, jungen und zerbrechlichen – und mit diesen Eigenschaften *per se* auch
politisch ‚reinen' – Frau eine Projektionsfläche für den Geist der Revolution oder
des Neuanfangs. Der *Spiegel* beschreibt sie in der folgenden Szene:

„Schmalgliedrig und blass kauert die junge Frau in ihrem Sessel. Das Knie
fast bis an die hohen Wangenknochen gezogen, hält sie mit beiden Armen fest.
Sie friert, und es ist nicht nur die in den renovierungsbedürftigen Behausun-
gen übliche klamme Kühle, gegen die sie sich in ihrem Pullover verschanzt.
Der Wiedervereinigungstaumel und das heraufziehende kapitalistische Wirtschaftswunder, Verheißungen, die anderswo Herzen und Fahnen in Brand
setzen, behagen der Historikerin Ina Merkel, 32, die das Manifest des unabhängigen Frauenverbandes erdacht hat, überhaupt nicht. (…) Nun ist der DFD[57]
so abgemeldet wie die männliche Nomenklatura des Einheitsstaates. Auf
einer Podiumsdiskussion der SED-Frauen wird mit Vertreterinnen des ‚Hä-
kelklubs' abgerechnet: ‚Mittäterschaft' am Niedergang des Landes wird dem
altvorderen DFD vorgeworfen, der schon jetzt von 1,8 Millionen auf etwa
eine Million Mitglieder ausgedünnt ist. ‚Sie sind nicht erneuerungsfähig',
ruft eine zornige Abtrünnige den Funktionärinnen zu. Wo das Genossen-Du
eben noch Schwesterlichkeit im Klassenkampf symbolisierte, wird das Siezen
zur Verbalinjurie, zum Ausdruck ohnmächtiger Wut und unüberbrückbarer
Distanz."[58]

Eine Besonderheit des Ost-Diskurses im *Spiegel* ist das starke Interesse an den
Arbeitergestalten des Ostens. Fasziniert entdeckt man in ihnen eine Mischung aus
Rückständigkeit und Vitalität.

---

57 Demokratischer Frauenbund Deutschlands (1947–1990), eine der sechs formal unabhängigen, de facto
    der SED folgenden, mandatstragenden Massenorganisationen der Volkskammer der DDR.
58 Märchenprinz am Mülleimer. *Spiegel* 3/1990 (15.01.) S. 162-167, hier S. 163.

„‚Urwaldschmiede' nennt Brigadier Horst Schrinner, 55, seine Halle, in der im Moment nur Kessel repariert werden. ‚Ich weiß nicht, was ich den Kollegen heute Mittag zu arbeiten geben soll. (…) Wir wollen endlich aus diesem Kunstgewerbeladen raus', stöhnt er, ‚wir wollen endlich ordentliche Maschinen und ordentliche Arbeit.'(…) Die ‚Urwaldschmiede' macht den Eindruck einer riesengroße Rumpelkammer, ganz so, als hätten sich ein paar Dutzend Handwerker eine gemeinsame Halle gemietet, in der niemand weiß, was auf den Quadratmetern der anderen gerade gebastelt wird. Im Frühstücksraum der Brigade, neben einem mächtigen rostigen Kessel, ertönt der Klagechor noch kräftiger; das hat die Wende den DDR-Arbeitern auf jeden Fall gebracht: Sie können ungestraft Scheiße brüllen."[59]

In einem anderen Text rekonstruieren die Autoren – mit viel Sinn für die Pointe – die Stammtischgespräche der *Ost-Proleten*, deren hämische Distanzierung von der alten, nun stürzenden Herrschaft und von den neuen ‚Helden' der friedlichen Revolution.

„‚Ham wir jelacht', sagt Ede, ‚wat die für zarte Händchen ham! Der eene wußte nich', wie man ne Schaufel hält. Und denn 60 Zentner Kohlen schippen. Du gloobst es nich' wie wir jelacht habm.' Doch alle glauben es. Die Lachnummer ist, mitten in Potsdam, schon ein dutzend Mal aufgeführt worden: Der Stasi schippt Kohlen. Er beliefert die Kindergärten. Wer soll's denn sonst machen? Die meisten professionellen Kohlenfahrer und Transportarbeiter sind auf und davon, rübergemacht, (…). Bombenstimmung in der Potsdamer Arbeiterkneipe. Ede und seine Kumpels lupfen die kleinen Bierchen, Glas um Glas für 51 Pfennig. Es ist früher Nachmittag, die Arbeit ruht. Offiziell befindet sich der Bautrupp noch im Einsatz. (…) Auf die Volkswut der Proletarier haben die neuen Bürgerbewegungen soviel Einfluß wie der Mond auf den Wanderer, der sich im Wald verirrt hat. Nirgendwo sitzt ein echter Arbeiter in irgendeinem Führungszirkel. Von den 43 Gründungsmitgliedern der SDP tun fast die Hälfte als Pfarrer und Vikare Dienst. Die Besetzungsliste von Frau Bohleys ‚Neuem Forum' liest sich wie ein ‚Who is Who' der schönen Künste. ‚Wenn ich det schon höre, von Beruf Dramaturg, Lyriker, Malerin, denn weeß ich doch: Die können nich' arbeiten', schimpft Mirko, 23, Reichsbahner. ‚Die wolln, det wir ihnen den Sozialismus mit menschlichem Gesicht uffbauen. Noch mal zehn Jahre lang. Ohne mich, det sag' ich dir.' Westwärts, wo nach seinem Verständnis harte Arbeit mit harter Mark bezahlt wird, zieht

---

59 Was nun, Harry Dolch? *Spiegel* 1/1990 (01.01.) S. 28-31, hier S. 31.

es nicht nur Mirko. ‚Ich warte höchstens noch'n Jahr. Wenn dann nicht die ‚Sache mit der Wiedervereinigung oder kannste ooch sagen Konfederation glattgezogen ist, mach' ich die Fliege.' (...) ‚Also' sagt Kalle, ‚von Frau Bohley möchte' ich nicht' regiert werden. – Und nich' mal gemalt!'. Ham wir jelacht."[60]

Bemerkenswert ist auch ein mit ironischem Unterton verfasster Text über die Versuche, ehemalige DDR-Grenzhunde an private Züchter zu vermitteln. Der Text gibt die Beteuerungen des Sprechers des Deutschen Tierschutzbundes wieder: Die Hunde seien ganz normal, „menschenfreundlich und absolut integrationsfähig (...) Denen fällt der Abschied vom Sozialismus offenbar nicht schwer." Der Hund zeige auch kein „Übersiedlungssyndrom (...) hat keine Depressionen"[61] Das ist ein Replikation der Texte, in denen der *Spiegel* über „Depressionen" bei ostdeutschen Kindern oder das „Übersiedelungssyndrom" bei Erwachsenen schrieb. Dieses Beispiel illustriert, wie innerhalb eines Ost-Diskurses bestimmte Inhalte – Termini und fixe Wortverbindungen, Metaphern und Deutungen – immer wieder reproduziert werden. Dieses Phänomen ist nicht nur im Ost-Diskurs des *Spiegel* zu beobachten.

4.2 SCHLAGLICHTER AUF DIE TEXTE IM UNTERSUCHUNGSSCHNITT VON OKTOBER/NOVEMBER 1995

Die Frankfurter Allgemeine Zeitung[62]

Im fünften Jahr nach dem Beitritt der DDR zur Bundesrepublik dominiert im Ost-Diskurs der F.A.Z. weiterhin eine staatspolitische Perspektive. Während das aber im Untersuchungsschnitt von 1989/90 noch mit einem dramatisierenden Unterton geschah, – mit dem Menetekel der Reorganisation der SED und ihrer Herrschaft – ist im Jahr 1995 *Normalität* das zentrale Deutungsmuster:

> „Die fünf Jahre, die seit dem Vollzug der deutschen Einheit vergangen sind, haben sichtbare Spuren hinterlassen. Straßen sind in Ordnung gebracht, verfallene Häuser sind wiederhergestellt, an Baudenkmälern wird gearbeitet. Ist das alles nur Politur? Immerhin nähert sich das Bild der Städte dem Normalen, wenn es auch immer wieder einzelne Häuser oder ganze Straßenzüge gibt, die wie in DDR-Zeiten weiter dem Verfall preisgegeben sind. Einer der Gründe hierfür sind die immer noch vielfach ‚ungeklärten Eigentumsverhältnisse'.

---

60 „Hier ist nischt mehr zu retten". *Spiegel* 51/1989 (18.12.) S. 53-58.
61 Verschmuste Bestien. *Spiegel* 5/1990 (29.01), S. 84-85.
62 Die F.A.Z. erschien im Jahr 1995 mit einer um 40.000 leicht gesteigerten Auflage von 395.000 Exemplaren. Ludwig Maassen: Massenmedien. Fakten – Formen – Funktionen in der Bundesrepublik Deutschland. Heidelberg 1996, S. 36., Vgl. auch Schütz 2005 (Anm. 20), S. 797.

Die Wirtschaft in den neuen Ländern schickt sich an, die Tiefebene zu verlassen, in die sie geraten war, als der desolate Zustand der Betriebe offenbar
wurde, als sich eine trügerische Vollbeschäftigung auflöste, die darauf beruhte,
dass auf Produktivität nicht zu achten war."[63]

Missstände und Schwierigkeiten gelten als *noch nicht gelöste* Probleme, also Über-
gangsphänomene. Akteure, die miteinander in Konflikt stehen, tauchen in dieser
Darstellung kaum noch auf: Die Rede geht beispielsweise über Lehrstühle, die „frei-
geworden" sind – als ob es nicht zwischen Entlassenen und Entlassern erhebliche
Konflikte gegeben hätte. An anderer Stelle heißt es lapidar: „Zwei Drittel der Pro-
fessorenstellen wurden neu ausgeschrieben."[64]

Das Lob der politischen Rigorosität und die entschiedene Abgrenzung von der
sich einst pragmatisch-opportunistisch verhaltenden Bevölkerung Ostdeutschlands
ist 1995 einer Deutung gewichen, die Pragmatismus und Kompromissfähigkeit zu
den normgebenden Tugenden erklärt:

„Die Politiker, die im Osten herangewachsen sind, haben einen Rückstand,
was die Bereitschaft und die Fähigkeit zum Kompromiss angeht. Sie zeigen
eine sympathische Standfestigkeit, lassen die manchmal heikle Beweglichkeit
vermissen, die zum Funktionieren einer parlamentarischen Demokratie
gehört. (…) Es wird noch eine Zeitlang dauern, bis sich in West und Ost die
normale Situation in einer Demokratie eingestellt hat: die Übertragung der
Politik an diejenigen, die sich berufen fühlen, sie zu verwalten."[65]

Neben der Forderung nach einem pragmatischen Umgang mit den Verhältnissen
weist der der *F.A.Z.*-Diskurs die Klagen über die ausbleibende „innere Einheit"
Deutschlands als gegenstandslos zurück. Die Debatte wird als das Ergebnis einer
intellektualistisch überzogenen und letztlich interessengeleiteten Kampagne dargestellt:

„In der Wortverbindung ‚innere Einheit' schwingt etwas Idealistisches mit,
die Erwartung eines zu erstrebenden und schließlich erreichten seelischen oder
mentalen Gleichklangs, als sei die Wiedervereinigung vor allem ein Verstän-
digungsprozess. (…) Gegen alle pragmatische Vernunft geistert deshalb noch
immer die Vorstellung herum, es wäre wohl besser gewesen, man hätte vor

---

63 Selbstbewusstsein wächst langsam. *F.A.Z.* 02. 10. 1995, S. 1.
64 Eine zukunftsträchtige Mischung aus Tradition, Wissenschaft und Unternehmertum. *F.A.Z.* 09. 10. 1995, S. 3.
65 Selbstbewusstsein wächst langsam. *F.A.Z.* 02. 10. 1995, S. 1.

fünf Jahren eine Konföderation zweier deutscher Staaten gebildet. Das wäre sozusagen eine Art Gesprächspartnerschaft gewesen, wie viele Intellektuelle und Literaten sie sich als Weg zur inneren Einheit gerne vorstellen. Eines Tages würde man dann vielleicht erklären, nun seien die Voraussetzungen auch für die äußere Einheit vorhanden. Ein solches Verfahren hätte den Schriftstellern zweifellos eine bedeutende, im strengen Sinne staatstragende Rolle zugewiesen, ähnlich jener, die sie vor 1989 als Mittler zwischen den beiden deutschen Staaten und als Sachwalter der deutschen Kulturnation schon einmal innehatten. Das geteilte Deutschland war, wie sich erst rückblickend und durch die Erfahrungen mit der Wiedervereinigung erwiesen hat, ein Paradies für politisierende Literaten. (…) Verständlich, dass die von dieser historisch einmaligen Situation geprägten Literaten die Gegenwart nur verdauen können, wenn sie mit einer kräftigen Dosis deutscher Geschichte angereichert wird. Reine Gegenwart ist ihnen ungenießbar."[66]

Die „reine Gegenwart" der ostdeutschen Normalbevölkerung, deren Träume und Fünf-Jahres-Bilanz zeigt eine Reportage über ein Rentnerehepaar in einer Plattenbausiedlung:

„‚Proletarier-Intensiv-Haltung' sagen Inge und Hermann Kleinert. (…) ‚Irgendwie sieht es immer dreckig und liederlich aus', sagt Frau Kleinert. ‚Innen kann man es sich ja noch schön machen', meint sie und blickt auf den blankgeputzten Esstisch, die Spitzendecken, die sorgfältig arrangierten Sofakissen. Aber wenn man zum Fenster hinausschaut: alles Beton, grau in grau. Kalt und eintönig erhebt sich das Betonmeer der Plattenbausiedlung."[67]

Nachdem die Geschichte der Kleinerts, die Wohnungssituation der DDR und auch die Freude der Eheleute über die erste eigene Wohnung in nämlichem Plattenbau kommentiert worden war, schließt die Reportage mit der Bilanz der Kleinerts:

„‚Wir haben uns damit abgefunden, daß es bei uns mit dem Eigentum nichts mehr wird', sagt Inge Kleinert. Im Grunde seien sie froh, eine bezahlbare Wohnung zu haben. Einiges werde ja auch verbessert: Tiefgaragen und Einkaufszentren seien ja schon im Bau. In der Wohnung werden Fenster und Fensterbänke erneuert, im Haus würden demnächst Flur und Treppenhaus erneuert. Einige Außenfassaden seien schon mit Farbe bestrichen, sagt sie und blickt von ihrem Balkon gegenüber auf eine Reihe Häusersilos, die sich

---

66   Endlich oder unendlich? *F.A.Z.* 02. 10. 1995, S. 41.
67   Manch einer träumt vom eigenen Häuschen im Grünen. *F.A.Z.* 04. 10. 1995, S. 3.

in gelb-, aprikose-, und grünschattierten Pastellfarben erfrischend hell vom üblichen Grau ablösen: ‚Es sieht freundlicher aus.' Doch manchmal, da schließt Frau Kleinert die Augen – und träumt von einem Häuschen im Grünen."[68]

Die Süddeutsche Zeitung [69]

Während der Wochen, die im Untersuchungsschnitt von 1995 lagen, feierte die *SZ* ihren 50. Geburtstag. Daher fiel die Berichterstattung über die Ostdeutschen und den Osten etwas spärlicher aus. Dennoch wirkt das Bild vom Osten hier plastischer als in der *F.A.Z.* Zum einen, weil die Konflikte zwischen Westdeutschen und Ostdeutschen deutlich gezeigt werden. Zum anderen, weil Schwierigkeiten und Potential der doppelten und geteilten Vergangenheit offener diskutiert[70] werden, als in der F.A.Z., wo die Frage nach der „inneren Einheit" als müßiges und nur den Intellektuellen nützendes Räsonnement gilt. Auch die konflikthafte Dynamik in der ehemals geteilten, nun mit allerlei Friktionen zusammenwachsenden Metropole Berlin nimmt in der SZ-Berichterstattung breiten Raum ein. In gewisser Weise erscheint der ‚Berliner Dschungel' hier als Gegenstück zur geordneten bayrischen Landeshauptstadt. So heißt es in einer Reportage über kriminelle Kinder in Ost-Berlin:

„‚Ich weiß alles, was wichtig ist', sagt Axel. Wozu einen Abschluß? (…) ‚Ich krieg' eh' keine Lehrstelle, wenn ich fertig bin.' Achselzucken. Wurstig. Ist eh' egal. Axel ist 14. (…) ‚Die Jugendlichen leben in der Erwartung, dass in drei Jahren Krieg ist', hat Marion Kondler mit einem Psychologen in einer Fragebogenstudie herausgefunden. ‚Das ist das, was sie täglich erleben. Sie haben Angst, Angst, Angst. Sie waren alle schon mal Täter und Opfer. (…) Sie haben meist noch eine stramm[71] sozialistische Erziehung erlebt und jetzt oft den Zusammenbruch ihrer wendegeschädigten Eltern. (…) Wenn Axel einen Wunsch frei hätte, würde er gerne ‚sofort erwachsen werden. Mir nichts mehr gefallen lassen müssen'. Was er dann machen würde, weiß er nicht. ‚Vielleicht Zuhälter. Da verdient man irre viel Kohle und hat ein total geiles Leben.'"[72]

---

68 Manch einer träumt vom eigenen Häuschen im Grünen. *F.A.Z.* 04. 10. 1995, S. 3.

69 Die *SZ* hatte in der Zeit seit 1989/90 ihre Auflage um 100.000 auf 406.000 steigern können. Vgl. Maassen 1996 (Anm. 62) S. 37 und Schütz 2005 (Anm. 20), S. 787.

70 Ein Diskussionsforum? *SZ* 07. 11. 1995, S. 14.

71 Der vor allem in Konnotation mit Nazis populär gewordene Terminus wird in den westdeutschen Ost-Diskursen immer wieder verwendet, wenn über Personen gesprochen wird, die von sozialistischen Werten überzeugt waren.

72 Zuhälter werden, das wär geil. *SZ* 09. 11. 1995, S. 3.

Der *SZ*-Diskurs bekommt gegenüber dem der *F.A.Z.* auch deshalb eine andere
Färbung, weil hier nicht nur ausgewiesene Gegner und Opfer der DDR zu Wort
kommen, sondern auch ostdeutsche Autorinnen und Autoren, die schon in der DDR
zum Kulturbetrieb gehörten. Diese entwickeln neben der Freude über die Erlangung
der Demokratie und der Kritik der DDR-Diktatur auch noch andere Perspektiven
auf das Thema Ostdeutschland. Die große Jubiläumsreportage zum fünften Jahrestag der Vereinigung lässt die *SZ* beispielsweise von der 1946 geborenen ostdeutschen
Journalistin Regine Sylvester schreiben. Rückblickend auf die vergangenen fünf
Jahre beschreibt der Text die Zumutungen, die die ‚unfreundliche Übernahme durch
die Westdeutschen‘ oder alleine der tief greifenden Umbruch für die Ostdeutschen
bedeutet hat:

> „Neuer Alltag, neues Leben vor der Haustür, Ostszene, vermüllt, verrucht,
> vital. Ich muß eigentlich nur aus dem Fenster gucken, um zu sehen, wie sich
> meine Oranienburger Straße, auf der früher die Anwohner nach Feierabend
> Federball spielten, verändert hat. Eine wilde Variante der Wende fuhr durch
> meinen Kiez. Keine Gegend für Banken und Sparkassen, auch nachts keine
> Glanzmeile, sondern dunkle Korridore zwischen trüben Laternen, Schatten-
> spiele wie in einem expressionistischen Film. Lokale öffneten neben ver-
> nageltem Parterre in Fassaden mit Einschusslöchern aus dem Krieg. (…) Die
> Touristen pilgern mit dem Reiseführer durch die Straße auf der Suche nach
> dem versprochenen unverfälschten Osten. Aber sie schaffen ihn ab. Ihre Zahl-
> kraft sorgt für eine Umschichtung der alten Sozialstrukturen. Die kleinen
> Krauter haben dichtgemacht, die alten Leute ziehen weg. Neue Angebote für
> eine neue Klientel: Aus der Post wurde ein Fitntess-Center, aus dem Schuster
> ein exzentrischer Modesalon, aus dem Lebensmittelladen ein Schuhgeschäft.
> Aus dem Kindergarten wurde ein Spielsalon, in dem muskulöse Männer ihre
> Kampfhunde festhalten. Aus Kohlenkellern wachsen laute Kneipen für die
> internationale Jugend. Die Gegend spielt nun eine Musik für Flaneure und
> Freizeit.“[73]

Dann geht die Autorin über zu den politischen und wirtschaftlichen West-Ost-Kon-
flikten, der Frage nach dem Geld, dem Eigentum und der moralischen Bewertung
der Vergangenheit:

> „Ende der Schonzeit und Höflichkeit. Leute, die nie in der DDR waren und
> auch keine Kontakte über Freunde hatten, sprechen über das vergangene
> Land, als ob dort alle unter der Knute der Stasi in Bruchbuden hungern und

---

73 Vermüllt, verrucht, vital. *SZ* 04./05. 11. 1995, Beilage *SZ am Wochenende*, S. 1.

frieren mußten. Es habe ja auch kaum Fleisch gegeben. Sie wissen inzwischen alles besser als wir.

(…) Stasi als Kennzeichnung des ganzen Staates. (…) Alle Generalisierungen machen wütend und hilflos. Wie soll ich mich wehren, wenn ein Hamburger Psychologe behauptet, wir im Osten hätten unsere Kinder doch nicht aus Liebe, sondern nur der Wohnung wegen bekommen? Ich widerspreche und erzähle von meinem Kind. ‚Ach hören Sie doch auf!' antwortet er. (…) Fünf Jahre nach der Vereinigung erscheinen unverklärte Bilanzen (…) Zum Beispiel durch den fachlich keineswegs immer gerechtfertigten Austausch der Chefs durch neue Männer aus den Westen, die da nicht mit Erfolgen glänzen. Zum Beispiel durch das Verschwinden der Ostgeschichte aus den Medien. Zum Beispiel durch unsere Kreditunwürdigkeit mangels Sicherheiten. Zum Beispiel beim Wohnen. Wir haben doch nicht gewusst, daß unsere Häuser eigentlich dem Westen gehören. Auch durch mein Mietshaus ging ein wortkarger Besitzer mit dem bekannten Sanierungsblick. Bei einer Freundin photographieren die glücklichen Restituierten rund ums Haus mit zuckendem Blitzlicht, während sie schlotternd im Zimmer saß und nicht wusste, wie lange noch.

Bei anderen Bekannten gab der neue Besitzer das Haus zum Verkauf frei – von nun an zogen wochenlang ganze Pulks von Interessenten quer durch die Wohnung, begafften gleichgültig das erstarrte Paar in der Küche und überlegten laut, wie anders sie sich das hier einrichten würden.

Das Land, die Arbeit, die Wohnung, vielen Leuten sind die Grundlagen ihrer Existenz unter dem Hintern weggezogen worden. Und es ist ihnen egal, ob es ihnen jetzt aus den besseren Gründen schlechter geht.“[74]

die tageszeitung[75]

Der *taz*-Diskurs beschreibt im Untersuchungsschnitt von 1995 die Ostdeutschen aus zwei Perspektiven. Erstens diskutiert er die historische und politische Dimension des Umbruchs in Ostdeutschland. Dabei wird die Geschichte des in der friedliche Revolution installierten *Runden Tisches* sowie der – letztlich gescheiterte – Verfassungsprozess zum Thema. Sprecher sind hier ausschließlich Ostdeutsche. Der *taz*-Diskurs macht damit deutlich, das die Minderheit der bürgerbewegten Ostdeutschen mit ihrer Tradition, ihrer Haltung und ihren Visionen etwas durchaus Wertvolles in das vereinigte Deutschland eingebracht haben. Zweitens nimmt er die ostdeutsche

74 Vermüllt, verrucht, vital. *SZ* 04./05. 11. 1995, Beilage *SZ am Wochenende*, S. 1.
75 Die *taz* erschien 1995 mit einer leicht geminderten Auflage von 59.700 Exemplaren. Maassen 1996 (Anm. 62) S. 37; siehe auch Schütz 2005 (Anm. 20), S. 793.

Variante des Lebens der *kleinen Leute* in den Blick. So erscheint in der Ausgabe vor dem fünften Jahrestag der deutschen Einheit eine Reportage über die Bewohner eines kleinen Dorfes in Brandenburg. Die Gemeinde ist die am höchsten verschuldete Kommune des vereinigten Deutschlands, weil man Jahre zuvor einem der vielen westdeutschen Berater auf den Leim gegangen war und Verträge zum Bau einer überdimensionierten Kläranlage geschlossen hatte[76]. Jetzt hat der Landrat dem Dorf sogar das Licht für die Straßenbeleuchtung abgedreht, aber die *taz* entdeckt einen Rebellen, der seinerseits eine Möglichkeit entdeckt hat, seinen Straßenzug wieder zu beleuchten.

Am Tag nach dem Jubiläum kann man in zwei Reportagen lesen, wie das Volk in der westlichsten und in einigen der östlichsten Gaststätten der vereinigten Republik den Vorabend des fünften Jahrestag der Deutschen Einheit beging.[77] Die *taz* stellt hier ironisch und mit etwas Häme die Spannung zwischen den politischen Sonntags-reden und den Bewertungen der Bevölkerung heraus – und macht sich über den ost-deutschen Hang zu Folklore und Trivialkultur lustig:

> „,Zittau blüht auf!' so steht es auf den Transparenten. Festtagsstimmung. Der Markt ist voll Menschen. Bockwurst, Bier und arbeitsfrei. Musik liegt in der Luft. ,Die Münchner Freiheit' kommt. Das einzige Konzert in Deutschland! Starparade der Volksmusik! Mit Dirndl und Klaus, tanzend auf dem Tisch, und Tausende schunkeln im Dreivierteltakt. War das ein Fest vor drei Wochen, als in Zittau das Rathaus 150 Jahre alt wurde. Zittau am Tag der deutschen Einheit dagegen ist ruhig wie immer. Keine Parties und Empfänge, nirgends Fähnchen."[78]

Der Reporter läuft verschiedene Stationen an. An der Imbissbude notiert er: „Eine Rentnerin lobt ihre Rente, ein Arbeitsloser lobt sein Arbeitslosengeld. Auf dem Tisch steht Büchsenbier. Dann wird gemeckert: ,Die roten Socken 'ham sich wieder breit gemacht'" Im Brauhaus trifft er auf einen Mann und seine Mutter. Sie hat gerade den Antrag auf Arbeitslosenhilfe gestellt und er gerade seine Kündigung bekom-men. „,So sieht er aus, unser Tag der deutschen Einheit. Stellen die sich das im Wes-ten etwa so vor, dass wir jetzt alle beisammensitzen und auf den fünften Jahrestag unserer Befreiung anstoßen?'" Und vom Nebentisch bekommt er folgendes zu hören: „,Feiern, wenn überhaupt', meint die junge Frau, ,sollte man den Tag, an dem

---

76 Nur einer macht noch das Licht an. *taz* 02. 10 1995, S. 11.
77 Beide unter dem Titel: Die Einheit, am Rande bemerkt. *taz* 04. 10. 1995, S. 11.
78 Die Einheit, am Rande bemerkt. *taz* 04. 10. 1995, S. 11.

die Mauer fiel'. Daran erinnert sie sich noch heute gern, an dieses Gefühl, wieder eine Zukunft zu haben. ,Inzwischen haben sich die Illusionen erledigt.' (…) ,Nötig war sie, die Wende, keiner will hier die DDR zurückhaben. Zittau wäre ein paar Jahre später zusammengestürzt, alles Ruinen. Jetzt sieht man überall sanierte Häuser', sagt eine Frau, ,bloß bezahlen kannste nicht mehr (…) und die Großen machen den Reibach'". Von Zittau fährt der *taz*-Reporter ins dreißig Kilometer entfernte Görlitz. Dort „wird an diesem Abend eine DDR-Party gefeiert, mit Eintrittsprivilegien für TrägerInnen von FDJ-Hemden, mit Club-Cola und Schlagern von Chris Doerk. Was ja nicht viel schlimmer ist als Münchner Freiheit. (…) Im Cölestiner Keller stockt die Luft ,Feiert ihr den Tag der deutschen Einheit?' Das kommt gut; die Männerrunde hat heute Abend keinen besseren Witz gehört."[79]

„Fünf Jahre Deutsche Einheit" (Karikatur von Til Mette. In: die tageszeitung, 2. 10. 1995, S. 4.)

---

79   Die Einheit, am Rande bemerkt. *taz* 04. 10. 1995, S. 11.

Titelbild des *Spiegel* H. 40/1995 (2. 10.) mit einer Serie von Beiträgen zur Phase zwischen friedlicher Revolution und Maueröffnung bis zum Beitritt der DDR.

Der Spiegel[80]

Etwa ein Drittel der Texte im Untersuchungsschnitt 1995 macht die Ostdeutschen zu Helden des wirtschaftlichen Umbruchs. Hier werden die Ostdeutschen im Kampf mit einem widrigen und über sie hinwegrollenden Schicksal gezeigt, an dessen Ende sie oft auch nur als sympathische Verlierer da stehen. In einem weiteren Drittel sind die Texte dagegen kühl, analysierend und geben sich neutral. Sie beschreiben vor allem noch einmal die Geschehnisse um die Maueröffnung und die letzten Monate der DDR. Auffällig ist hierbei, dass diejenigen ostdeutschen Bürgerrechtler, die bis dahin eine gewisse Prominenz erlangt hatten beziehungsweise in Regierungsämter gekommen kamen, der Lächerlichkeit preisgegeben werden – wie etwa in der drei-teiligen Artikelserie von Hans Halter, die „das Jahr der deutschen Wiedervereini-gung" rekapituliert.[81] Schließlich findet sich im Untersuchungsschnitt von 1995 noch eine kleinere Gruppe von Texten zu den Repressionen in der DDR sowie der Weigerung vieler Ostdeutscher, sich damit zu beschäftigen.

Wenn im *Spiegel*-Diskurs im Untersuchungsschnitt von 1995 die Ostdeutschen zu Helden des Umbruchs gemacht werden, liest sich das so:

„Joachim Prause, der Mann am Steuerstand, schaut ‚mit ’nem gewissen Stolz' auf das erkaltende Metallstück: ein großer fehlerfreier Kristall aus Gallium-Arsenid ist entstanden, der Stoff, aus dem die teuersten Computer-chips der Erde sind. Das gibt es in ganz Europa nur im sächsischen Freiberg. In der alten Bergmannstadt hat das High-Tech-Gewerbe Tradition. Seit 1957 fertigen hier Mitarbeiter des VEB Spurenmetalle Kristallscheiben, die so blitzen, wie das Silber, das die Vorfahren einst aus den Schächten der erz-gebirgischen Umgebung holten. Heute gilt Techniker Prause, 44, weltweit als einer der wenigen Experten, die das schwierige Material im Griff haben. (…) Nach der Wende, die Sowjetraketen verrotteten und der Name *Robotron* klang auf einmal so museal wie *Pergamon*, sackte der Umsatz in dem einstigen VEB rapide ab. Doch das Treuhand-Schicksal, das im Erzgebirgischen hun-derte von Betrieben zu Tode schrumpfen ließ, ereilte die Freiberger nicht. (…) An dem Aufschwung in Freiberg ist beinahe alles ‚made in GDR', ab-gesehen vom westlichen Kapital und ein paar Altgeräten, die, wie Ingenieur Weinert erklärt, vor Jahren ‚aus dem nichtsozialistischen Wirtschaftsgebiet' angekauft wurden."[82]

---

80 Der Spiegel erschien auch im Jahr 1995 mit gut einer Millionen Exemplaren. Maassen 1996 (Anm. 62), S. 40.

81 *Spiegel* 40/1995 (02.10.) S. 40-63; 41/1995 (09.10.) S. 76-92; 42/1995 (16.10.) S. 162-177.

82 „Alles made in GDR." *Spiegel* 40/1995 (02.10.) S. 154.

Die DDR-Zeit erscheint aus der Sicht der Sprecher nicht als Hypothek, sondern als geistige und materielle Ressource, die den ostdeutschen Überlebenskünstlern das Überleben sichert. – Das Wirken der Treuhand hingegen wirkt in diesen Texten wie eine Naturkatastrophe, deren zerstörerische Wirkung durch Fleiß, Erfahrung und Durchhaltevermögen kompensiert werden konnte.

> „Das Gerät, in der Fachsprache der Elektronik Bonder genannt, ist acht Jahre alt und stammt aus dem Bestand des Volkseigenen Betriebes (VEB) *Elektromat* Dresden. Noch immer, erläutert Ludewig stolz ‚ist dieser Bonder doppelt so schnell wie alles, was uns der Weltmarkt heute bietet.‘ Dem VEB *Elektromat* hat die noch zu DDR-Zeiten entwickelte Spitzentechnologie wenig genutzt, nach der Wende wurde der Betrieb liquidiert. Das benachbarte Zentrum für Mikroelektronik überlebte mit knapper Not: Nach dem Todesurteil der Treuhand (»nicht sanierungsfähig«) nahm die sächsische Regierung das Unternehmen unter staatliche Regie. (…) Ehrgeizige Ingenieure und Unternehmer wollen die traditionsreiche Technologiestadt, in der einst die Spiegelreflexkamera und die Reiseschreibmaschine erfunden wurden, wieder ganz nach vorn bringen – Politiker trieben die Aufholjagd mit Milliardensubventionen an."[83]

Auch in anderer Beziehung werden die Ostdeutschen im *Spiegel*-Diskurs von 1995 zum Sympathieträger: Manche von ihnen scheinen das latente Bedürfnis nach Utopien wachzurufen, den Wunsch die „versteinerten Verhältnisse" noch einmal „zum Tanzen zu bringen", um es mit jenen Marx-Worten zu sagen, die einige Dekaden zuvor noch in der bundesdeutschen Kulturszene *en vogue* waren. Im *Spiegel*-Diskurs von 1995 hebt man sich von der als „fett" und „lüstern" bezeichneten Eigengruppe ab, in dem über jene Ostdeutschen berichtet wird, die als Rebellen und damit als Alternative gezeigt werden können:

> „Das modisch posierende *art 'otel*, zwischen Zentrum und Dresdner Neustadt gelegen, ist ein steinernes Gegenstück zu den vielfarbigen Utopien, die zur Wendezeit in dem Altbauquartier blühten. Damals hatten Bürgerrechtler, Künstler und Studenten in Europas größtem zusammenhängenden Gründerzeitviertel die Bunte Republik Neustadt (BRN) ausgerufen. Deren Ordentliche Provisorische Regierung versprach ‚außer einem ausgewogenen Verhältnis von gutem und schlechtem Wetter‘ vor allem eines: ‚Harten Widerstand gegen Spekulation, Mietwucher, Zerstörung und die Vertreibung der Bürger aus der BRN‘. (…) Mit der Wende aber kamen zunächst die Neonazis. ‚Die räumten hier auf‘, erzählte Schlötke, ‚eine Kneipe wurde sogar abgefackelt.‘

---

83 Bürgersinn und Tüftlergeist. *Spiegel* 40/1995 (02.10.) S. 148-163, hier S. 148-149.

Wenig später stellten sich dann ‚feine Herren aus Westdeutschland' ein, hat Claudia Wendland beobachtete. ‚Die wussten, wie sie mit den jungen Leuten umgehen können, ohne konservativ zu wirken', sagt die 22jährige, die eine Zeitlang als Kellnerin gejobbt hat. ‚Sie haben sich so weit eingeschleimt, bis sie die Läden übernommen hatten.' Ein regelrechter Ost-West-Kampf tobt mittlerweile um das Kunsthaus *Raskolnikow*, das mit seiner angeschlossenen Kneipe eines der beliebtesten Ausflugsziele in der Neustadt ist. Seit mehr als einem Jahr kämpfen ehemalige Mitstreiter um das noch zu DDR-Zeiten besetzte Haus in der Böhmischen Straße. Derweil hält ein westdeutscher Galerist das Büro des Kunsthauses okkupiert. Noch 1992 war der Mann mit offenen Armen empfangen worden. Seit er jedoch die ehemaligen Ost-Mitstreiter aus dem Haus drängt, versuchen die, den Wessi wegzuklagen. Mittlerweile wurde dem *Raskolnikow* der Strom abgestellt. Die Kneipe ist seit zwei Wochen geschlossen. Die meisten Neustädter Lokale sind kommerzialisiert. ‚Da kommt eine Reisegruppe nach der anderen', lästert Claudia Wendland: ‚So fette, lüsterne, reiche Wessis, die einem an den Hintern tatschen, wenn man an ihnen vorbeigeht.'"[84]

Und schließlich dienen die ostdeutschen Helden und sympathischen Verlierer auch im Bericht über den Staatsakt zum fünften Jahrestag der Vereinigung als Projektionsfläche für allgemeine Unzufriedenheit mit den bundesdeutschen Verhältnissen:

„Fünf Jahre nach der Vereinigung wird der 17. Juni im Oktober begangen. Und wie jahrzehntelang in der alten schmücken sich jetzt auch in der neuen Bundesrepublik Politiker aus dem Westen mit den volksaufständigen Heldentaten der Brüder und Schwestern im Osten. Die sind inzwischen dabei, geraten auch hin und wieder ins Bild, bleiben aber ohne Ton. Ist es auch ihr Fest? Und wenn ja, was feiern sie? (…) Die Mehrzahl der 1800 Ehrengäste in der Tonhalle am Rhein sitzt ihre Bürgerpflicht ab. Sie sind das Obervolk."[85]

Nachdem der Autor Jürgen Leinemann den Staatsakt beschrieben hatte, wandte er sich der Fernsehgala am Vorabend des Festaktes zu:

„Bedrückt und kopfschüttelnd schleichen die Gala-Besucher aus dem Saal. Außer der unterschwelligen Botschaft, dass die Zonis die Doofen bleiben, haben sie nichts erfahren."[86]

---

84 Schweineschnitzel und Eisneger. *Spiegel* 40/1995 (02.10.) S. 152-153, hier S. 152.
85 Freude ist die erste Bürgerpflicht. *Spiegel* 40/1995 (02.10) S. 30-33.
86 Freude ist die erste Bürgerpflicht. *Spiegel* 40/1995 (02.10) S. 30-33.

Eine kleinere Gruppe von Texten im Untersuchungsschnitt von 1995 beschäftigt
sich noch mit den Repressionen in der DDR sowie der Weigerung vieler Ostdeutscher,
sich diesem Thema zu nähern. So kommt einmal Durs Grünbein zu Wort, der lako-
nisch seine Erfahrungen mit einem Polizeieinsatz zu Protokoll gibt,[87] Wolf Bier-
mann, der Monika Marons Umgang mit ihrer Stasi-Vergangenheit skandalisiert[88]
und schließlich Henryk M. Broder, der eine Generalabrechnung mit jenen ostdeutschen
und westdeutschen Kollegen vornimmt, die sich mit dem sozialistischen Projekt
verbunden sahen.[89] Außerdem stellt der letzte DDR-Korrespondent des ZDF die
Thesen seines Buches *Wendestreß* vor, in welchem er die westdeutsche und ostdeutsche
Seelenlage beschrieb. Über die Ostdeutschen sagt er in seinem Artikel:

> „Persönliche Ressourcen im Osten reichen oft nicht aus, neue Herausforde-
> rungen angemessen zu bewältigen, Chancen und Risiken abzuschätzen, sie
> als Antrieb für persönliche Entwicklung zu erfahren. (…) Insbesondere „die
> ehemalige Intelligenz" sei seit der Wende „schockartig ihren tatsächlichen
> Qualifikationsdefiziten ausgesetzt". (…) Manager aus der Ex-DDR zeigen
> geringere Fähigkeit zum Erfolg, niedrigere intellektuelle Effizienz, Leistung,
> Flexibilität und Toleranz als bundesdeutsche Kollegen. Ostdeutsche Arbeiter
> und Angestellte (…) lehnen Eigenverantwortung eher ab." Deswegen sprechen
> die Ostdeutschen selbstentlastend von „imperialer Eroberung nach der Wende"
> und davon, dass die Westdeutschen „die besseren Selbstdarsteller und härteren
> Ellenbogentechniker" seien. „Persönlich gekränkt (…) beleidigt und dogma-
> tisch wählen sie, wie gerade in Ost-Berlin, PDS" und stellten „hemmungsloser"
> als Westdeutsche die „Demokratie zur Disposition"[90]

Solche, die Ostdeutschen pathologisierenden Sichtweisen wurden dann in den späten
neunziger Jahren genutzt, um die in den Neuen Bundesländern stark zunehmenden
fremdenfeindlichen oder rechtsextremen Gewalttaten zu deuten.[91] Interessant ist,
dass ein im Untersuchungsschnitt von 1995 liegender Text zu rechtsradikalen
Gewalttaten noch gänzlich frei von diesem Deutungsmuster ist.[92] Hier rekurriert die
Ursachenanalyse vollständig auf die Thesen des Konflikt- und Gewaltforschers
Wilhelm Heitmeyer. Der Text kommt ohne die Behauptung aus, dass die aktuellen
rechtsextremen Gewalttaten vor allem langanhaltende Effekte der Sozialisation
durch die DDR-Verhältnisse seien.

---

87 Tausendfacher Tod im Hirn. *Spiegel* 41/1995 (09.10.) S. 221-230.
88 Verlogene Treue. *Spiegel* 43/1995 (23.10.) S. 39-43.
89 Die Unfähigkeit zu feiern. *Spiegel* 40/1995 (02.10) S. 236-246.
90 Zum zweitenmal betrogen. *Spiegel* 44/1995 (30.10) S. 40-42.
91 Vgl. Anm. 4.
92 Zwupp, Zwupp. *Spiegel* 41/1995 (09.10.) S. 70-71.

5 ERGEBNISSE: DIE OST-DISKURSE IM VERGLEICH

5.1 DIE VIER OST-DISKURSE IM UNTERSUCHUNGSSCHNITT 1989/1990

Der Ost-Diskurs des *Spiegel* entwickelt ein recht nüchternes Bild von den Ostdeut-schen. Die in den anderen Diskursen bisweilen erkennbare Einfühlsamkeit, die Identifikationen oder Utopien fehlen hier. Während im *SZ*-Diskurs die Grenzöff-nung als „Wiedersehen", als glückliche Herstellung lange vermisster Normalität erscheint, während der *F.A.Z*-Diskurs die historische Bedeutung des Sturzes der antibürgerlichen und undemokratischen DDR, das Ende der eingeschränkten Sou-veränität und der deutschen Spaltung feiert; während der *taz*-Diskurs die Ereignisse in Ostdeutschland in Zusammenhang mit der Demokratisierung der Bundesrepublik und der Aufweichung der bürgerlich-konservativen Hegemonie sieht, stellt der *Spiegel* die Szenerie anders dar. Er zeigt die neue deutsch-deutsche Gemeinsamkeit als Erweiterung einer kapitalistischen Marktgesellschaft, in der die Kleinen um Jobs, Löhne oder die Leistungen des Sozialstaates konkurrieren und die Großen um lukra-tive Geschäfte. Im Vergleich zu den anderen Ost-Diskursen erkennt der des *Spiegels* in den Ostdeutschen mit Figuren wie dem „dogmenfreien Opportunisten", dem über-lebenstüchtigen Anpasser und dem „Abgreifer" am deutlichsten Haltungen wieder, die er auch an den Westdeutschen kritisiert. Und noch eine Besonderheit fällt auf: Im *Spiegel* werden jene ostdeutschen Bürgerrechtler, die in der friedlichen Revolution zu Berühmtheit und Ämtern gelangt sind, oft lächerlich gemacht.

Der Ost-Diskurs der *taz* porträtiert immer wieder die *kleinen Leute*. Er zeigt sie nicht lediglich als funktionierende Rädchen im Getriebe, sondern als Menschen, die verantwortlich und oft eigensinnig versuchen, ihr Leben zu gestalten. Sie erscheinen dabei zwar als den DDR-Verhältnissen Unterworfene, oft auch als Ohnmächtige, ihre Lage jedoch zugleich Durchschauende. Bemerkenswert ist, dass im *taz*-Diskurs schon 1989/1990 angesprochen wird, was anderswo erst im Verlaufe der neunziger Jahre diskutiert werden wird: Die Frage, ob die Ostdeutschen durch das Leben in der DDR eine andere sozialisatorische Prägung erfahren und somit andere Wertvor-stellungen und Handlungsmuster als die Westdeutschen ausgebildet haben. Hier kann man sehen, wie sich die im *taz*-Milieu jahrelang am Beispiel der Bundesrepu-blik eingeübte Reflexion über die psychischen Effekte „repressiver gesellschaftlicher Strukturen" – wie es damals hieß – bei der Darstellung eines neuen Gegenstandes niederschlägt. In den anderen Diskursen kam die Rede von den so genannten „psy-chischen Deformationen" der Ostdeutschen erst auf, als man Erklärungen für den geringen Erfolg des „Aufbau" Ost und das Ausbleiben der „inneren Einheit" suchte.

Ähnlich verhält es sich mit dem Kontext, in dem der DDR-Antifaschismus und sein Umgang mit der nationalsozialistischen Vorgeschichte thematisiert wurde. Die Defizite des DDR-Antifaschismus spielten schon im *taz*-Diskurs von 1989/1990 eine wichtige Rolle. Doch während es hier um die ‚Optimierung' antifaschistischer Bemühungen ging, war die in den anderen Ost-Diskursen viel später einsetzende Thematisierung des Antifaschismus eher instrumenteller Natur und auf die Delegitimierung der DDR ausgerichtet.

Der Ost-Diskurs der *F.A.Z.* betrachtet die Ostdeutschen gewissermaßen ‚von oben': wie ‚am Kartentisch' werden die Kräfteverhältnisse und Handlungsoptionen gruppiert und kalkuliert. Auffällig am *F.A.Z.*-Diskurs von 1989/1990 ist der dramatisierende Ton. Die DDR-Bürger erscheinen als wirklichkeitsblinde Gefangene ihrer Verhältnisse oder als konforme und unmoralische Nutznießer eines verbrecherischen Systems, die vom Westen erst über ihre Verblendung und Haltung aufgeklärt werden müssen. Es gibt fast nur Irregeführte, Mitläufer, Opportunisten, SED-Handlanger und nur wenige ‚Anständige' oder Helden. Verständnis kann der *F.A.Z.*-Diskurs nur für Opfer oder Gegner der DDR entwickeln. Relativ viel Gewicht hat die Identifizierung von Tätergruppen in der ostdeutschen Bevölkerung sowie die Debatte darüber, was mit ihnen zu geschehen habe. Es wird eine Szenerie entworfen, in der die wenigen Gerechten und Helden gewissermaßen in der Klemme stecken, eingekeilt zwischen der sich reorganisierenden SED-Macht und ihren „Handlangern" auf der einen Seite und der konformen und lavierenden Bevölkerung auf der anderen Seite. Diese Schilderungen führen im Januar 1990 zur Ankündigung „einer zweiten Ausreisewelle katastrophalen Ausmaßes", gar von „Bürgerkrieg" ist die Rede, falls die SED weiter an der Macht bliebe. Hier hat der *F.A.Z.*-Diskurs einen stark eingreifenden, mobilisierenden Charakter.

Der Ost-Diskurs der *SZ* hingegen liefert wenig generalisierende Interpretationen, sondern sehr detaillierte Beschreibungen des alltäglichen Lebens. Zudem ist der Ostdiskurs der *SZ* bei der Darstellung der politischen Konfliktlinien in der ostdeutschen Bevölkerung differenzierter als der der *F.A.Z.* Der *SZ*-Diskurs macht deutlich, dass die Gegner einer raschen Wiedervereinigung nicht generell abgestumpfte und angepasste Profiteure des DDR-Systems sind. Auch über das Politische heraus erscheinen die Ostdeutschen als entschlossene Menschen, sie sind freundlich, offen bis zur Naivität, freilich auch etwas hinterwäldlerisch. Aber es wird kein Zweifel daran gelassen, dass sich die Ostdeutschen nun, da sie die implodierte DDR-Diktatur nicht mehr daran hindern kann, an den gleichen Werten und Zielen orientieren würden wie die Westdeutschen – dass sie also bald *so normal* wie das Publikum der *SZ* sein würden. Insofern ist der SZ-Diskurs dieser Zeit ‚sozialisationstheoretisch naiv': Das Zusammentreffen der Westdeutschen mit Flüchtlingen oder Besuchern aus der DDR wird mehrfach als „Wiedersehen" bezeichnet. Ob die Sozialisation in der DDR aus den *Brüdern und Schwestern* vielleicht doch Menschen gemacht hat, die nicht so wie die Westdeutschen werden wollen oder können, erörtert die *SZ* nicht.

PEPSCH GOTTSCHEBER   Berliner Luft

Die Karikatur zur Maueröffnung reproduziert das Stereotyp vom „Wiedersehen der Brüder und Schwestern", die sofort wieder bestens zueinander passen. (Karikatur von Pepsch Gottscheber, Titel: „Berliner Luft". In: Süddeutsche Zeitung, 11./12. November 1989, S. 3.)

5.2 DIE VIER OST-DISKURSE IM UNTERSUCHUNGSSCHNITT 1995

Im Ost-Diskurs des *Spiegel* findet sich nun neben neutralen, analytischen und identifikationslosen Schilderungen der Ostdeutschen auch ein großer Anteil von Texten, in denen die Ostdeutschen als Sympathieträger, gewissermaßen als ‚Helden des Umbruchs' figurieren. Die Ostdeutschen erscheinen dabei manchmal als Gewinner, häufiger jedoch als Verlierer – nicht aber als Versager. Sie werden statt dessen als Leute gezeigt, die sich einfallsreich, mutig und ausdauernd engagierten, letztlich aber doch den Umständen – in institutionalisierter Form der *Treuhand* und ansonsten *den Wessis* – unterlagen. Die Ostdeutschen, wie sie der *Spiegel*-Diskurs im Untersuchungsschnitt von 1995 konstruiert, sind offensichtlich eine ideale Projektionsfläche für die Kritik an Wirtschaft und Herrschaftsverhältnissen in der Bundesrepublik – und für die Distanzierung von der Eigengruppe. Die Kritik an den Verbrechen in der DDR und an der ostdeutschen Mehrheitsbevölkerung ist im *Spiegel*-Diskurs von 1995 die Sache von Autoren mit ostdeutschem Hintergrund.

Im Ost-Diskurs der *F.A.Z.* ist nun die Normalitätsbehauptung das zentrale Deutungsmuster. Der dramatisierende Ton aus der Phase von 1989/1990 ist verschwunden. Zwar seien die während der friedlichen Revolution aufgestiegenen Ost-Politiker noch etwas in „Rückstand, was die Bereitschaft und die Fähigkeit zum Kompromiss angeht", doch auch hier – ebenso wie bei den Infrastruktur- und Wirtschaftsproblemen – zeigt sich der *F.A.Z.*-Diskurs gelassen und zuversichtlich: Die Probleme des Ostens sind, so es sie tatsächlich gibt, *noch nicht ganz* gelöste Schwierigkeiten. Und die Rede von der ausbleibenden „inneren Einheit" basiere ohnehin auf einer interessengeleiteten Fehldiagnose von Intellektuellen. Der Osten wird auch 1995 wieder staatspolitisch ‚von oben' mit Blick ‚auf das Ganze' beschrieben. Doch im Unterschied zu 1989/1990 erscheint er nicht mehr als Arena von Schurken und Helden, sondern als Teil eines guten und rational funktionierenden Systems.

Der Ost-Diskurs der *taz* bildet auch 1995 einen Gegenpol zu dem der *F.A.Z.* Weiterhin pflegt die *taz* bei der Darstellung der Ostdeutschen den Blick ‚von unten' und stellt die *kleinen Leute* dar. Doch die Schilderungen der *taz* wirken nun spannungsarm und die Lage erscheint allgemein als verfahren. Die Faszination und die Utopien, die *taz*-Texte von 1989/1990 noch kennzeichneten, fehlen nun bei der Darstellung des Ostens. Die Utopien von 1989/90 werden im Herbst 1995 zum Gegenstand ausführlicher und nüchterner Historisierung. Das Kraftzentrum des *taz*-Diskurses ist jetzt eher die Offenlegung der Spaltung zwischen *Oben* und *Unten*.

Der Ost-Diskurs der **SZ** operiert auf einer ‚mittleren Ebene' – gewissermaßen ‚unterhalb' der staatspolitischen Ebene der *F.A.Z.* und oberhalb des alternativ orientierten Blicks der *taz*. Die detailliert beobachtenden Reportagen der *SZ* liefern eine eindrückliche Vorstellung von den Verlierern und den Gewinnern der Wende im Osten. Der *SZ*-Diskurs scheint auch deswegen an Tiefenschärfe zuzunehmen, weil in ihm nun auch stärker Autorinnen und Autoren zu Wort kommen, die schon in der DDR Reportagen geschrieben hatten.

5.3 VERGLEICH DER UNTERSUCHUNGSSCHNITTE VON 1989/1990 UND 1995

Im Folgenden soll beschrieben, werden wie sich die Ost-Diskurse in den sechs Jahre auseinanderliegenden Untersuchungsschnitten unterscheiden.

Im Ost-Diskurs der *SZ* finden sich zwischen den beiden Untersuchungsschnitten kaum Veränderungen, er bleibt im wesentlichen empirisch orientiert. Während 1989/1990 jedoch noch relativ naiv vom „Wiedersehen" der Brüder und Schwestern aus dem Osten gesprochen und von einer raschen Angleichung der Ostdeutschen an den Westen ausgegangen wird, zeigt man sich 1995 viel problembewusster gegenüber den Schwierigkeiten mit der inneren Einheit. Der Ost-Diskurs der *taz* bleibt sich in der Fundamentalkritik der bundesdeutschen Verhältnisse und seinem empathischen Blick auf die *kleinen Leute* gleich. Als allerdings im Laufe des Jahres 1990 klar geworden war, dass die ostdeutsche Masse keine Alternative zum bundesdeutschen Lebensmodell, sondern nur dessen Kopie anstrebte, schwand das anfängliche Sonderinteresse an den Ostdeutschen. Wie im Ost-Diskurs des *Spiegel* fungieren die Ostdeutschen nun als Projektionsfläche für allgemeine Systemdefizite. Im Ost-Diskurs des *Spiegel* findet man im Jahr 1995 die Ostdeutschen gar als Sympathieträger. In dieser Funktion dienen sie dem *Spiegel*-Diskurs dazu, seine als souverän-identifikationslos herausgestellte Dauerkritik der Gegenwart zu unterstreichen. Auch im Ost-Diskurs der *F.A.Z.* bleiben die Regeln der Konstruktion gleich. „Deutschland" – die Bundesrepublik – ist hier das *an sich Gute* und das ganz und gar *Eigene*. Die DDR ist ein heillos aus dem Vaterland herausgebrochener und wiedereinzufügender Teil, dessen einst zum gemeinsamen Kulturerbe gehörende Substanz ausgezehrt wurde und dessen Bevölkerung von zweifelhafter Gesinnung ist. Dementsprechend wies der Ost-Diskurs der *F.A.Z.* von 1989/1990, als nicht ganz klar war, inwieweit sich System und Eliten der DDR noch würden reorganisieren können, einen dramatisierenden und mobilisierenden Grundton auf. Aus dem gleichen Grund hat der *F.A.Z.*-Diskurs von 1995 einen beschönigenden Tenor: Nun, da auch im Osten das gute, rationale und effiziente System etabliert ist, vermag der Ost-Diskurs der *F.A.Z.* dort auch nur noch Normalität zu erkennen.

6 FAZIT: STRUKTUREN DER NOBILITIERUNG UND MARGINALISIERUNG VON WISSEN

In den Untersuchungsschnitten von 1990 bis 1995 stellen die Ost-Diskurse der vier untersuchten Presseakteure ein recht breites Ensemble von Figuren vor: Die Ostdeutschen treten als Helden der friedlichen Revolution auf oder als konsumfixierte und autoritätsabhängige Konformisten. Sie erscheinen als SED-Apparatschiks und Stasi-Spitzel oder als nationalistisch aufgeheizter Mob, der nach Wiedervereinigung schreit und Ausländer jagt. Daneben figurieren die Ostdeutschen auch als Helden des wirtschaftlichen Umbruchs beziehungsweise als dessen sympathische Verlierer. Man zeigt sie als Rebellen, die ungerechte Verhältnisse engagiert und kreativ in Frage stellen oder eben als kleinbürgerliche Stehaufmännchen, die sich nach jedem auch noch so tiefen Einschnitt immer wieder nur in gewohnter Weise in ihrer kleinen Welt einzurichten versuchen. Die neuen Mitbürger erscheinen als „durch die Diktatur psychisch deformierte Charaktere", als nörgelnde Quälgeister, die nicht willens oder fähig sind, Chancen zu ergreifen und Verantwortung für ihr Leben zu übernehmen. Und sie treten als unbelehrbare Leugner der DDR-Verbrechen auf, die an den falschen Demonstrationen teilnehmen und die falschen Parteien wählen.

Ein erstes Fazit dieser Untersuchung ist also, dass die Uniformierung und Verhärtung der Deutungsmuster zu den Ostdeutschen, die sich seit Ende neunziger Jahre bei ganz unterschiedlichen Akteuren in Publizistik und Medien zeigte,[93] in den frühen neunziger Jahren noch nicht zu finden sind. Darüber hinaus illustriert das oben beschriebene Figuren-Ensemble sehr eindrücklich, dass es sich bei den Ost-Diskursen um Konstruktionen handelt, die die Identitäten der Diskurs-Produzenten wiederspiegeln und – nicht zu vergessen – auch reproduzieren. Die Ost-Diskurse der *F.A.Z.*, der *SZ*, der *taz* und des *Spiegel* repräsentieren zu einem gewissen Teil unterschiedliche Milieus der (alten) Bundesrepublik.[94] Sie reflektieren die Wir-Identitäten dieser Gruppen, sie stützen ihren Gruppen-Diskurs, in dem sie entsprechende Alteritäten konstruieren.

Aus diesem Grunde erscheinen Ostdeutschland und die Ostdeutschen in allen Medien-Diskursen zwar immer als etwas Fremdes, als Alterität, – im Vergleich der Medien untereinander jedoch als jeweils *unterschiedliche* Alteritäten. So findet der

---

93 Vgl. Abschnitt 2.
94 Vgl. Michael, Vester, Peter von Oertzen, Heiko Geiling et al.: Soziale Milieus im gesellschaftlichen Strukturwandel. Zwischen Integration und Ausgrenzung. Frankfurt/M.: 2001.

Ost-Diskurs der *taz* im Osten eine andere Alterität als der der *F.A.Z.* Die Wir-Identität, die den *taz*-Diskurs dieser Zeit fundiert, ist antifaschistisch und antirassistisch sowie antiautoritär und bürgerrechtlich orientiert. Aus diesem Grund setzt sich der Ost-Diskurs der *taz* viel intensiver mit dem Zustand des offiziellen DDR-Antifaschismus, dem dort diagnostizierten Nachholbedarf sowie dem in Ostdeutschland vermissten Problembewusstsein in Sachen Autoritarismus auseinander als der Ost-Diskurs der *F.A.Z.*, der sich weder für antiautoritäre noch für antifaschistische Defizite und auch nicht besonders für das Erbe des Verfassungsentwurfs des Runden Tischs interessiert.

Die in *Abschnitt 2* erwähnten Filter, die den Wissenstransfer aus den sozialwissenschaftlichen und zeitgeschichtlichen Debatten zum Gegenstand Ostdeutschland und die Ostdeutschen verstärken oder verhindern, sind also die jeweiligen Identitätsbedürfnisse der westdeutschen Diskurs-Produzenten. Jene Erfahrungen, Werte und Deutungsmuster der ostdeutschen Teilgruppe, die keiner dieser Identitäten bestätigen, werden durch diese Diskurs-Struktur als ‚falsch‘ oder irrelevant dargestellt, – oder eben überhaupt nicht behandelt. Das dürfte einer der Gründe sein, warum die überregionale Presse Deutschlands bei der Leserschaft der neuen Bundesländer einen deutlich geringeren Marktanteil hat als in den Altländern. Aber auch, wenn die Ostdeutschen die überregionale Presse nicht lesen mögen, hat jene doch einen großen Einfluss auf ihr Leben. Denn die vier untersuchten Akteure zählen zu den Meinungsführern in Deutschland. Ihre Deutungen gelten nicht allein im Diskurs der Medien, sondern im übergreifenden Diskurs.[95] Als „legitimierende Mythen"[96] bestätigen sie die Dominanzverhältnisse und orientieren das entsprechende Handeln in Politik, Verwaltung, Bildung und Wissenschaftspolitik.

Insgesamt erweisen sich die Ost-Diskurse der hier untersuchten Zeitungen als manifeste Strukturen der Nobilitierung und Marginalisierung von Wissen. Sie bestimmen die Art des Denkens und Redens über Ostdeutschland. Sie sind ein „wirklichkeitserzeugendes"[97] und gesellschaftlich-institutionell verankertes Raster des Verstehens, des Wertens und des Gestaltens.

Was bedeutet die fast vollständige Ausrichtung der meinungsführenden überregionalen der Qualitätspresse an westdeutschen Identitätsbedürfnissen *für die Ostdeutschen*? Diese Ausrichtung bedingt nicht nur den geringen Marktanteil der überregionalen Presse in Ostdeutschland, sondern auch, dass sich die Ostdeutschen *symbolisch* desintegriert fühlen. Ein Hinweis darauf mögen Umfrageergebnisse dieser

---

95 Vgl. Anm. 13.
96 Andreas Zick; Beate Küpper: Soziale Dominanz. In: Hans-Werner Bierhoff und Dieter Frey (Hrsg.): Handbuch Sozialpsychologie und Kommunikationspsychologie Göttingen, Bern, Wien u.a., S. 71-76.
97 Vgl. Anm. 18.

Zeit geben. Obwohl die große Mehrheit der Ostdeutschen feststellt, dass es ihnen *persönlich* besser oder gut geht, sehen sie sich als *Angehörige ihrer Gruppe* jedoch diskriminiert, nämlich als „Bürger zweiter Klasse."[98]

Die hier für die Untersuchungsschnitte von 1989/90 und 1995 beschriebenen Diskurs-Regeln scheinen auch heute noch zu gelten.[99] Das zeigen andere Publikationen, die Medien-Diskurse jüngeren Datums analysierten. Sie kommen zu dem Ergebnis, dass das mediale Bild von den Ostdeutschen nach wie vor – und bisweilen mit höchst selektiver Faktennutzung[100] – dazu dient, westdeutsche Identitäten zu stützen. Für die Ostdeutschen bedeutet diese Konstellation, dass sie in einer (Medien-)Welt leben, in welcher der Fremdblick auf ihre Gruppe die vorherrschende mediale Darstellung ist. Entworfen wird dieser Fremdblick von westdeutschen Positionen aus, die, wie der Germanist Kersten Sven Roth überzeugend nachweist, als ‚Normal Null«[101] fungieren. Diese Situation führt dazu, dass die aus der Zeit der deutschen Spaltung stammende Identitätskonkurrenz nicht allmählich eingeebnet, sondern offenbar reproduziert wird.[102]

---

98 Antworten auf die Frage „Wie geht es Ihnen persönlich heute im Vergleich zur Zeit der DDR, aufs Ganze gesehen?" (1995): Viel besser und besser = 50%, Etwa gleich = 27%, Viel schlechter und schlechter = 23%. Zustimmende Antworten der Ostdeutschen, ob sie sich als „Bürger Zweiter Klasse" sehen: (1995):=72 Prozent.
    Quelle: Stolz aufs eigene Leben. SPIEGEL-Umfrage – Viele Ostdeutsche trauern der alten Zeit nach DER SPIEGEL, H. 27, 3. Juli 1995, S. 40-42, hier S. 49.
99 Vgl. hierzu Julia Belke (i. d. Bd.) sowie Juliette Wedl (i. d. Bd.).
100 Bettina Radeiski und Gerd Antos: ‚Markierter Osten'. Zur medialen Inszenierung der Vogelgrippe auf Rügen und am Bodensee. In: Kersten Sven Roth und Markus Wienen (Hrsg.): Diskursmauern. Aktuelle Aspekte der sprachlichen Verhältnisse zwischen Ost und West. Bremen 2008, S. 55-67.
101 Kersten Sven Roth: Der Westen als ‚Normal Null'. Zur Diskurssemantik von ‚ostdeutsch' und ‚westdeutsch'. In: Kersten Sven Roth und Markus Wienen (Hrsg.): Diskursmauern. Aktuelle Aspekte der sprachlichen Verhältnisse zwischen Ost und West. Bremen 2008, S. 69-89.
102 Du problème de «l'unité intérieure» dans l'Allemagne unifiée. In: Hans Stark et Michèle Weinachter (dir.): L'Allemagne unifiée 20 ans après la chute du Mur. Lille, Editions Septentrion, 2009, S. 71-89; siehe auch ders.: Deutschland – vereintes, geteiltes Land. Zum Wandel sozialer Strukturen und Meta-Erzählungen. In: Niels Beckenbach (Hrsg.): Fremde Brüder. Berlin 2008, S. 55-97.

Literatur

AHBE, Thomas: Du problème de «l'unité intérieure» dans l'Allemagne unifiée. In: Hans Stark et Michèle Weinachter (dir.): L'Allemagne unifiée 20 ans après la chute du Mur. Lille, Editions Septentrion, 2009, S. 71-89.

AHBE, Thomas: Deutschland – vereintes, geteiltes Land. Zum Wandel sozialer Strukturen und Meta-Erzählungen. In: Niels Beckenbach (Hrsg.): Fremde Brüder. Berlin 2008, S. 55-97.

AHBE, Thomas: Ost-Diskurse. Das Bild von den Ostdeutschen in den Diskursen von vier überregional erscheinenden Presseorganen 1989/1990 und 1995. In: Kersten Sven Roth und Markus Wienen (Hrsg.): Diskursmauern. Aktuelle Aspekte der sprachlichen Verhältnisse zwischen Ost und West. Bremen 2008, S. 21-53.

AHBE, Thomas: Ostalgie. Zum Umgang mit der DDR-Vergangenheit in den 1990er Jahren. Erfurt 2005.

AHBE, Thomas: Der Osten aus der Sicht des Westens. Die Bilder zu den Ostdeutschen und ihre Konstrukteure. In: Hannes Bahrmann und Christoph Links (Hrsg.) Am Ziel vorbei. Die Deutsche Einheit – Eine Zwischenbilanz. Berlin 2005, S. 268-281.

AHBE, Thomas: Die Konstruktion der Ostdeutschen. Diskursive Spannungen, Stereotype und Identitäten seit 1989. In: Aus Politik und Zeitgeschichte, B 41-42/2004, S. 12-22.

AHBE, Thomas: Arbeit am kollektiven Gedächtnis. Die Fernseh-Shows zur DDR als Effekt der vergangenheitspolitischen Diskurse seit 1990. In: Deutschland Archiv 36 (2003) H. 6, S. 917-924.

AHBE, Thomas: Ostalgie als Laienpraxis. Einordnung, Bedingungen, Funktion. In: Berliner Debatte INITIAL 10 (1999) H. 3, S. 87-97.

AHBE, Thomas: Ostalgie als Selbstermächtigung. Zur produktiven Selbststabilisierung ostdeutscher Identität. In: Deutschland Archiv 30 (1997) H. 4, S. 614-619.

AHBE, Thomas; Tesak, Manuela: Die ersten 50 Tage: Bilder von den Ostdeutschen in westdeutschen und österreichischen Printmedien im Herbst 1989. In: HMRG Historische Mitteilungen der Ranke-Gesellschaft. Bd. 18 (2005), S. 246-270.

BUBLITZ, Hannelore: Differenz und Integration. Zur diskursanalytischen Rekonstruktion der Regelstrukturen sozialer Wirklichkeit. In: Reiner Keller, Andreas Hirseland, Werner Schneider und Willy Viehöver (Hrsg.): Handbuch Sozialwissenschaftliche Diskursanalyse. (Bd. 1) Opladen 2001, S. 225-260.

DERNBACH, Beatrice: DDR-Berichterstattung in bundesdeutschen Qualitätszeitungen. Eine empirische Untersuchung. Nürnberg 1990.

EICHHORN, Wolfgang: Agenda-Setting-Prozesse. Eine theoretische Analyse individueller und gesellschaftlicher Themenstrukturierung. München 1996.

GUILHAUMOU, Jacques: Geschichte und Sprachwissenschaft – Wege und Stationen (in) der ,analyse du discours'. In: Reiner Keller, Andreas Hirseland, Werner Schneider und Willy Viehöver (Hrsg.) Handbuch Sozialwissenschaftliche Diskursanalyse. (Bd. 2) Opladen 2003, S. 19-65.

HARK, Sabine: Feministische Theorie – Diskurs – Dekonkstruktion. Produktive Verknüpfungen. In: Reiner Keller, Andreas Hirseland, Werner Schneider und Willy Viehöver (Hrsg.): Handbuch Sozialwissenschaftliche Diskursanalyse. (Bd. 1) Opladen 2001, S. 353-371.

HERMAN, Edward S.; Chomsky, Noam: Manufacturing consent. The Political Economy of the Mass Media. London 1994.

JÄGER, Siegfried: Kritische Diskursanalyse. Eine Einführung. Auflage 2., überarb. und erw. Aufl. Duisburg 1999.

LÜDERS, Christian; Meuser, Michael: Deutungsmusteranalyse. In: Ronald Hitzler und Anne Honer (Hrsg.): Sozialwissenschaftliche Hermeneutik. Opladen 1997, S. 57-79.

MAASSEN, Ludwig: Massenmedien. Fakten – Formen – Funktionen in der Bundesrepublik Deutschland. Heidelberg 1996.

MACHATZKE, Jörg: Die Potsdamer Elitestudie – Postionsauswahl und Ausschöpfung. In: Wilhelm Bürklin und Hilke Rebenstorf (Hrsg.): Eliten in Deutschland. Rekrutierung und Integration 1997, S. 35-69.

MARCHAL, Guy P.: Das Geschichtsbild vom Bauernvolk und der Mythos vom Tell: Alteritätsbehauptung und Auskristallisierung eines Identifikationskerns. In: Hans-Joachim Gehrke (Hrsg.): Geschichtsbilder und Gründungsmythen Würzburg 2001, S. 119-137.

MEUSER, Michael; Sackmann, Reinhold: Deutungsmusteransatz und empirische Wissenssoziologie. In: Michael Meuser und Reinhold Sackmann (Hrsg.): Analyse sozialer Deutungsmuster. Beiträge zur empirischen Wissenssoziologie Pfaffenweiler 1991, S. 9-37.

PASTERNAK, Peer: Wissenschaftsumbau. Der Austausch der Deutungseliten. In: Hannes Bahrmann und Christoph Links (Hrsg.): Am Ziel vorbei. Die deutsche Einheit – Eine Zwischenbilanz. Berlin 2005. S. 221-236.

RADEISKI, Bettina; Antos, Gerd: Markierter Osten'. Zur medialen Inszenierung der Vogelgrippe auf Rügen und am Bodensee. In: Kersten Sven Roth und Markus Wienen (Hrsg.): Diskursmauern. Aktuelle Aspekte der sprachlichen Verhältnisse zwischen Ost und West. Bremen 2008, S. 55-67.

REIHER, Ruth: Zum Umgang der Linguistik mit dem sprachlichen Ost-West-Problem seit dem Mauerfall. In: Kersten Sven Roth und Markus Wienen (Hrsg.): Diskursmauern. Aktuelle Aspekte der sprachlichen Verhältnisse zwischen Ost und West. Bremen 2008, S. 1-19.

ROTH, Kersten Sven: Der Westen als 'Normal Null'. Zur Diskurssemantik von 'ostdeutsch' und 'westdeutsch'. In: Kersten Sven Roth und Markus Wienen (Hrsg.): Diskursmauern. Aktuelle Aspekte der sprachlichen Verhältnisse zwischen Ost und West. Bremen 2008, S. 69-89.

SCHÜTZ, Walter J.: Zeitungen in Deutschland. Verlage und ihr publizistisches Angebot 1949–2004. 2 Bd. Berlin 2005.

SCHÜTZ, Walter J.: Die redaktionelle und verlegerische Struktur der deutschen Tagespresse 1989. In: Media Perspektiven 12/1989, S. 812-866.

VESTER, Michael; Oertzen, Peter von; Geiling, Heiko et al.: Soziale Milieus im gesellschaftlichen Strukturwandel. Zwischen Integration und Ausgrenzung. Frankfurt/M. 2001.

ZICK, Andreas; Küpper, Beate: Soziale Dominanz. In: Hans-Werner Bierhoff und Dieter Frey (Hrsg.): Handbuch Sozialpsychologie und Kommunikationspsychologie Göttingen, Bern, Wien u.a. 2006, S. 71-76.

JULIETTE WEDL

Ein Ossi ist ein Ossi ist ein Ossi ...

Regeln der medialen Berichterstattung über „Ossis" und „Wessis" in der Wochenzeitung *Die Zeit* seit Mitte der 1990er Jahre[1]

„Es ist ein Kreuz mit dem deutschen Wein. Aber wie sollte es ihm auch gut gehen zwischen Puritanern und Genießern, zwischen Ossis und Wessis, Modernisten und Traditionalisten in einem Land, das zwischen den Freunden der dienenden Süße und Befürwortern totaler Trockenheit geteilt ist und von Biertrinkern bewohnt wird?" (Die Zeit 48/1996, Politik)

Im zitierten Artikel zum Thema deutscher Weinanbau erscheint das Begriffspaar Ossi-Wessi zunächst als eine symmetrische Herkunftsbezeichnung. Dieser Eindruck wird durch die gleichgestellte Nennung beider Begriffe hervorgerufen. „Ossi" und „Wessi" sind hier zwei semantisch, aber nicht hierarchisch differenzierte Teilmengen einer größeren Einheit, nämlich der deutschen Bevölkerung. Gleichzeitig ist das Begriffspaar eingereiht in weitere bipolare Differenzierungsschemata. Diese Reihung hat den Effekt, die Tragweite der Polarität der einzelnen Paare zu nivellieren. Die Herkunft ist nur eines von mehreren Erklärungselementen.

Doch zeigt eine Analyse des Sprachgebrauchs, dass sich mit der medialen Bezeichnungspraxis „Ossi"-„Wessi" mehr verbindet als eine neutrale Unterteilung der Bevölkerung nach geographischen Gesichtspunkten oder eine bloße Stereotypisierung. Genauer besehen unterliegen die Begriffe „Ossi" und „Wessi" unterschiedlichen Gebrauchsregeln. Und es spricht einiges für die These, dass die Zuschreibungen „Ossi" und „Wessi" zwei klar unterscheidbaren Diskursen angehören, denen je spezifische Muster der Identitätskonstruktion zugrunde liegen.

In welcher Weise trägt das Begriffspaar zur Konstruktion Deutschlands in den Medien bei? Um diese der Analyse zugrunde liegende Frage zu beantworten, greife ich auf einen Methodenansatz zurück, der sich systematisch mit dem Erscheinen

---

[1] Die Ergebnisse wurden in einer ersten Version veröffentlicht in: Juliette Wedl, Stefan Dyroff, Silke Flegel (Hrsg.): Selbstbilder – Fremdbilder – Nationenbilder. Münster 2007, 83-104. Der hier vorliegende Beitrag wurde um die Analyse der Jahrgänge 2006 und 2007 erweitert.

und der Funktion von Begriffen im Sprachgebrauch beschäftigt. Meine begriffs-orientierte Diskursanalyse[2] beantwortet die Fragen: In welchen Kontexten werden die Begriffe Ossi-Wessi verwenden und wie sieht der Gebrauch der Begriffe konkret aus? Welche Regelhaftigkeit lässt sich im Sprachgebrauch erkennen? Und welche Effekte haben diese Bezeichnungspraxen?

Doch zuvor ein kurzer Blick auf die beiden Begriffe.

EINE KURZE BEGRIFFSGESCHICHTE

In ihrer heutigen Bedeutung tauchen die beiden Begriffe erst nach der Wende auf: Sie sind Ergebnis der deutschen Einheit. Vor 1989 war „Ossi" eine Spottbezeich-nung für die Bewohner und Bewohnerinnen Ostfrieslands. Menschen aus der DDR wurde hingegen in Westdeutschland als „Zoni", „DDRler", „Ostler" etc. bezeichnet. Als „Wessi" kennzeichnete die Bevölkerung West-Berlins die Westdeutschen außer-halb Berlins. Für Westdeutsche wurde in der DDR häufig die Kurzformel „Bundi" gebraucht.[3]

Nach dem Mauerfall überlagerten sich diese Begriffsbedeutungen schnell mit neuen Bedeutungsinhalten. Sie wurden zur Kurzformel für die ostdeutsche bzw. westdeutsche Bevölkerung. Neben ihrer Funktion als (positive) Selbstverortung wurden sie zu kulturell bestimmten Stereotypen einer Fremdbezeichnung. Es handelt sich um stark mit bewertenden und emotional gefärbten Vorstellungen verbundene Begriffe, die spöttisch-scherzhaft bis abwertend und auf jeden Fall stark kodifiziert sind. Besonders pointiert kommt dies in der Komposition „Jammer-Ossi" mit dem seltener gebrauchten Pendant des „Besser-Wessis" zum Ausdruck. Handelt es sich vor allem um umgangssprachliche Begriffe, zeigt die vorliegende Untersuchung, dass die Bezeichnungspraxis – anders als z. B. in parlamentarischen Debatten – auch fester Bestandteil der Mediensprache ist.

---

2   Mit dieser Fragestellung folge ich der Diskursanalyse. Ausführlich zu meinem methodischen Vorgehen siehe: Juliette Wedl: Die Spur der Begriffe. Begriffsorientierte Methoden zur Analyse identitärer Zu-schreibungen. In: Brigitte Kerchner, Silke Schneider (Hrsg.): Foucault: Diskursanalyse der Politik. Wiesbaden 2006, 308-327. Allgemein lässt sich zum Diskursbegriff festhalten: „Diskurse unterscheiden sich voneinander durch die Regeln, denen sie folgen, nicht durch die Gegenstände, die sie hervorbringen. Der Gegenstand kann gleich bleiben, obwohl die Regel, nach der er gebildet wird, jeweils eine andere ist. Das heißt: Verschiedene Diskurse problematisieren aufgrund unterschiedlicher Regeln ein und densel-ben Gegenstand auf je unterschiedliche Art und Weise." (Hannelore Bublitz: Differenz und Integration. Zur diskursanalytischen Rekonstruktion der Regelstrukturen sozialer Wirklichkeit. In: Reiner Keller, Andreas Hirseland, Werner Schneider und Willy Viehöver (Hrsg.): Handbuch Sozialwissenschaftliche Diskursanalyse. Bd. 1: Theorien und Methoden, Opladen 2001, S. 225-260, S. 256).
3   Vgl. Herbert Pfeiffer: Das große Schimpfwörterbuch: Über 10.000 Schimpf-, Spott- und Neckwörter zur Bezeichnung von Personen. Frankfurt/M. 1996.

Diese Beschreibung ordnet das Begriffspaar als Stereotyp ein, wobei die Begriffe in einem Äquivalenzverhältnis zueinander stehen. Meine Analyseergebnisse führen mich zu einer anderen These: Der Rekurs der *Zeit* auf den aus dem Alltag entlehnten Sprachgebrauch (re-)produziert und (be-)festigt in spezifischer Weise die Grenzen zwischen Ost- und Westdeutschland. Die Begriffe haben dabei unterschiedliche Funktionen und strukturieren den Diskurs in je spezifischer Weise. Erscheinen sie zunächst als äquivalentes Begriffspaar erweisen sie sich als zwei sehr unterschiedlichen Diskursen zugehörig und eigenen Regeln folgend.

DER KORPUS

Thomas Ahbe hat bereits spezifische Merkmale des medialen Bildes der ostdeutschen Bevölkerung untersucht. Charakteristisch sei, dass dieses Bild immer wieder mit der Konstruktion von Eigenarten einhergehe.[4] Während die Sozialwissenschaften seit der deutsch-deutschen Vereinigung eine Vielzahl differenzierter Befunde zum Transformationsprozess hervorgebracht haben und ein Vergleich der Wertvorstellungen der ost- und westdeutschen Bevölkerung mehr Ähnlichkeiten als Differenzen aufdecke, fänden diese nuancierten Erkenntnisse im medialen Diskurs nur selektiv Eingang. Ostdeutsche würden durch „die Erzeugung einer oft impressionistisch aufgeladenen und quasi ontologisierten Andersartigkeit und Fremdheit im Bild" als das Andere konstruiert, mit dem Effekt, dass Westdeutsche trotz der vielfachen Differenzen homogen erscheinen.[5]

Der vorliegende Beitrag knüpft an diese Ergebnisse an, steckt jedoch den Gegenstand enger insofern der besondere Fall eines zunächst als Stereotyp zu klassifizierenden Begriffspaares untersucht wird. Gleichzeitig findet eine Ausweitung des Gegenstandes auf die gesamtdeutsche Bevölkerung statt.

Grundlage meiner Untersuchung ist das Online-Archiv der Wochenzeitung *Die Zeit*.[6] Dieses wird seit 1996 geführt. Damit konnten 12 Jahrgänge berücksichtigt

---

4   Thomas Ahbe: Die Konstruktion der Ostdeutschen. Diskursive Spannungen, Stereotype und Identitäten seit 1989. In: Aus Politik und Zeitgeschichte. B 41-42/2004, S. 12-22, v.a. S. 19ff.

5   Ebd., S. 21.

6   Es handelt sich nicht um ein vollständiges Archiv aller Artikel der Printausgabe. Im Schnitt enthält das Archiv laut telefonischer Auskunft eines Mitarbeiters der Zeit-Online-Redaktion ca. 60 % der Artikel der Printausgabe. Gleichzeitig sind hier reine Online-Artikel zu finden. Zudem ist anzumerken, dass sich das Archivierungssystem selbst seit 1996 noch stärker als die Printausgabe verändert hat und weiterentwickelt wurde.

werden, d.h. die im Internet veröffentlichten Artikel von 1996 bis 2007. Mittels Suchmaschine wurden alle Artikel herausgefiltert, in denen mindestens einer der beiden Begriffe „Ossi" oder „Wessi" auftaucht.[7] Der Korpus basiert auf insgesamt 266 Artikeln.

Innerhalb der deutschsprachigen Medienlandschaft gilt *Die Zeit* als liberale Zeitung, die sich an eine akademische, bildungsbürgerliche Öffentlichkeit richtet und „aggressive Vermarktungsstrategien oder […] Skandalberichterstattungen" meidet.[8] Bereits seit den 1960er Jahren zeigt sie sich gegenüber der politischen Opposition und den neuen sozialen Bewegungen sowie deren Themen aufgeschlossen. Ein stigmatisierender Sprachgebrauch gehört – im Unterschied zur Boulevardpresse – nicht von vornherein zum Sprachstil dieser Zeitung. Damit besteht Grund zur Annahme, dass Sprachstil und Haltung nicht per se von Ablehnung gegenüber der ostdeutschen Bevölkerung geprägt sind. Gleichzeitig handelt es sich um eine westdeutsche Zeitung, so dass anzunehmen ist, dass die Berichterstattung entsprechend geprägt ist. Untersucht wird somit – am Beispiel einer Zeitung – eine westliche Bezeichnungspraxis.[9] Anzumerken ist, dass der überregionale Zeitungsmarkt fast vollständig durch westdeutsche Zeitungen dominiert ist, was die Vermutung nahe legt, dass der westdeutsche Blick in diesem Marktsegment hegemonial ist. In Bezug auf die politische Aufarbeitung der Folgen der deutschen Einheit entsteht so etwas wie ein Deutungsmonopol.

---

7   Nicht berücksichtigt sind andere Bezeichnungspraxen wie Westdeutsche/Ostdeutsche, Ostler/Westler etc.

8   Brigitta Huhnke: Macht, Medien und Geschlecht. Eine Fallstudie zur Berichterstattungspraxis der DPA, der taz sowie der Wochenzeitungen Die Zeit und Der Spiegel von 1980–1995. Opladen 1996, S. 103.

9   Der diskursanalytische Ansatz berücksichtigt nicht die Person des Autors bzw. der Autorin, da Diskurse nicht als intentionale Produkte von Subjekten begriffen werden. Menschen und ihre Äußerungen sind vielmehr in übergreifende Diskursstrukturen eingebunden, ohne jedoch deren simples Produkt zu sein. Sie gehen ein in „unbewusste Regelzusammenhänge der Strukturen" (Heinrich Fink-Eitel, zit. n. Hannelore Bublitz: Diskurs. Bielefeld 2003, S. 28). Diese sind subjektlos-anonym und wirken unbewusst determinierend. Der Mensch ist Teil eines „Ensemble von Strukturen, die er zwar denken und beschreiben kann, deren Subjekt, deren souveränes Bewußtsein er jedoch nicht ist" (Michel Foucault: Von der Subversion des Wissens. Frankfurt/M., Berlin, Wien 1978, S. 16). Negiert werden nicht Subjekt und Subjektivität an sich, sondern ihre Stellung als Urheber, Schöpfer und weltkonstituierende Kraft negiert. An ihre Stelle tritt die Historisierung des Denkens. Aussagen sind dabei nicht willkürlich, sie folgen dem „Spiel der Diskursintegrationen" (Jürgen Link: Elementare Literatur und generative Diskursanalyse, S. 21) und der Ordnung des Diskurses.

OSSI-WESSI: EIN BRISANTES BEGRIFFSPAAR?

Die Verteilung der Artikel über die Jahre und Rubriken (s. Grafik) gibt einen ersten Hinweis auf die allgemeine Relevanz der Bezeichnungspraxis.[10]

Rubrik/Jahr	1996	1997	1998	1999	2000	2001	2002	2003	2004	2005	2006	2007	Summe Artikel/ Rubrik
Politik	5	5	10	2	8	15	9	9	5	13	4	6	91
Leben/modernes Leben	2	0	1	4	0	10	9	5	9	5	2	3	50
Feuilleton	1	1	3	1	2	5	1	6	6	4	3	2	35
Wirtschaft	0	1	0	1	0	4	2	7	2	0	2	1	20
Wissen	4	2	1	2	1	1	0	4	0	1	0	0	16
Literatur/ Literaturbeilage	0	0	0	1	0	2	2	2	1	2	2	2	14
Dossier	0	0	0	6	2	0	0	0	1	2	0	0	11
Sport	0	0	0	0	0	0	0	0	0	0	1	7	8
Reisen/Reise- beilage	0	1	1	0	0	0	0	0	1	3	1	0	7
Chancen	0	0	0	0	0	0	1	0	1	0	1	0	3
Sonstige Rubriken[11]	0	0	0	0	0	4	0	1	0	2	2	2	11
Summe Artikel/Jahr	12	10	16	17	13	41	24	34	26	32	18	23	266

Verglichen mit der Fülle von Artikeln in den 12 Jahrgängen ist die Zahl von 266 natürlich bescheiden. Dennoch tauchen die Begriffe „Ossi"-„Wessi" mit einer gewissen Regelmäßigkeit auf.

Zwei Besonderheiten sind dabei hervorzuheben: Der Zenit ist mit 41 Artikeln deutlich im Jahr 2001, wobei die Verwendung im neuen Jahrtausend insgesamt auf einem höheren Niveau angesiedelt ist als die Jahre zuvor. Diese Beständigkeit verweist darauf, dass die Bezeichnungspraxis keinesfalls an Attraktivität verliert. Zudem taucht das Begriffspaar nicht am häufigsten in einer feuilletonistischen Rubrik auf, sondern fast durchgängig in der Rubrik Politik. Mit 91 Artikeln sind das fast 1/3 der Beiträge. Auch der meist eher nüchterne Wirtschaftsteil ist mit 20 Artikeln ebenfalls beachtenswert, wobei eine starke Varianz zu verzeichnen ist: Die Begriffe werden hier vor allem in den Jahren 2001 (4 Artikel) und 2003 (7 Artikel) benutzt. Diese

---

10 Die Aufteilung der Rubriken der Printausgabe hat sich seit 1996 leicht verändert. So ging mit der Ausgabe 20/1999 die Rubrik „Leben" aus der Rubrik „modernes Leben" und Teilen des Zeitmagazins hervor. 2001 entstand erst die Literaturbeilage, später kam die Reisebeilage hinzu. Vereinzelt sind auch zusätzliche Rubriken wie Sport, Auto oder Verschiedenes im Online-Archiv.

11 Hierunter sind zusammengefasst die Online-Artikel aus dem Zeit-Kulturbrief (4 Artikel 2001), Reden (1 Artikel 2003) und Subkultur aus dem Zeit-Jugendmagazin Zünder (2 Artikel 2005).

Ergebnisse zeigen bereits, dass die Bezeichnungspraxis fester Bestandteil des allgemeinen Sprachgebrauchs der medialen Berichterstattung in *Die Zeit* ist und nicht
auf sogenannte „weiche" Ressorts beschränkt bleibt.

Ein Blick auf die Verwendungshäufigkeit der einzelnen Termini des Begriffs-
paars zeigt, dass zwar häufiger von „Ossis" als von „Wessis" die Rede ist, aber dennoch beide Begriffe regelmäßig auftauchen. 125 Artikel verwenden ausschließlich den
Begriff „Ossi", 94 Artikel nur den Begriff „Wessi" und 47 Artikel benutzen beide
Begriffe. Dies verweist bereits darauf, dass es sich nicht um eine einseitige Bezeichnungspraxis der ostdeutschen Bevölkerung handelt, sondern beide Bevölkerungs-
teile mit dem jeweiligen Begriff belegt werden. Doch unterscheiden sich die Ver-
wendungskontexte stark voneinander. Zwei Ergebnisse seien an dieser Stelle vor-
weggenommen: Die Begriffe werden nur sehr selten zurückgewiesen. Auch ein
ironischer Gebrauch ist nicht charakteristisch und bildet die absolute Ausnahme.

Statt dessen zeigt die Analyse, dass der Bezeichnungspraxis verschiedene Regeln
zugrunde liegen. Es sind verfestigte Verwendungsweisen insofern, als sie sich aus
einer verstreuten Verwendungspraxis deutlich als Regelmäßigkeit herausheben.

DER WESSI WIRD NUR AUF FREMDEM TERRITORIUM ZUM WESSI, UND DER OSSI IST IMMER EIN OSSI

„So kommen wir hier im Osten nicht weiter", seufzt Sparkassendirektor Föh-
renbach. Er ist, ein Wessi aus dem Breisgau, 1990 nach Delitzsch gekommen,
um beim Aufbau des Sparkassensystems zu helfen, und ist dort hängen-
geblieben. (Die Zeit 25/2001, Politik)[13]

Werden Westdeutsche als „Wessi" tituliert, so halten sie sich fast immer – kurzzei-
tig oder dauerhaft – in einem der ostdeutschen Bundesländer auf oder bewegen sich
in einem spezifisch ostdeutschen Feld: Obiger Sparkassendirektor, ein Professor für
Sozialwissenschaften an der Humboldt-Universität zu Berlin (Die Zeit 45/2003,
Wissen), westdeutsche Touristen in ostdeutschen Urlaubsgebieten (Die Zeit 32/
1996, Politik), westdeutsche Männer, die in Ostdeutschland leben, (Die Zeit 45/2004a,
Leben) oder eben Westdeutsche in der DDR-Staatssicherheit (Die Zeit 10/2002a,
Leben) und in Konfrontation mit der „Willkür" in der DDR am deutsch-deutschen
Grenzübergang (Die Zeit 27/2006, Feuilleton).

---

13 Der Nachweis der Artikel enthält jeweils die Nummer der Ausgabe, das Jahr und die jeweilige Rubrik.

Die Herkunft wird beim „Wessi" zum entscheidenden Differenzkriterium, welches in der „Fremde" deutlich gemacht wird bzw. werden muss. Gleichzeitig suggeriert diese Herkunftsbetonung in Bezug auf die Personen westdeutscher Herkunft, die in Ostdeutschland leben, dass sie in Ostdeutschland nicht heimisch sind bzw. werden können. Mit dem Herkunftsverweis wird eine Distanz markiert, ein „nicht von dort sein". Damit wird Ostdeutschland als – für Westdeutsche – fremdes Territorium konzipiert, wodurch es implizit wieder zum „anderen Deutschland" wird. Vor dem Hintergrund einer bereits seit mehreren Jahren bestehenden Vereinigung beider Staaten entsteht mit dieser Bezeichnungspraxis der Eindruck, dass die Fremdheit tendenziell nicht überwindbar ist: Die beiden Teile Deutschlands bleiben sich „ewig fremd". Die zu einer Besonderheit gerinnende Herkunft wird zum Distinktionsmittel. Die Dominanz dieser Bezeichnungspraxis macht deutlich: Es treffen zwei Bezugsgrößen aufeinander, die im nationalen Diskurs nicht selbstverständlich zusammen gehören, nämlich Westdeutsche und Ostdeutschland. Ostdeutschland ist dabei nicht ein x-beliebiger Teil Deutschlands und erhält eine andere Brisanz als zum Beispiel der Unterschied zwischen Nord- und Süddeutschland. Markiert wird die Abweichung von einem als Normalität gesetzten Aufenthaltsort der westdeutschen Bevölkerung.

Die Analyse des Gebrauchs des Begriffs „Wessi" zeigt ein von Hierarchien durchzogenen Fremdheitsdiskurs. In Bezug auf einzelne Personen bekommt dieser häufig den Charakter eines Diskurses der Entwicklungshilfe. Diese Bezeichnungsstrategie stellt ein hierarchisches Verhältnis zwischen West- und Ostdeutschland her, bei dem die Ostdeutschen die Anderen, Fremden und Hilfsbedürftigen sind. In obigem Zitat wird der Sparkassendirektor zum helfenden Wohltäter, der in der Fremde „hängen bleibt". Er ist nicht „von hier", kein Einheimischer, sondern ein Zugezogener bzw. ein Entwicklungshelfer, der beim „Aufbau" hilft. Die nach der deutschen Vereinigung praktizierte Umstrukturierung des ostdeutschen Arbeitsmarktes, die viele Westdeutsche auf mittlere und gehobene Führungspositionen beförderte, wird hier in der Formel „Wessi" mitartikuliert.

Die Kennzeichnung als „Wessi" bringt somit eine Hierarchie hervor, in der sich nicht Gleiche unter Gleichen treffen. Dies zeigt auch folgendes Zitat hinsichtlich der politischen Parteien: „Wenn einmal ein prominenter Wessi in eine Veranstaltung im Osten geht, dann ist das eine halbe Sensation" (Die Zeit 27/1997, Politik). Die Charakterisierung als Ausnahmesituation und Attraktion lässt eine Distanz zwischen Ost- und Westdeutschland entstehen, wobei die ostdeutsche Seite ähnlich einem Kind als unbedarft und leicht zu beeindrucken erscheint. Eine zweifache Distanzierung wird in der folgenden Passage sichtbar, die das Zitat des Chefredakteurs einer ostdeutschen Lokalzeitung einbettet: „‚Was sich westdeutsche Zeitungen leisten, wäre bei uns nicht denkbar', sagt Köhler, den demnächst ein Wessi ablösen soll" (Die Zeit 16/1996, Wissen). Konstruiert wird ein unterschiedlicher Möglichkeitsraum zwischen Ost- und Westdeutschland: In beiden Teilen Deutschlands sind nicht die gleichen Handlungen denkbar. Gleichzeitig wird damit der erwartete anonyme Nachfolger als Fremder und Eindringling markiert, was durch den Distinktionscharakter der Bezeichnung „Wessi" semantisch verstärkt ist. Ebenso in einem aktuelleren Artikel über die Hilflosigkeit der Polizei in Ostdeutschland gegenüber rechtsradikalen Anschlägen: „Die Öffentlichkeit rätselte, was los war mit der Polizei in Sachsen-Anhalt, aber die schottete sich ab, fühlte sich unverstanden und zu Unrecht angegriffen, weil das Versagen einzelner verallgemeinert wurde." Mit dieser kollektiven Praxis der Abschottung und des Schweigens seitens der Polizei, die das Öffentlichwerden der Ursachen und die Arbeit der Medien behindere, habe nun eine Person gebrochen: „Es schien, als seien Polizeireviere No-go-Areas für Journalisten, bis der Wessi Wolfgang Brendel schließlich sagte: Kommen Sie vorbei, reden Sie mit meinen Leuten" (Die Zeit 45/2007, Politik). Warum Herr Brendel die bisherige Praxis durchbricht, wird nicht weiter erklärt, doch bekommt der Herkunftsverweis den Stellenwert eines impliziten Erklärungsindizes: Herr Brendel stammt nicht von hier und ist nicht wie die anderen, er ist eben anders, ein „Wessi".

Und die „Ossis"? Sind diese nun analog dazu Ostdeutsche im Westen? Nein. Vielmehr gilt: Ein Ossi ist ein Ossi ist ein Ossi … Die herkunftsbezogene Personencharakterisierung „Ossi" findet unabhängig vom Aufenthaltsort Anwendung. Während eine Person oder Gruppe westdeutscher Provenienz primär in Ostdeutschland zum „Wessi" wird und damit vor allem in einer fest umrissenen Situationen, ist eine Person oder Gruppe aus Ostdeutschland in ganz unterschiedlichen Kontexten „Ossi". So heißt es zum Beispiel: „Die Ossis: Fremdlinge im eigenen Haus" (Die Zeit 22/1996, Politik) oder „Stoiber beschimpft die Ossis, alle beschimpfen Stoiber, und Angela Merkel muss die Reihen schließen" (Die Zeit 33/2005, Politik). Markiert wird die Zugehörigkeit zu einer Gruppe, die als solche für besonders herausstellenswert erscheint. Bezeichnend ist dieses vor dem Hintergrund, dass diese Bezeichnungspraxis in Bezug auf Westdeutsche nicht in gleicher Weise besteht, da diese nicht als an sich betonenswert betrachtet werden.

Gleichzeitig verbindet sich die Herkunftsbezeichnung „Ossi" häufig mit weiteren Attributen. Der Regisseur Christoph Schlingensief wird mit dem Satz zitiert: „Und ich mag den Frank Castorf sehr. Ein ehrlicher, dekadenter Ossi, brillant im Kopf" (Die Zeit 33/2006, Wissen). Häufig sind die Attribute jedoch deutlich negativer Art, zum Beispiel fehle dem „Ossi" „die persönliche Willensfreiheit" (Die Zeit 10/2002b, Leben) oder es ist von den „moralinen Ossis" (Die Zeit 25/1998, Politik) und den „nostalgischen Ossis" (Die Zeit 19/2007, Literatur) die Rede. Mitunter gerinnt die Kennzeichnung als „Ossi" ebenfalls hinsichtlich einzelner Personen zur stereotypen Formel, etwa wenn Manfred Stolpe, damals SPD-Ministerpräsident Brandenburgs, als „Ossi Stolpe" (Die Zeit 07/2003, Wirtschaft) oder „Väterchen Ossi" (Die Zeit 27/2002, Politik) bezeichnet wird. In letztem Fall wird beispielsweise der Wirkungskreis als auf Ostdeutschland beschränkt markiert sowie die Person und implizit die mit ihr verbundene Ost-SPD abgewertet. Selten sind die Äußerungen jedoch so extrem, dass sie direkt aus einer Witzsammlung über Ostdeutsche stammen könnten:

> Daran erkennt man noch heute den Ossi: Er bleibt mit seinem Auto an der Grenze nach Österreich stehen, bis sich ein Beamter endlich aus dem Zollhäuschen bemüht und ihn durchwinkt. (Die Zeit 37/1996, Modernes Leben)

In dieser Bezeichnungspraxis gerinnt der Begriff „Ossi" zu einer Formel, die viele unausgesprochene Wertungen und Inhalte umfasst. Diese müssen nicht immer benannt werden. Vielmehr regt der Ausdruck durch die Regeln seiner Verwendung bereits zu Assoziationsketten an. Für solche stereotypisierenden und stigmatisierenden Verknüpfungen gibt es keine Entsprechung in Bezug auf Westdeutsche, von denen meist entweder neutral und zuschreibungsfrei oder in positiver Wertung die Rede ist. Wenn Stereotypisierungen gegenüber Westdeutschen vorkommen, dann in der Regel in Verbindung mit einer entsprechenden Stereotypisierung gegenüber Ostdeutschen, so heißt es beispielsweise „die Ossis [sind] staatsdirigistischer, die Wessis marktbestimmter" (Die Zeit 24/2001, Politik).

Beide Verwendungsweisen des Begriffes „Ossi" – die Hervorhebung als Gruppe und die Stereotypisierung – führen dazu, dass der Begriff zu einem Charaktermerkmal wird. Gerade die Stereotypisierung bindet ihn in einen Eigenschaftsdiskurs ein, wodurch eine Vereigenschaftung von Herkunft entsteht. Mitunter erhält die ostdeutsche Herkunft die Konnotation einer Bürde beziehungsweise eines „Stempels", von dem sich Einzelne – unabhängig von ihrer subjektiven Wahrnehmung – nicht wirklich befreien können. So heißt es zu Gregor Gysi, Spitzenpolitiker der PDS (*Partei des Demokratischen Sozialismus*, 2005 umbenannt in *Die Linkspartei* und 2007 vereint mit der WASG zur Partei *Die Linke*):

> Er kennt und verkörpert die Befindlichkeiten der Ostdeutschen, auch wenn er sich selbst längst nicht mehr als Ossi fühlt. (Die Zeit 24/2005, Politik)

Vermittelt wird eine Situierung unabhängig von subjektiven Befindlichkeiten, womit die Unmöglichkeit einhergeht, sich von der ostdeutschen Herkunft und den damit assoziierten Eigenschaften definitiv zu lösen. Das Pendant zum Fremdheits- und Entwicklungshilfediskurs ist somit ein (tiefenpsychologischer oder naturalisierender) Eigenschaftsdiskurs. Die Herkunft wird tendenziell zu einer zweiten Haut, die niemals ablegbar ist.

Beide Formen – der Fremdheits- bzw. Entwicklungshilfediskurs wie der Eigenschaftsdiskurs – ziehen sich über den gesamten Korpus bis ins Jahr 2007. In den letzten zwei Jahrgängen nimmt jedoch die Zuschreibungen gegenüber den „Ossis" merklich zu: So heißt es 2007 unter anderem sie seien „undankbar" (Die Zeit 14/ 2007, Politik), „gottlos" (Die Zeit 15/2007, Sport) und „Schnäppchenjäger" (Die Zeit 16/ 2007, Sport).

Alle im folgenden dargestellten Strukturen sind mit diesen beiden ersten Gebrauchsregeln eng verknüpft. Sie bilden eine Art Matrix, auf der die anderen Regelmäßigkeiten funktionieren.

DIE INDIVIDUELLEN WESSIS UND DAS KOLLEKTIV DER OSSIS

Individualisierung und Verallgemeinerung schreiben sich in unterschiedlicher Weise in die beiden Begriffe ein. Der „Wessi" erscheint häufiger als Einzelperson in Form seiner beruflichen Position, so als Sparkassendirektor, Chefredakteur oder Bürgermeister. Der Herkunftsverweis, eingelassen im Entwicklungs- und Fremdheitsdiskurs mit dem Effekt der Distinktion, widersetzt sich damit der Homogenisierung, die solchen Zuschreibungen tendenziell eigen ist. Deutlich seltener und vornehmlich in Verbindung mit den weiter unten betrachteten Regeln erscheint der Begriff als Sammelbezeichnung für die westdeutsche Bevölkerung.

Ganz anders stellt sich die Situation in Bezug auf die „Ossis" dar. Überwiegend als Gruppenbezeichnung verwendet, treten „Ossis" als entindividualisierte, meist amorphe Masse und nicht als Individuen in Erscheinung. Besonders deutlich werden diese unterschiedlichen Figuren in einem Artikel mit der Überschrift „Ost-SPD: Der Innenminister und die PDS", in dem es heißt:

> Pure Westpartei. Zahnlose Kompromißlerin des Großkapitals. Unerträgliche Führungsfiguren: der Egomane Gerhard Schröder, der Populist Lafontaine, der Ölgötze Scharping. Und die paar Ossis fallen um, bevor sie aufgestanden sind. (Die Zeit 31/1996, Politik)

Ist die Karikatur westdeutscher Führungspolitiker zwar nicht vorteilhaft aber doch personalisiert, werden ostdeutsche Politiker und Politikerinnen der SPD unter der anonymen, aber herkunftsbezogenen Sammelbezeichnung „Ossi" als wenig profiliert und standhaft charakterisiert.

Die Gruppenkonstitution wird zusätzlich unterstützt durch die Verwendung von Wir-Konstruktionen, wenn von „uns Ossis" oder „wir Ossis" die Rede ist. In einem stark ironischen Artikel, in dem politische Geschehnisse aus Sicht der ostdeutschen Bevölkerung als „Opfergeschichte" präsentiert und der Klatschberichterstattung über DDR-Prominenz gegenüber gestellt werden, wird die Gruppen-Identität durch das „Wir" bzw. „Uns" besonders hervorgehoben:

So sind *wir* Ossis nicht? Wir grinsen doch mit, falls man uns lässt, zumindest aus der Super-Illu. (Die Zeit 40/2000, Politik; Hervorh. J.W.)

Dass diese semantische Verstärkung der Gruppe auch spezifische Effekte erzeugt, zeigt folgendes Zitat in einem Artikel zum Rechtsextremismus in Ostdeutschland:

Derzeit kochen die Rechten *uns* Ossis eine besondere Bouillon: aggressives Deutschtum mit DDR-Stolz plus Antikapitalismus, auf dass die Einheitsver-lierer ihre Suppenküche finden. (Die Zeit 14/2001, Politik; Hervorh. J.W.)

Das „uns" hat den Effekt, eine Gruppen-Verantwortlichkeit der Ostdeutschen ent-stehen zu lassen und den Westen aus der (Mit-)Verantwortung zu entbinden: West-deutschland scheint mit der Entwicklung eines wachsenden Rechtsextremismus wenig zu tun zu haben; er wird als Problem von Ostdeutschen für Ostdeutsche konstituiert.

Zudem sind häufiger die Heterogenität reduzierender Verallgemeinerungen im Zusammenhang mit dem Begriff „Ossi" vorhanden: „Überdies fühlt der Ossi Skepsis, wenn ihm Metropolenweisheit abermals als fertige Geschichte angetragen wird" (Die Zeit 46/2001, Feuilleton). Mit großer Selbstverständlichkeit wird erklärt, wie sich der „Ossi" im Allgemeinen fühlt, denkt, handelt. Umgekehrt ist dieses Bemühen in Bezug auf die „Wessis" nicht vorhanden: ihre Befindlichkeiten, Gedanken und Handlungen werden nicht festgelegt, weder in differenzierter noch in stereotypisierender Form. Gleichzeitig kann auch der Einzelne die gesamte Gruppe verkörpern, wie der SPD-Politiker Wolfgang Thierse: „weil er den Konsens so liebt, wie alle Ossis" (Die Zeit 11/2001, Politik).

Neben diesen dominanten Bezügen auf die Gesamtheit der ostdeutschen Bevöl-kerung bleibt die Eingebundenheit in das Kollektiv durch den Eigenschaftsdiskurs aber auch dann wirksam, wenn von einzelnen Personen die Rede ist. Sind die West-deutschen in diesem Fall immer individuelle Subjekte, erscheinen auch ostdeutsche Persönlichkeiten als essentiell durch das Kollektiv geprägt. Besonders deutlich wird dies in dem bereits zitierten Bezeichnungen von Manfred Stolpe als „Ossi Stolpe" oder „Väterchen Ossi". In der Bezeichnungspraxis erscheinen selbst einzelne Sub-jekte nicht als individuell, sondern in einer unmittelbaren und unlösbaren Verbin-dung mit der ostdeutschen Bevölkerung und ihrer Befindlichkeit.

Die bereits angesprochenen Stigmatisierungen unterstützen die Form des Eigen-schaftsdiskurses, an dessen Ende ein homogenes ostdeutsches Kollektiv steht, wäh-rend die Westdeutschen als Individuen auftauchen, zumindest wenn sie zu „Wessis" werden. Diese Individualisierung ist nur im Kontext der folgenden Diskursstrategie aufgehoben.

East Side Gallery, Berlin: Gamil Gimajew „Ohne Titel" (Ausschnitt). (Foto: Wedl)

WIE DER VOLKSMUND SPRICHT

Wenn von „Wessis" als Bevölkerungsgruppe die Rede ist, handelt es sich meist um einen sehr spezifischen Sprachgebrauch: Die Art und Weise, wie der Begriff eingebunden ist, legt nahe, es werde eine umgangssprachliche Bezeichnungspraxis wiedergegeben, die von den Personen, die Objekt der Berichterstattung sind, oder von der Bevölkerung im Allgemeinen übernommen ist. „Wessis" als Gruppenbezeichnung wird zur Sprache des „Volksmundes": Der Begriff bekommt den Charakter eines alltagssprachlichen Ausdruck „von unten" und einer Wiedergabe der Denk- und Sprechweise der ostdeutschen Bevölkerung.

> „Wissen Sie, woran das liegt?" fragt Lothar de Maizière, der letzte Ministerpräsident der DDR, wohl wissend, dass er sich auf die Unkenntnis der Wessis verlassen kann. (Die Zeit 18/2000, Politik)

Das Zitat stammt aus einer Passage zum Nachwuchsproblem in der Politik in Mecklenburg-Vorpommern und Brandenburg. Der Begriff „Wessi" scheint von de Maizière übernommen oder Sinnbild seiner inneren Haltung zu sein. Es wird nahegelegt, de Maizière ziehe in Bezug auf das Wissen eine Grenze zwischen den Bevölkerungsteilen Ost- und Westdeutschlands. Das gleiche Prinzip liegt folgender Aussage über eine junge Ostdeutsche zugrunde, die noch nie in Westdeutschland war: „Maria sind noch keine Wessis begegnet" (Die Zeit 45/2004b, Leben). Die „Wessis" erscheinen hier fast wie Lebewesen eines anderen Planeten. Betont wird die Fremde und Distanz.

Verstärkt wird der Eindruck, es handle sich um die Wiedergabe der Rede der Bevölkerung, in manchen Artikeln durch die Form des Zitates oder ihrer Andeutung. So heißt es angesichts des Unterfangens Brandenburgs, den Religionsunterricht durch das Fach LER (Lebensgestaltung, Ethik, Religionskunde) zu ersetzen, in Bezug auf die marxsche Religionskritik, für die „Religion nichts anderes sei als ein sehnsüchtiger Selbstbetrug trostbedürftiger Seelen": „Mit dieser Einsicht ist man ‚schon weiter als die Wessis'" (Die Zeit 53/1998, Wissen). Das Subjekt dieser Äußerung bleibt zwar unbenannt, doch ist es durch die Anführungsstriche vorhanden und lässt den Ausdruck „Wessis" als Redensart einer konkreten Person erscheinen.

Die aufgezeigten Muster finden sich überwiegend im Kontext des Begriffes „Wessi", wenn er im Plural steht. Er wird zum kodifizierten Begriff für eine Distanz: Als Ausdruck der Denk- und Sprechmuster der ostdeutschen Bevölkerung suggeriert er, das diese von einer Distanzsetzung zum Westen gekennzeichnet ist. Es wird eine durch Abgrenzung und Spaltung gekennzeichnete Rede vermittelt. Auf diese Weise wird in der als „gegenstandsnah" erscheinenden Berichterstattung eine Mauer im Diskurs semantisch (neu) gesetzt. Diese Sprachfigur geht einher mit der Annahme, der Osten sei in der Einheit noch nicht angekommen.

DER JAMMER-OSSI WIRD DEM BESSER-WESSI ZUM VORBILD

> Jochen Wolff kommt aus Bayern und ist groß und stark. Manchmal ist er auch
> ein richtiger Ossi – dann, wenn er ins Jammern gerät […].
> (Die Zeit 41/2000, Wissen)

Die gängige Figur des „Jammer-Ossis" mit seinem Pendant des „Besser-Wessis"
oder – wie im obigen Zitat – die Zuschreibung einer Jammerhaltung in Verbindung
mit dem Begriff „Ossi", ist in den untersuchten Jahrgängen kaum zu finden. Im
Zusammenhang mit dem untersuchten Begriffspaar fehlt die Verknüpfung mit Attributen des Wehklagens und der Überheblichkeit weitestgehend. Verwunderlich ist
dieser Befund insofern, weil beide stereotypen Bilder verbreitet sind.

In der Zeitung *Die Zeit* tauchen sie hingegen in seltenen Fällen und in ganz
spezifischen Kontexten auf, auf die ich hier wegen ihrer Besonderheit hinweisen
möchte. Denn mitunter werden die „Ossis" zum Vorbild für den Westen:

> Was die Ossis besser machen – Neuerer in Ostdeutschland wissen sich zu
> helfen (Die Zeit 44/1998, Politik)

oder

> Gib Gas, JammerWessi. Die Ostwirtschaft kann nur genesen, wenn der
> Westen brummt (Die Zeit 18/2003, Wirtschaft).

Beide Artikelüberschriften basieren auf der Umkehrung der stereotypen Begriffs-
komposition „Jammer-Ossi" und „Besser-Wessi". Der Entbürokratisierung der
Wirtschaft und der neoliberalen Deregulierung wird in beiden Artikeln das Wort
geredet und dafür Ostdeutschland als Vorbild angeführt. Die Umkehrungen durch
die Anspielung auf den „Besser-Ossi" und die Adressierung an den „JammerWessi"
spielt auf der Klaviatur des Befindlichkeitsdiskurses und zieht daraus eine doppelte
Wirkungsstärke: Es sind nicht nur Ostdeutschland bzw. die Ostdeutschen, sondern
es sind die „Ossis", denen das Stigma des Jammerns anhaftet, die zum Vorbild erkoren
werden. Der Kontrast betont das Außergewöhnliche der Figur. Sie trägt aber nicht
dazu bei, die Stereotype zu überwinden. Im Gegenteil, sie bleibt in ihm verhaftet:
Der Reiz der Äußerung funktioniert nur unter der Annahme einer Ausnahme.

Die Vorbildfunktion der „Ossis" basiert nicht ausschließlich auf obiger stereotypen Befindlichkeitszuschreibung, wie folgendes Zitat zeigt. Im Zusammenhang mit
dem Problem einer fehlenden Akzeptanz westdeutscher Werbekonzepte in Ostdeutschland heißt es in Bezug auf eine Publikation zu dem Thema:

Die euphorische Conclusio aus der Fülle aller Daten: Die Ossis sind nicht weniger als ein „neuer Typus der Moderne", sie bringen aus ihrer Vergangenheit in der DDR mit, was die Wessis erst wieder lernen müssen. Sie hinterfragen die Konsumgesellschaft kritisch, sind „auf der Suche nach Lebenssinn und persönlicher Identität". Sie wollen nicht selbstvergessenen Hedonismus, sondern Gemeinschaft und soziale Gerechtigkeit. (Die Zeit 29/2007, Unternehmen)

FORMEN EINER FRAGILEN GLEICHWERTIGKEIT

Die bisherigen Ausführungen haben gezeigt, wie die beiden scheinbar analogen Begriffe aufgrund differenter Regeln ihres Auftauchens unterschiedlich funktionieren. Selbst in auf den ersten Blick analogen Kontexten zeigt die Diskursanalyse, dass unterschiedliche Effekte entstehen und dass der Gebrauch der beiden Begriffe nicht auf einem Äquivalenzverhältnis beruht.

Doch was ist mit der gleichwertigen Nennung im Anfangszitat, in dem das Begriffspaar „Ossi-Wessi" in einer Reihung mit anderen Gegensatzpaaren wie Puritanisten und Genießern, Modernisten und Traditionalisten steht? Festzuhalten ist, dass solche gleichwertigen Nennungen durchaus vorhanden sind, doch nicht dominant vorkommen. Angesichts der vorangegangenen Analyse bleibt diese Gleichwertigkeit aber notwendigerweise fragil, denn beide Begriffe tragen immer auch die Geschichte ihres sonstigen Wortgebrauchs mit sich.

Zugleich lässt sich feststellen, dass auch bei einer gleichzeitigen Nennung beider Begriffe diese nicht harmlos sind. Vielmehr heben sie eine Trennung der beiden Teilmengen Ost- und Westdeutschland hervor: „Ossis" und „Wessis" sind an sich Kategorien einer polaren Differenzierung. Dies spielt im Kontext des Einheitsdiskurses eine besondere Rolle, das heißt in Artikeln, die die innere Einheit Ost- und Westdeutschlands und ihre Probleme zum Thema haben. Ich möchte auf einen besonderen Effekt hinweisen:

Spannungen zwischen Wessis und Ossis, Industriebrachen statt blühender Landschaften, das erwartete niemand. Man fürchtete eher Probleme mit dem Ausland. (Die Zeit 38/2000, Wirtschaft)

Werden Probleme infolge der Einheit thematisiert, verdoppelt der Rekurs auf die Formel „Ossis und Wessis" den Inhalt der Bemerkung auf der sprachlichen Ebene. Beide Gruppen erscheinen zwar gleichgestellt, aber der Graben entlang der ehemaligen deutsch-deutschen Grenze wird durch das Begriffspaar in spezifischer Weise betont. Die grenzmarkierende Begrifflichkeit unterstreicht im Zitat die Spannungen ohne jedoch eine hierarchische Differenz zu markieren.

Deutsch-deutsche Begegnungen: Letzte Reste des Palastes der Republik vor dem Berliner Dom (Oktober 2008). Der Palast der Republik, zu DDR-Zeiten Sitz der Volkskammer und Kulturhaus, wurde auf einem Teil der 1950 gesprengten Ruinen des Berliner Stadtschlosses gebaut. Geplant ist der Wiederaufbau des Stadtschlosses ab 2010. Abgelehnt wurden Pläne, die den Wiederaufbaus des Schlosses neben dem Palast der Republik vorsahen. (Foto: Wedl)

FAZIT

Erscheint „Ossi" und „Wessi" zunächst als analoges Begriffspaar eines gleichen Ordnungssystems, deckt die Analyse die Singularität der Begriffe auf: Sie gehören unterschiedlichen Diskursen an und vernetzen sich zu unterschiedlichen Aussagen. Der Begriff „Wessi" gehört einem Fremdheits- und Entwicklungshilfediskurs an, wobei überwiegend individuelle Subjekte als solche bezeichnet werden. Der Begriff „Ossi" hingegen ist Teil eines essentialistischen Eigenschaftsdiskurses, wobei meist von der Gesamtheit aller Ostdeutschen die Rede ist. Zudem erscheint die Bezeichnungspraxis „Wessi" als Wiedergabe der Volkssprache, also der Denk- und Sprechweise der ostdeutschen Bevölkerung, die damit semantisch als nicht in der Einheit angekommen markiert wird. Im untersuchten Textkorpus sind kaum zeitliche Veränderungen zu verzeichnen. Vielmehr durchziehen die dargestellten Diskursregeln die Berichterstattung durchgängig von 1996 bis 2007.

Die betrachteten Diskursstrukturen wirken in Form einer Normalisierungsmacht. Sowohl der an Ostdeutsche gebundene Eigenschaftsdiskurs als auch der primär an Westdeutsche gebundene Fremdheits- bzw. Entwicklungshilfediskurs setzen eine Normalität, der ein deutlicher Westzentrismus innewohnt. Dabei entstehen unterschiedliche Muster der Identitätskonstruktion: Gilt im Falle der Ostdeutschen die Herkunft als verallgemeinerte Eigenschaft – als würde die Herkunft schon alles sagen – produzieren die Gebrauchsregeln die westdeutsche Herkunft als das Normale, das nur in der „Fremde" betonenswert ist. Die Norm ist und bleibt, zumindest in der hier untersuchten Zeitung, der Westen, womit die Bezeichnungspraxis auf einer grundlegenden Hierarchie basiert.

Mit den spezifischen Gebrauchsregeln geht die Konstitution unterschiedlicher Subjektpositionen einher. Diese Figur erinnert an die Konstruktion des Fremden.[14] Es stellt sich die Frage, inwiefern die Bezeichnungspraxis dabei in einen Identitäts-Alteritäts-Diskurs einzuordnen ist. Die poststrukturalistische Theorie geht von einer Dezentrierung des Subjekts und einer konflikthaften Fragmentierung des Selbst aus. Subjekte werden hiernach erst durch verschiedene Subjektpositionen erzeugt. Das „konstitutive Außen" (Derrida) ist nicht das komplementäre Gegenteil, sondern bezeichnet das angeblich Mit-sich-selbst-Identische in seiner Konstituierung und Bestimmung durch sein vermeintlich Anderes. Abgrenzung und Ausgrenzung stellen grundlegende Momente von Identitäten dar. Der Begriff der Alterität beschreibt die

---

14 Vgl. u.a. Karin Liebhart, Elisabeth Menasse, Heinz Steinert: Fremdbilder – Feindbilder – Zerrbilder. Zur Wahrnehmung und diskursiven Konstruktion des Fremden. Klagenfurt 2002; Bielefeld, Ulrich (Hrsg.): Das Eigene und das Fremde. Neuer Rassismus in der alten Welt? Hamburg 1991.

Verschränkung von dem Einen und dem Anderen in ihrer gegenseitigen Durchdringung und wechselseitigen Fundierung. Alter bezieht sich auf das lateinische Wort „alter", was „der Eine, der Andere von Beiden" bedeutet. Alter ist somit immer beides: der virtuell Gleiche, das Ko-Subjekt, ein Subjekt wie ich und der Zweite, der für mich relevante, der mir aufgegebene und doch ganz andere und nie einzuholende Andere. Er ist nicht beliebig, sondern der Andere muss als Gleicher und als Anderer erkannt werden. Alterität unterscheidet sich gerade darin von „xenos", dem Fremden.

In Bezug auf das Begriffspaar Ossi-Wessi ist nun festzuhalten, dass zumindest für die Konstruktion des „Wessis" das Andere eine wichtige Rolle spielt, und zwar in Form des Territoriums Ostdeutschland wie auch der ostdeutschen Bevölkerung als nahegelegte Subjekte der Äußerung. Die Position der „Wessis" als das Eigene – in der Berichterstattung einer westdeutschen Zeitung – ist differenziert und individuell; das „Andere" ist in der aufgezeigten Gebrauchspraxis durch die Strategie der Distinktion ein integraler Teil des Eigenen. Doch scheint mir in Bezug auf das Begriffspaar eine Eigenheit charakteristisch, die das Alteritätskonzept in spezifischer Weise bestimmt: Im Zusammenhang mit dem Begriff „Ossi" erscheint diese Abhängigkeit nicht – oder doch zumindest in deutlich geringerem Masse – gegeben. Der Begriff funktioniert weitestgehend ohne sein Pendant und verweist nicht automatisch auf das Andere. Verstärkt wird diese Autonomie durch die Zugehörigkeit zu unterschiedlichen Diskursen sowie durch den Eigenschaftsdiskurs selbst: Die Bestimmungsmacht durch die wesenhaften Eigenschaften macht den Anderen als Gegenüber entbehrlich; vielmehr scheint die Definitionsmacht in der Natur selbst zu liegen. Es ist das Paradoxon, dass der Begriff diskursanalytisch betrachtet ohne sein Pendant funktioniert und nicht notwendigerweise auf ihn verweist, obwohl sie dennoch ein zusammengehöriges Begriffspaar bilden. Es bleibt die Frage offen, ob angesichts dieser Gebrauchsregeln im strengen Sinne von einem Alteritätskonzept gesprochen werden kann, da der Andere – der „Ossi" – keinesfalls als Gleicher erscheint. Es ist mehr als eine unterschiedliche hierarchische Verortung, die die beiden Begriffe voneinander trennt: Es ist die Zugehörigkeit zu zwei unterschiedlichen Diskursen.

Das Ergebnis der vorliegenden Diskursanalyse entspricht nicht unbedingt den erwarteten Verwendungsweisen: Sie stimmen nicht notwendigerweise mit den eigenen Alltagserfahrungen überein. Im alltäglichen Sprachgebrauch werden die Begriffe zum Beispiel häufiger in einem gegenseitigen Spiel ironischer Distanz verwendet, eine Sprachpraxis, die in *Die Zeit* marginal ist. Nun kann die Frage gestellt werden, welche Bedeutung eine mediale Sprachpraxis hat, wenn sie nicht mit der Alltagspraxis übereinstimmt. Aus diskursanalytischer Sicht findet sich die Antwort auf diese Frage nicht im schwierigen und meist unentscheidbaren Feld der Medienwirkung. Vielmehr kann mit der Diskursanalyse davon ausgegangen werden, dass durch die Praxis der Artikulation Knotenpunkte entstehen, die das Soziale als sinnvolle Einheit konstruieren und partiell Bedeutungen fixieren. Damit wird die Offenheit des Feldes der Diskursivität und das Sagbare begrenzt.[15] Diskurse konstituieren spezifische Wissensregime, in welchen Gegenstände und somit soziale Wirklichkeiten in spezifischer Weise hervorgebracht bzw. erfahrbar werden; sie sind Modi der Wahrheitsproduktion. Sie stellen in ihren diskursiven wie nicht-diskursiven Praktiken Normalisierungsmechanismen dar. In diesem Sinne gehen von Diskursen machtvolle Wirkungen aus, die strukturierend auf den Alltag wirken. Es kann davon ausgegangen werden, dass die hier herauskristallisierten Diskursregeln auch im Alltag wirken. Dabei sind sie vermutlich in der hier herausgearbeiteten Klarheit selten anzutreffen.

Es gibt wenig Grund zu der Annahme, dass sich die hier herauskristallisierten Diskursregeln auf die Zeitung *Die Zeit* beschränken. Vielmehr ist zu vermuten, dass sie zumindest gängiger Bestandteil eines medialen Diskurses in der überregionalen Presse sind.[16] Dabei wird eine Mauer (neu) errichtet, die historisch gefallen ist. Die Analyse hat gezeigt, dass die Begriffe in spezifischer Weise dazu beitragen, die Trennung zwischen Ost- und Westdeutschland zu konstruieren. Sie sind Teil signifikanter Diskursstrukturen, die unabhängig von der Intention der sprechenden Personen wirksam sind. Gezeigt wurde, dass die Begriffe Teil bestimmter diskursiver Ordnungen sind und Wissen in spezifischer Weise strukturieren.

---

15 Vgl. Ernesto Laclau, Chantal Mouffe: Hegemonie und radikale Demokratie. Zur Dekonstruktion des Marxismus, Wien 1991, 155ff.

16 Zur überregionalen Presse zählen abgesehen von der Boulevardpresse primär die Tageszeituingen *Frankfurter Allgemeine Zeitung, Die Welt,* die *Frankfurter Rundschau,* die *Süddeutsche Zeitung,* die Wochenzeitungen *Die Zeit,* die *Woche* und die *Wochenpost* sowie die Magazine *Der Spiegel* und der *Focus.* Allesamt sind heute in westdeutscher Hand; die Wochenpost als größte Wochenzeitung der DDR wurde vom Verlag Gruner und Jahr übernommen. Vgl. Ludwig Maaßen: Massenmedien. Fakten – Formen – Funktionen in der Bundesrepublik Deutschland. Heidelberg 1996, S. 35ff.

Nachweis der Artikel

Die Zeit 16/1996: Männer, die das Sagen haben. Von Wolfram Runke.

Die Zeit 22/1996: Die Ossis: Fremdlinge im eigenen Haus. Von Christoph Dieckmann.

Die Zeit 31/1996: Ost-SPD: Der Innenminister und die PDS. Von Christoph Dieckmann.

Die Zeit 32/1996: Ostdeutschland: Attentate auf westdeutsche Camper. Von Vera Gaserow.

Die Zeit 37/1996: Eine Reise in den Osten Europas: das große Warten. Von Philipp Maußhardt.

Die Zeit 48/1996: Das sauersüße Qualitätsprodukt. Von Wolfram Siebeck.

Die Zeit 27/1997: Jens Reich über die Parteien-Landschaft im Osten. Von Jens Reich.

Die Zeit 25/1998: Die zerrupfte Einheit. Von Christoph Dieckmann.

Die Zeit 44/1998: Was die Ossis besser machen. Von Uwe Jean Heuser und Gero von Randow.

Die Zeit 53/1998: Bei uns bleibt Er tot. Von Eckhard Nordhofen.

Die Zeit 18/2000: Lichtblicke im Osten. Von Nina Grunenberg.

Die Zeit 38/2000: Paradoxien des Glücks. Von Robert Leicht.

Die Zeit 40/2000: Bitte nicht aussteigen! Von Christoph Dieckmann.

Die Zeit 41/2000: Das Zentralorgan des Ostens. Von Toralf Staud.

Die Zeit 11/2001: Sprechen Sie Deutsch? Von Robert Leicht.

Die Zeit 12/2001: Der ZEIT Kulturbrief. Perlentaucher.de.

Die Zeit 14/2001: Daheim ist daheim. Christoph Dieckmann.

Die Zeit 24/2001: Einheit, Einheit über alles. Von Hans-Joachim Veen.

Die Zeit 25/2001: Zum Beispiel Delitzsch: Warum der Osten auf der Kippe steht. Von Theo Sommer.

Die Zeit 46/2001: Zum 9. November. Von Christoph Dieckmann.

Die Zeit 10/2002a: Mata Hari aus Hannover. Von Tita von Hardenberg.

Die Zeit 10/2002b: Spannung Ost. Von Holde-Barbara Ulrich.

Die Zeit 27/2002: Väterchen Ossi. Von Christoph Dieckmann.

Die Zeit 07/2003: „Sonst stirbt der Transrapid". Die Magnetbahn muss sich rechnen – ein Gespräch mit Manfred Stolpe über zukunftstaugliche Verkehrssysteme. Geführt von Klaus-Peter Schmid und Fritz Vorholz.

Die Zeit 18/2003: Gib Gas, Jammerwessi. Von Klaus-Peter Schmid.

Die Zeit 30/2003: Die Krise im Kopf. Von Uwe Jean Heuser.

Die Zeit 45/2003: Der Ein-Mann-Think-Tank. Von Jörg Lau.

Die Zeit 26/2004: Operation Gold. Von Andreas Molitor.

Die Zeit 45/2004a: Paar für Paar zur Einheit. Von Jana Hensel.

Die Zeit 45/2004b: Geboren am 9. November. Von Sven Hillenkamp.

Die Zeit 24/2005: Glaube, Linke, Hoffnung. Von Tina Hildebrandt.

Die Zeit 33/2005: Schöne neue Ehrlichkeit. Von Corinna Emundts.

Die Zeit 27/2006: Was war die DDR? Von Evelyn Finger.

Die Zeit 33/2006: Der Fehlermann der Nation:
   Ein Gespräch mit Regisseur Christoph Schlingensief. Von Sibylle Berg.

Die Zeit 14/2007: Aufbau West. Von Christoph Seils.

Die Zeit 15/2007: Ist Gott ein Fußball-Fan? Von Christoph Seils.

Die Zeit 16/2007: Der wahre Meister kommt aus dem Osten. Von Christoph Seils.

Die Zeit 19/2007: Pechblende. Von Evelyn Finger.

Die Zeit 29/2007: Die Ossiversteher. Von Carsten Lißmann.

Die Zeit 45/2007: Fast so frustriert wie die Rechten. Von Marian Blasberg.

Literatur

AHBE, Thomas: Die Konstruktion der Ostdeutschen. Diskursive Spannungen, Stereotype und Identitäten seit 1989. In: Aus Politik und Zeitgeschichte. B 41-42/2004, S. 12-22

BUBLITZ, Hannelore: Diskurs. Bielefeld 2003.
BUBLITZ, Hannelore: Differenz und Integration. Zur diskursanalytischen Rekonstruktion der Regelstrukturen sozialer Wirklichkeit. In: Reiner Keller, Andreas Hirseland, Werner Schneider und Willy Viehöver (Hrsg.): Handbuch Sozialwissenschaftliche Diskursanalyse. Bd. 1: Theorien und Methoden, Opladen 2001, S. 225-260.

FOUCAULT, Michel: Von der Subversion des Wissens. Frankfurt/M., Berlin, Wien 1978.

HUHNKE, Brigitta: Macht, Medien und Geschlecht. Eine Fallstudie zur Berichterstattungspraxis der DPA, der taz sowie der Wochenzeitungen Die Zeit und Der Spiegel von 1980–1995. Opladen 1996.

LACLAU, Ernesto; Mouffe, Chantal: Hegemonie und radikale Demokratie. Zur Dekonstruktion des Marxismus. Wien 1991.
LIEBHART, Karin; Menasse, Elisabeth; Steinert, Heinz: Fremdbilder – Feindbilder – Zerrbilder. Zur Wahrnehmung und diskursiven Konstruktion des Fremden. Klagenfurt 2002.
LINK, Jürgen: Elementare Literatur und generative Diskursanalyse. München 1983.

MAASSEN, Ludwig: Massenmedien. Fakten – Formen – Funktionen in der Bundesrepublik Deutschland. Heidelberg 1996.

PFEIFFER, Herbert: Das große Schimpfwörterbuch: Über 10.000 Schimpf-, Spott- und Neckwörter zur Bezeichnung von Personen. Frankfurt/M. 1996.

WEDL, Juliette: Die Spur der Begriffe. Begriffsorientierte Methoden zur Analyse identitärer Zuschreibungen. In: Brigitte Kerchner und Silke Schneider (Hrsg.): Foucault: Diskursanalyse der Politik. Wiesbaden 2006, 308-327.

JULIA BELKE

Das Bild der Ostdeutschen im öffentlich-rechtlichen Fernsehen.

Eine Diskursanalyse des ARD-Politmagazins KONTRASTE in der Zeit von 1987 bis 2005.

„Die DDR-Kinder-Erziehung war keine gute Vorbereitung auf das, was plötz-lich über sie gekommen ist. Die Kinder sind auf diese Welt, die von ihnen individuelle Power verlangt, Wettbewerbsfähigkeit, Show in gewissem Sinne, nicht gut vorbereitet gewesen und das löst Verunsicherung aus und bewirkt auch – wenn man unsicher ist –, dass man zu Gruppen tendiert. Warum haben die rechtsradikalen Gruppen hier so großen Zulauf? Weil die jungen Menschen sich geborgen fühlen in Gruppen, stärker als das im Westen der Fall ist, weil sie stärker zu Gruppen tendieren."[1]

1. EINLEITUNG

9. November 1989 – während nach über 40 Jahren überall der „Eiserne Vorhang" zu fallen beginnt, brechen nun auch die Mauer[2] und die Grenzen zwischen der BRD und der DDR. Das bisher historisch einzigartige Geschehen fand nach den Sommer-revolutionen des gleichen Jahres in der DDR im Fall der Mauer seinen Höhepunkt und markiert das freudigste politische Ereignis in der Geschichte Deutschlands.[3]

---

1   So der Kriminologe Christian Pfeiffer aus der ARD KONTRASTE – Sendung: B45 „Rechtsextremismus und Fremdenfeindlichkeit: Ist die DDR-Erziehung schuld?" vom 18.03.1999, (00:01'–00:49'), aus http:// www.rbb-online.de/_/kontraste/archiv_jsp.html vom 10.06.2006, Impressum: RBB, Berlin.
2   Vgl. Ilko-Sascha Kowalczuk: Das bewegte Jahrzehnt. Geschichte der DDR von 1949–1961. Bonn 2003, S. 151-152: „Ungleich nachhaltiger als der Volksaufstand 1953 verdeutlichte die Mauer die bipolare Teilung der Welt. Der ‚Eiserne Vorhang' wurde für die Menschen zum unüberwindlichen Hindernis. (…) Der Mauerbau hatte einen Status quo herbeigeführt, den die beteiligten Seiten als unabänderlich ansahen. Die Mauer war zum absurden Symbol einer ‚instabilen Stabilität' geworden."
3   Vgl. Klaus von Dohnanyi: Freiheit Ost. In: Freiheit Ost. In: Aus Politik und Zeitgeschichte B 40/2005, S. 9-11.

Den Fall der Mauer erlebten die Bürger der DDR als ein Symbol der Freiheit. Die Forderungen nach Meinungsfreiheit, Ausreisefreiheit[4] und Konsumfreiheit waren Träger der friedlichen demokratischen Revolution in der DDR durch das Volk. Auch wenn viele DDR-Bürger es noch nicht begreifen konnten oder wollten und die DDR auch formal noch einige Zeit weiterexistierte, war doch das Ende der DDR einge-läutet und es folgte die „Wende" in Deutschland.[5]

Die Freude über den Wegfall der Grenze und über die nur ein Jahr später stattge-fundene Wiedervereinigung Deutschlands ist angesichts der zwischenzeitlich aufge-tauchten Probleme einer Ernüchterung gewichen. Die leeren Kassen des frühern DDR-Staates, die einsetzende Arbeitslosigkeit und Massenflucht aus der ehemaligen DDR schürten die Probleme im Osten. Der „Aufbau Ost" fokussierte zu Zeiten Kanzler Kohls einen Aufbau nach BRD-Maßstab: Marktwirtschaft statt Planwirt-schaft, Demokratie und Freiheit galten als die einzig wahren Erfolgsrezepte.

In dieser langen Umbruchphase Deutschlands beschäftigten sich die Medien ausgiebig mit dem Osten und im Besonderen mit deren Einwohnern. Der Frage „Wer ist der Ostdeutsche?", wurde anhand von Sprache, Kleidung, Verhalten, Arbeit, Auto oder Wohnung in den Medien nachgegangen. Dabei wurden ganz spezifische Merkmale ‚herausgearbeitet', die „den Ostdeutschen" kennzeichnen sollten. Immer im Vergleich zu den Westdeutschen wurden die Ostdeutschen als „Zu-Spät-Gekom-mene und Anfänger in der Konsumgesellschaft, als gutmütige Hinterwälder, die ihr Herz auf der Zunge tragen, ihre Gefühle nicht verbergen und das Leben der Ein-heimischen bestaunen und bewundern" beschrieben.[6]

Die Medien transportierten die Bilder des Prozesses der Wiedervereinigung Deutschlands hautnah am Puls des historischen Ereignisses und eine Schlagzeile jagte die andere in der einzigartigen Umbruchphase Deutschlands – der „Wende". Die Medien waren bereits seit Beginn der Proteste innerhalb der DDR in den achtziger Jahren, wenn auch erst verdeckt, immer dabei und dokumentierten die gesellschaft-lichen Probleme und Forderungen der DDR-Bürger. Die Dokumentationen sind Ausschnitte einer Wirklichkeit, die die Medien durch die ihre eigene Medienlogik

---

4   Vgl. Bernd Lindner: Die demokratische Revolution in der DDR 1989/90. Bonn 1998, S. 58: „Die Mög-lichkeit, nach eigenem Ermessen ins Ausland reisen zu können, stellt für die meisten DDR-Bürger einen außerordentlich hohen Wert dar. Der Reisefrage kommt daher bei politischen Entscheidungen eine hohe Priorität zu."

5   Ebd., S. 111.

6   Thomas Ahbe und Manuela Tesak: Die ersten 50 Tage: Bilder von den Ostdeutschen in westdeutschen und österreichischen Printmedien im Herbst 1989. In: HMRG Historische Mitteilungen der Ranke-Ge-sellschaft. Bd. 18 (2005) S. 246-270, hier S. 255.

konstruieren[7]. Die Medien bedienen sich medialer Stilmittel, wie ausdrucksstarken Symbolen, aussagestarken Schlüsselwörtern oder Metaphern. Diese wiederum wirken nachhaltig in der Gesellschaft, indem sie zur Bildung von Vorurteilen und Stereotypen beitragen.

> „Zugespitzt könnte man sagen: Die Ostdeutschen werden latent als eine Spezies konstruiert, die politisch als demokratieunfähig, autoritätsgläubig und ausländerfeindlich gilt, kulturell als provinziell, spießig-piefig und unselbstständig und von den ästhetischen Präferenzen her als auf völlig rückständigem Niveau liegt."[8]

Diese Bedeutungs- und Sinnzuweisungen der Ostdeutschen sind tief im kommunikativen Gedächtnis der Gesellschaft verankert, obwohl bereits wissenschaftliche Studien[9] vorliegen, die die ‚Andersartigkeit' der Ostdeutschen und die damit verbundenen Klischees relativieren. Die Mediendiskurse sind Teil eines Transformationsprozesses zwischen Gesellschaft und Wirklichkeit.[10] Dabei dient das Fernsehen in besonderem Maße als Instrument der Wirklichkeitskonstruktion.[11]

In dieser Studie werden unter Punkt 2 und 3 der zu Grunde liegende Diskursbegriff und die Besonderheiten des öffentlich-rechtlichen Fernsehens und der

---

7   Zum Begriff der *Konstruktion* gilt folgende Erläuterung: „Umgangssprachlich bezeichnet man die planvolle, intentionale und zum Teil auch willkürliche Herstellung von etwas als Konstruktion. Im Gegensatz dazu (…) benutzen Konstruktivisten diesen Ausdruck, um Prozesse zu bezeichnen, in deren Verlauf sich Wirklichkeitsvorstellungen herausbilden, und zwar keineswegs willkürlich und ohne Auseinandersetzung mit der Umwelt, sondern gemäß den konkreten biologischen, kognitiven und sozio-kulturellen Bedingungen, denen sozialisierte Individuen in ihrer sozialen wie natürlichen Umwelt unterworfen sind. (…). Wirklichkeitskonstruktionen wird hier näher bestimmt als ein empirisch hoch konditionierter sozialer Prozess, in dem Modelle *für* (nicht von) ökologisch validen Erfahrungswirklichkeiten/Umwelten in sozialisierten Individuum als empirischem Ort der Sinnproduktion herausbilden." Siegfried J. Schmidt: Konstruktivismus in der Medienforschung: Konzepte, Kritiken, Konsequenzen. In: Klaus Merten, Siegfried J. Schmidt und Siegfried Weischenberg (Hrsg.): Die Wirklichkeit der Medien. Eine Einführung in die Kommunikationswissenschaft. Opladen 1994, S. 595.

8   Thomas Ahbe: ‚Ostalgie' als Laienpraxis in Ostdeutschland. Ursachen, psychische und politische Dimensionen. In: Timmermann, Heiner (Hrsg.): Die DDR in Deutschland. Ein Rückblick auf 50 Jahre. Berlin 2001, S. 793.

9   Vgl. Thomas Ahbe: Der Osten aus der Sicht des Westens. Die Bilder zu den Ostdeutschen und ihre Konstrukteure. In: Hannes Bahrmann und Christoph Links (Hrsg.): Am Ziel vorbei. Die Deutsche Einheit – Eine Zwischenbilanz. Berlin 2005, S. 270: „Im Verlaufe der neunziger Jahre wurden Berge sozialwissenschaftlicher Erkenntnisse zu den Ostdeutschen und ihrer Kultur angehäuft. Sie relativieren die bekannten Klischees erheblich – doch das schmälert die Geltung der Negativ-Stereotype im öffentlichen Diskurs zu den Ostdeutschen kaum."

10   Ob dabei die Medien als Verstärker der Wirklichkeit fungieren oder reine Konstrukteure der medialen Wirklichkeit sind, kann an dieser Stelle nicht eindeutig beantwortet werden.

11   Vgl. Siegfried J. Schmidt: Die Wirklichkeit des Beobachters. In: Klaus Merten, Siegfried J. Schmidt und Siegfried Weischenberg (Hrsg.): Die Wirklichkeit der Medien. Eine Einführung in die Kommunikationswissenschaft. Opladen 1994, S. 14 ff.

Nachrichtensendungen dargestellt. Unter Punkt 3.2 folgt ein kurzer Exkurs über die Differenzierung zwischen den Begriffen „Stereotyp" und „Vorurteil", welche für die Interpretation der Ergebnisse hinzugezogen wurden. Die forschungsleitende Fragestellung, die daraus folgende systematische Zusammenstellung des zu analysierenden Materialkorpus und das methodologische Vorgehen werden unter Punkt 4 erläutert. Im Anschluss, unter Punkt 5, werden die Ergebnisse der Diskursanalyse über das Bild der „Ostdeutschen" im ARD-Politmagazin KONTRASTE unter sechs verschiedenen Topoi im Zeitraum 1987–2005 dargelegt.[12] Unter Punkt 6 wird die Perspektive über die Zukunft der Konstruktion der Ostdeutschen in den Medien entworfen.

2. BEGRIFFSEXPLIKATION: DER DISKURS

Der in den verschiedenen wissenschaftlichen Disziplinen vielfältig verwendete Begriff Diskurs wird hier in Anlehnung an den Diskursbegriff von Michel Foucault verwendet. Nach Foucault formiert sich der Diskurs durch eine bestimmte Menge von Aussagen, die in der Enge und Besonderheit ihres Ereignisses zu erfassen und mit der Korrelation anderer Aussagen aufzustellen sind.[13] Die Aussagen werden nach Foucault als diskursive Formation bezeichnet, die nach demselben Muster oder Regelsystem gebildet worden sind.

Das Erkenntnisinteresse richtet sich auf die produktive Dynamik (Formationsregeln) von Diskursen, die ihrerseits das menschliche Wissen (zu einem bestimmten Zeitpunkt) prägen und mit einem historischen Wahrheitswert aufgeladen sind.[14] Es gibt kein absolut richtiges Wissen, sondern immer nur ein bedingt richtiges Wissen.[15] Diskurse sind damit aktiv an der Konstitution und Organisation von sozialen Wissensvorräten beteiligt. Sie leben von den Aussagen einer Gesellschaft und formieren sich zu einem überindividuellen Konstrukt. Diskurse stellen keinen Spiegel der Wirklichkeit dar, sondern reflektieren das Wissen einer Gesellschaft.

---

12 Die Ergebnisse sind eine Zusammenfassung meiner Diplomarbeit „Die diskursive Konstruktion der Ostdeutschen aus der Sicht des Westens. Eine Diskursanalyse anhand des ARD-Politmagazins KONTRASTE in den Jahren 1987–2005.", Universität Wien 2006.

13 Vgl. Michel Foucault: Archäologie des Wissens. Frankfurt/M. 1981, S. 43.

14 Vgl. Jürgen Martschukat: Diskurse und Gewalt: Wege zu einer Geschichte der Todesstrafe im 18. und 19. Jahrhundert. In: Reiner Keller, Andreas Hirseland, Werner Schneider und Willy Viehöver (Hrsg.): Handbuch Sozialwissenschaftliche Diskursanalyse. Bd.2: Forschungspraxis (2.Aufl.), Opladen 2004, S. 71

15 Vgl. Siegfried Jäger: Kritische Diskursanalyse. Eine Einführung. Münster 2004, S. 129. Hierzu führt Jäger folgendes Beispiel an: „Zu seiner Zeit hatte Galilei recht; seine Erkenntnisse bedeuten in seiner Zeit historisch richtiges Wissen."

Die Medien nehmen eine Sonderfunktion als Plattform von Diskursen ein und haben eine Vermittlerrolle zwischen Gesellschaft und Wirklichkeit inne. Das Interesse richtet sich im Folgenden jedoch nicht auf die Transformationsprozesse und den daraus resultierenden Praktiken, sondern gezielt auf die Analyse der medialen Ebene und deren „konstruiertes" Wissen.

3. DIE MEDIALE KONSTRUKTION DER WIRKLICHKEIT

Die Medien sind eine Plattform für Diskurse und an der Konstruktion von Diskursen und öffentlichen Wissen maßgeblich beteiligt. Der Einfluss der Medien, hier des Fernsehens,[16] an der Wirklichkeitswahrnehmung der Menschen ist unumstritten. Dem Fernsehen kommt im Bereich der Sekundärerfahrungen (Burkart spricht hier von ‚Erfahrungen aus zweiter Hand') eine dominante Rolle zu, das heißt an die Stelle der Primärerfahrung, wie beispielsweise bei der face-to-face Kommunikation, tritt das Fernsehen und vermittelt Informationen und Wissen über die Welt.[17] Die ‚Fernseh-Wahrnehmung' trägt zu einem erweiterten Wahrnehmungshorizont bei, der wiederum die Konstruktion der Wirklichkeit[18] der Menschen beeinflusst.

Das Fernsehen hat im Vergleich zu anderen Medienangeboten einen größeren Einfluss auf die Wirklichkeitswahrnehmung und Produktion von Wissensbeständen bei den Rezipienten,[19] da das Fernsehen visuelle Authentizität suggeriert und das kognitive System das Fernsehen unter denselben Bedingungen verarbeitet wie interaktive Wahrnehmungsprozesse.[20] Die Informationen, die das Fernsehen übermittelt,

---

16 Je nach wissenschaftlicher Perspektive wird der Einfluss des Fernsehens auf die Konstruktion der Wirklichkeit und der Wirklichkeitswahrnehmung jedoch unterschiedlich bewert – mal mehr, mal weniger. Einigkeit besteht darin, dass Fernsehen einen Einfluss auf das Individuum und folglich auf die Gesellschaft ausübt. Von diesem Standpunkt soll hier ausgegangen werden.

17 Vgl. Roland Burkart: Kommunikationswissenschaft. Grundlagen und Problemfelder. Umrisse einer interdisziplinären Sozialwissenschaft. Wien, Köln, Weimar 2002, S. 327 und 330 ff. In Bezug auf die „Kultivierungsthese" ist anzumerken, dass bei Vielsehern Kultivierungseffekte durch das Fernsehen nachgewiesen sind.

18 Siegfried Schmidt gibt eine Definition der *Wirklichkeitskonstruktion* vor, die hier übernommen werden soll: „Wirklichkeitskonstruktion wird hier näher bestimmt als ein empirisch hoch konditionierter Prozess, in dem sich Modelle für (nicht von) ökologisch validen Erfahrungswirklichkeiten/Umwelten im sozialisierten Individuum als empirischen Ort der Sinnproduktion herausbilden." Siegfried J. Schmidt (Anm. 7) S. 595.

19 Es ist wichtig in diesem Zusammenhang in erster Linie von Rezipienten und nicht von der Gesellschaft zu sprechen, denn nur wenn die Fernsehangebote auch genutzt werden, können sie ihre Wirkung entfalten. Daher gibt es in der Medienwirkungsforschung auch die Unterscheidung zwischen Viel- und Wenigsehern. Peter Vitouch hat beispielsweise eine Untersuchung durchgeführt, die sich auf das Zuschauerverhalten in Bezug auf Fernsehen und Angstbewältigung konzentriert. Peter Vitouch: Fernsehen und Angstbewältigung. Zur Typologie des Zuschauerverhaltens. Wiesbaden 2000.

20 Vgl. Siegfried J. Schmidt (Anm 11) S. 16 ff.

werden von den Rezipienten als sozial erfahrbares Wissen verarbeitet und in ihre Erfahrungswelt „eingebaut". Die Erfahrungswirklichkeit und die Medienwirklichkeit bilden Schnittmengen, die der Rezipient nicht unbedingt bewusst unterscheiden kann.

> „Dem Fernsehen als Bild-Ton-Text-Verbindung kommt dabei bisher noch eine führende Rolle zu, weil es seine Medialität und Konstruktivität am perfektesten von allen Medien verschleiert, interaktive Wahrnehmung suggeriert und emotionale Bindung provoziert."[21]

Es wird deutlich, dass das Fernsehen die Möglichkeit offeriert, Gesehenes in die Erfahrungswirklichkeit einzubauen. Dies kann, muss aber nicht immer der Fall sein. Um auf die Grenzen aufmerksam zu machen, die zwischen Erfahrungswirklichkeit und Medienwirklichkeit liegen, muss daher von Schnittmengen gesprochen werden. Das Verschwinden der Differenz zwischen Alltags- und Fernsehwirklichkeit ist nicht so eindeutig, wie oft behauptet wird. Angela Leister kommt nach ihrer Untersuchung zu dem Schluss, dass Individuen durchaus in der Lage sind zwischen der vermittelten Wirklichkeit und der ‚wirklichen Wirklichkeit' zu unterscheiden, das heißt der Rezipient bestimmt selbst, was er in ‚seine Welt' aufnimmt und was nicht. Die Medienwirkung des Fernsehens auf den Rezipienten wird nicht in Frage gestellt, sondern nur die Hoheit des Individuums über das Medium betont. Es bleibt die Aussage bestehen, dass die Medien den Mitgliedern einer Gesellschaft ermöglichen, Wirklichkeiten zu kennen, die sie nicht ‚real' erlebt haben.[22]

Die ‚Bilder im Kopf' fallen bei audiovisuellen Medien[23] weniger ins Gewicht, da die Bilder bereits mitgeliefert werden. Sie tendieren dazu eine stärkere emotionale Wirkung als Texte zu erzielen.[24] Sprache und Bild[25] ergeben ein Paket, was aufgeschnürt werden muss, um die diskursiven Regeln dahinter zu entdecken und zu dekonstruieren.

---

21 Ebd., S. 17.
22 Vgl. Angela Leister: Zur Konstruktion von Wirklichkeit in der Aneignung. In: Werner Holly, Ulrich Püschel und Jörg Bergmann (Hrsg.): Der sprechende Zuschauer. Wie wir Fernsehen kommunikativ aneignen. Wiesbaden 2001, S. 296.
23 „Die erste Besonderheit der audiovisuellen Medien ist, dass sie verschiedene Zeichencodes in verschiedenen Sinneswahrnehmungssystemen (oder ‚Modes') verarbeiten, d.h. Sprache und Bilder, Schrift und Töne, sie sind also bimodal-multikodal. Besonders ist auch, dass die Bilder hier nicht wie in anderen multikodalen Bild-Kombinationen (Bücher, Zeitschriften, Plakate starr sind, also statisch, sondern dass eine hier mögliche Sprache-Bild-Kombination die jeweils dynamische Form beider Zeichensysteme verbindet, also gesprochene Sprache und bewegte Bilder." Werner Holly: Grundlagen der Medienkommunikation: Fernsehen. Tübingen 2004, S. 4.
24 Vgl. Siegfried J. Schmidt (Anm. 11), S. 15.
25 Sprache und nicht die Bilder sind nach Keppler die Hauptquelle der Mittelung. Vgl.: Dagmar Lorenz: Journalismus. Stuttgart 2002, S. 156. Wenn jedoch Bilder als Symbole definiert werden, bekommen sie eine stärkere Bedeutung zugewiesen. Hierzu merkte Aleida Assmann an: „Bilder sind für Warburg die

„Durch Rekonstruktion der historischen Produktions- und Entstehungsbedingungen von Wissensformen werden deren naturalisierende Wirkungen und Wahrheitseffekte dekonstruiert. Es handelt sich hierbei um die ‚Dekonstruktion' von universellen Wahrheiten."[26]

Im konkreten Beispiel „Der Fall der Mauer 1989" muss das Medienereignis nicht nur rein faktisch an die Bevölkerung vermittelt werden, sondern auch mit stilistischen Mitteln aufbereitet werden um eine entsprechende Rezeption und mediale Wahrnehmung zu entfalten. Ein reales Ereignis muss nicht zwingend mit einem diskursiven Ereignis zusammenfallen. In diesem Fall würde eine fehlende Medienpräsenz bei einem bedeutenden realen Ereignis auch zu einem Ausbleiben eines diskursiven Ereignisses auf der Diskursebene der Medien führen. Um einem realen Ereignis Medienpräsenz zu verleihen, muss das Ereignis nach der Medienlogik aufgebaut und an die Rezipienten ‚verkauft' werden.

3.1 NACHRICHTENSENDUNGEN

Nachrichtensendungen sind als spezifisches mediales Genre ein Fernsehformat mit der höchsten Reputation und der größten sozialen Relevanz im Vergleich zu anderen Fernsehformaten. Sie werden von den Rezipienten als authentischer und mit einem höheren Wahrheitsgehalt bewertet.[27]

„Zweifel an der Authentizität solcher „Nachrichtengeschichten" entstehen nur dann, wenn ein Element innerhalb der berichteten Wirklichkeit das Misstrauen der Rezipienten weckt, oder das Berichtete eigenen Erfahrungen entgegensteht."[28]

---

paradigmatischen Gedächtnismedien. (…) Mit der Wiederholung einer Bildformel wurde also mehr aufgerufen als ein bestimmtes Motiv: die Durchschlagskraft der Bilder umfasste ihre energetische Reaktivierung. Das grundsätzlich mit einem ambivalenten Überschuss ausgestattete Symbol nannte er eine »Energiekonserve«. (…) Bilder entwickeln (…) eine ganz andere Übertragungsdynamik als Texte. Sie stehen, um es auf eine einfache Formel zu bringen, der Einprägungskraft des Gedächtnisses näher und der Interpretationskraft des Verstandes ferner. Ihre unmittelbare Wirkungskraft ist schwer zu kanalisieren, die Macht der Bilder sucht sich ihre eigenen Vermittlungswege." Aleida Assmann: Erinnerungsräume. Formen und Wandlungen des kulturellen Gedächtnisses. München 1999, S. 226 f.

26 Hannelore Bublitz: Differenz und Integration. Zur diskursanalytischen Rekonstruktion der Regelstrukturen sozialer Wirklichkeit. In: Reiner Keller, Andreas Hirseland, Werner Schneider und Willy Viehöver (Hrsg.): Handbuch Sozialwissenschaftliche Diskursanalyse. Bd. 1: Theorien und Methoden, Opladen 2001, S. 234.

27 Vgl. Michael Klemm: Nachrichten. In: Werner Holly, Ulrich Püschel und Jörg Bergmann (Hrsg.): Der sprechende Zuschauer. Wie wir Fernsehen kommunikativ aneignen. Wiesbaden 2001, S. 153.

28 Ebd., S. 300.

Nachrichtensendungen[29] erheben den Anspruch der „höchsten" Objektivität, da sie ein Abbild der Wirklichkeit zeichnen mit ‚realen' Geschehen und ‚realen' Personen.[30] Beispielhaft für den Anspruch an eine möglichst hohe Objektivität erhebt die öffentlich-rechtliche Fernsehanstalt, die gesetzlichen Programmgrundsätzen[31] unterliegt.

Die Redaktionen bedienen sich bei der Produktion von Fernsehsendungen an Selektionsmechanismen,[32] Komplexitätsreduzierungsmechanismen oder einfachem Weglassen von Informationen um eine Sendung zu produzieren. Die begrenzte Sendezeit beispielsweise der Tagesschau verpflichtet zu einem kurzen Bericht über ein bestimmtes Thema, oft im Sekundenbereich. Stellvertretend für einen gesamten Themenbereich oder ein Ereignis werden Ausschnitte, zum Beispiel Interviews, „Bilder des Tages", Sportereignisse, Kanzleransprachen u.a. ausgestrahlt. Begleitend von Kommentatoren oder Moderatoren werden die gesendeten Ausschnitte kommentiert und bewertet. Durch die hier verkürzt dargestellten Mechanismen der Fernsehproduktion kann es dann zur Bildung von Stereotypen kommen, wenn immer wieder mit der gleichen Kategorisierung innerhalb der Sprache, aber auch der Bilder gearbeitet wird.

3.2 EXKURS: STEREOTYP UND VORURTEIL

Der Begriff des Stereotyps ist von der Wissenschaft noch nicht eindeutig definiert, so dass hier eine grobe Übersicht über den Begriff des Stereotyps folgt um eine geeignete Definition für die Interpretation der Ergebnisse der hier vorgestellten Studie festzulegen.

Link bezeichnet beispielsweise seine Kollektivsymbole als „kulturelle Stereotypen", die in der Gesellschaft bestimmte Funktionen einnehmen, wie die Komplexitätsreduzierung oder die visuelle Darstellbarkeit von Text. Sie prägen sich durch das

---

29 Politische Magazine bilden innerhalb der Nachrichtensendungen ein Sonderformat und verfolgen die Idee eines kritischen oder investigativen Journalismus. Vgl. Werner Holly (Anm. 23) S. 56.

30 Vgl. Peter Hunziker: Medien, Kommunikation und Gesellschaft. Einführung in die Soziologie der Massenkommunikation. Darmstadt 1996, S. 51.

31 Das zeigt das Beispiel ARD: „Mit unterschiedlichen Formulierungen im einzelnen sind für die Landesrundfunkanstalten heute zumeist folgende Punkte geregelt: 1) die Verpflichtung auf die verfassungsmäßige Ordnung der Bundesrepublik, 2) die Achtung der Menschenwürde, 3) die Aufforderung, für Frieden, Freiheit und Völkerverständigung einzutreten, 4) die Pflicht, das gesellschaftliche Meinungsspektrum möglichst umfassend und fair widerzuspiegeln, 5) die Verpflichtung zu wahrheitsgetreuer und sachlicher Berichterstattung sowie zur sauberen Trennung von Nachrichten und Kommentaren und schließlich 6) das Recht zur Kritik wie das Recht kritisierter Personen oder Institutionen, ihre Gegenposition darzulegen." www.ard.de vom 13.05.2006. Impressum: ARD.de, Südwestrundfunk (SWR), Am Fort Gonsenheim 139, 55122 Mainz.

32 *Selektionsmechanismen* sind zum Beispiel. so genannte *Nachrichtenfaktoren*. Vgl. Roland Burkart (Anm 17), S. 287 ff.

gelernte System der Kollektivsymbole in den Köpfen der Menschen ein, das heißt sie sind im Bewusstsein präsent und lassen sich schnell abrufen.[33]

Vitouch definiert den Begriff so: „Stereotypen bilden ein begrenztes, unvollständiges Bild der Welt, ein Bild einer möglichen Umwelt, das Überschaubarkeit garantiert bzw. Orientierungspunkte liefert."[34] Diese Definition ist sehr weit gefasst und muss weiter differenziert werden. Um eine geeignete Definition des Begriffs Stereotyp zu finden, müssen Ein- und Abgrenzungen zu dem Begriff vorgenommen werden. Die Sozialpsychologie unterscheidet die Funktion von individuellen und sozialen Stereotypisierungen. Eine erste Abgrenzung erfolgt dadurch, dass die individuelle Perspektive[35] und die kognitiven Aspekte zur Herstellung von Stereotypen hier nicht weiter verfolgt werden. Die Eingrenzung erfolgt in Hinblick auf soziale Stereotype und deren Funktionen.

> „Es ist jedoch – (…) – genauso wahr, dass ein Stereotyp nur dann ein soziales Stereotyp wird, wenn es innerhalb einer sozialen Entität weit verbreitet ist. Solange Individuen eine gemeinsame soziale Zugehörigkeit teilen, die für sie von Bedeutung ist (…), wird die Auswahl von Kriterien für die Einteilung in Eigen- und Fremdgruppe und die Art der Charakteristika, die sie ihnen zuschreiben, direkt von den kulturellen Traditionen, Gruppeninteressen, sozialen Umwälzungen und sozialen Differenzierungen determiniert werden, die als der gesamten Gruppe gemeinsam angesehen werden."[36]

Diese Definition beinhaltet umfassendere Kriterien zur Beschreibung eines Stereotyps als die zu Beginn genannte Definition. Ein wesentliches Element ist die gemeinsame soziale Zugehörigkeit zur Eigengruppe (*in-group*) oder zur Fremdgruppe (*out-group*). Mittels bestimmter Merkmale und Eigenschaften werden Personen bewertet und der jeweiligen Gruppe zugeordnet.

> „Jede Meinung, Überzeugung oder Erwartung über die Merkmale und Eigenschaften von Frauen, Alten, Türken oder Linkshändern, die derart generalisiert ist, daß sie sich auf alle Personen bezieht, die diesen Kategorien zugeordnet werden, oder auf eine Person aufgrund der Zuordnung zu einer solchen Kategorie, wäre demnach als ein Stereotyp zu bezeichnen."[37]

---

33 Vgl. Siegfried Jäger (Anm. 15), S. 140.

34 Peter Vitouch (Anm. 19), S. 92

35 Auf der individuellen Ebene werden Stereotype als Werkzeuge betrachtet, mit deren Hilfe das Individuum sein Wertesystem verteidigen kann und dienen der kognitiven Strukturierung seiner sozialen Umwelt. Vgl. Henri Tajfel: Gruppenkonflikt und Vorurteil. Entstehung und Funktion sozialer Stereotypen. Bern 1982, S. 43 und 57.

36 Ebd., S. 57.

37 Stefan Ganter: Stereotype und Vorurteile; Konzeptualisierung, Operationalisierung und Messung. Arbeitspapier: Arbeitsbereich III/ Nr. 22. Mannheim 1997, S. 4.

Innerhalb der sozialen Stereotypisierungen können neutrale und wertgebundene soziale Kategorisierungen[38] unterschieden werden. Tajfel gibt allerdings keine eindeutige Antwort darauf, wie ein neutrales von einem wertenden Stereotyp zu unterscheiden ist. Eine neutrale Aussage, die ein Stereotypurteil beinhaltet, wäre nach Tajfel „Schweden sind groß". Er schreibt, dass ‚groß' nicht unbedingt heißt, dass es wertfrei ist, sondern dass eine positive oder negative Konnotation fehlt.[39] Der Hinweis auf die fehlende negative oder positive Konnotation bei einem neutralen Stereotyp ist in dieser Hinsicht zu wenig. Inwieweit eine positive oder negative Konnotation vorliegt, muss letztlich aus dem historischen Kontext und dem sozialen Umfeld herauskristallisiert und bewertet werden. Die zudem auftretenden methodischen Schwierigkeiten müssen außer Acht gelassen werden. Es soll davon ausgegangen werden, „daß Stereotype über Angehörige einer *out-group* in den allermeisten Fällen weitaus stärkere negative Konnotationen ausweisen, als Stereotype über Angehörige der *in-group* derjenigen Personen, die die entsprechende Meinung äußern."[40]

Die Stereotyp-Definition Vitouchs wird in der Sozialpsychologie um die Urteilsbildung beim Prozess der Stereotypisierung erweitert. Die Differenzierung zwischen einem wertneutralen und einem wertabhängigen Stereotyp macht auf ein weiteres Problem aufmerksam, wenn der Begriff des Vorurteils hinzugezogen wird.

Vitouch bezieht sich auf die Psychologen Katz und Braly, die eine Unterscheidung zwischen Stereotyp und Vorurteil vorgenommen haben. Demnach beziehen sich Vorurteile auf den affektiven Bereich und Stereotype auf den kognitiven Bereich der Einstellung gegenüber fremden Gruppen.[41] Eine Bestätigung dessen

---

38 „Die *Kategorisierung* irgendeines physischen oder sozialen Aspekts der Umwelt basiert auf der Anwendung bestimmter Kriterien für die Einteilung einer Anzahl von Items in mehr oder weniger umfassende Gruppierungen, die sich in bezug auf diese oder ähnliche Kriterien unterscheiden, sich jedoch in bezug auf die gleichen (oder ähnliche) Kriterien innerhalb jeder Gruppierung ähneln." Henri Tajfel (Anm.35) S. 44 oder kurz gesagt, „soziale Kategorisierung ist ein Prozeß, durch den soziale Objekte oder Ereignisse, die in bezug auf die Handlungen, Intentionen und das Wertesystem eines Individuums gleichwertig sind, zu Gruppen zusammengefaßt werden." siehe ebd., S. 101. Eine wichtige Unterscheidung für eine *Kategorisierung* stellt Werner Herkner vor: „Kategorisierung führt in der Regel zu *Akzentuierungen*: Einerseits werden die Unterschiede zwischen den Mitgliedern einer Kategorie (Gruppe, Nation, Rasse usw.) unterschätzt (es werden kleinere Unterschiede wahrgenommen als tatsächlich vorhanden sind). Andererseits werden gleichzeitig die Unterschiede zwischen den Mitgliedern verschiedener Kategorien überschätzt (akzentuiert)." Werner Herkner: Lehrbuch Sozialpsychologie. Bern 2001, S. 278.

39 Vgl. Henri Tajfel (Anm. 35), S. 50.

40 Ganter, Stefan: Stereotype und Vorurteile; Konzeptualisierung, Operationalisierung und Messung. Arbeitspapier: Arbeitsbereich III/Nr. 22. Mannheim 1997, S. 5. Tajfel erklärt den Wertunterschied zwischen der eigenen und einer fremden Gruppe als integralen Bestandteil des allgemeinen Sozialisierungsprozesses. Vgl. Henri Tajfel (Anm. 35), S. 102.

41 Vgl. Vitouch, Peter: Fernsehen und Angstbewältigung. Zur Typologie des Zuschauerverhaltens. Wiesbaden 2000, S. 94.

liegt aus wissenschaftlicher Sicht nicht vor. Es wurden viele Gemeinsamkeiten, wie Kategorisierungsmechanismen, Urteilsbildung, Orientierungsfunktion oder Generalisierungen[42], zwischen Stereotypen und Vorurteilen festgestellt, so dass das Postulat aufgestellt wurde, dass eine ähnliche Entstehungsursache zugrunde liegt.[43]

Vorurteile sind im Gegensatz zu Stereotypen eindeutig negativ konnotierte Einstellungen. Sie werden stärker durch indirekte als durch direkte Umwelterfahrungen erworben und weisen eine starke Änderungsresistenz auf.[44] Auch wenn keine exakte Grenze zwischen Stereotypen (im Besonderen wertabhängigen Stereotypisierungen) und Vorurteilen gezogen werden kann, liegt der feine Unterschied darin, dass sich nicht jede Stereotypisierung zu einem Vorurteil entwickeln muss.[45]

Für die hier vorliegende Untersuchung erweist sich die Stereotyp-Definition nach Ganter als geeignet. Er definiert Stereotype

„(…) als Meinungen bzw. Wahrscheinlichkeitsurteile über die Merkmale, Eigenschaften oder Attribute von Personen, die bestimmten Kategorien (oder Gruppen) zugeordnet werden, und zwar aufgrund dieser Zuordnung bzw. Kategorisierung."[46]

Die theoretischen Grundüberlegungen sind mit der Definition des Diskursbegriffs, den medientheoretischen Ansätzen und der Definition des Begriffs Stereotyp dargelegt worden. Im Anschluss wird die Forschungsfrage formuliert, der Materialkorpus festgelegt und das methodologische Vorgehen skizziert bevor die Ergebnisse der Untersuchung unter Punkt 5 vorgestellt werden.

---

42 Den Begriff *Generalisierung* beschreibt Ganter als „Verallgemeinerung der Wahrscheinlichkeitsurteile über spezifische Zusammenhänge zwischen Personen und Attributen auf alle Personen, die einer bestimmten Kategorie zugeordnet" sind. Vgl. Ganter, Stefan: Stereotype und Vorurteile; Konzeptualisierung, Operationalisierung und Messung. Arbeitspapier: Arbeitsbereich III/Nr. 22. Mannheim 1997, S. 3
43 Vgl. Peter Vitouch (Anm. 19), S. 94 f.
44 Vgl. ebd., S. 94 f. und vgl. Herkner, Werner: Lehrbuch Sozialpsychologie. Bern 2001, S. 393 f.
45 Vgl. ebd., S. 96.
46 Gantner, Stefan: Stereotype und Vorurteile. Konzeptualisierung, Operationalisierung und Messung. Arbeitspapier: Arbeitsbereich III/Nr. 22, Mannheim 1997, S. 4.

4. FORSCHUNGSFRAGE

Das Erkenntnisinteresse richtet sich auf die Darstellung bzw. mediale Konstruktion der Ostdeutschen und deren Wandel im Lauf der Zeit von 1987 bis 2005. Der Unterschied zu den bisher vorliegenden Studien liegt im Analysegegenstand, der auf die audiovisuellen Medien – hier das ARD-Politmagazin KONTRASTE – festlegt wurde. Folgende Forschungsfragen wurden zu Grunde gelegt:

- Welche Stereotype über die Ostdeutschen werden von dem Politmagazin KONTRASTE medial konstruiert?
- Welcher stilistischen Mittel der Sprache, wie Metaphern, Kollektivsymbole, Deutungsmuster oder Schlüsselwörter und aussagekräftigen oder symbolhaften Bildern bedient sich die Sendung?
- An welchen Merkmalen werden die ostdeutschen Stereotype festgemacht?
- Welche Wandlung erfährt das westliche Medienkonstrukt „der Ostdeutsche" in den Jahren von 1987–2005?
- Nach welchen Regeln wird die diskursive Formation gebildet?
- Wird das öffentlich-rechtliche Fernsehen seinem Anspruch auf Objektivität gerecht oder trägt es unmittelbar zu den in der Gesellschaft gängigen negativen Stereotypisierungen der Ostdeutschen bei?

Die Annahmen lauteten:

- A1: Es werden in dem Magazin KONTRASTE eindeutige Merkmale betont, die zur Stereotypisierung von Ostdeutschen führen.
- A2: Die Ostdeutschen werden im Vergleich zu den Westdeutschen in dem Politmagazin KONTRASTE negativ beurteilt.
- A3: Die Darstellung der Ostdeutschen ändert sich im Zeitraum 1987 bis 2005.

4.1 MATERIALKORPUS

Die Zusammenstellung des Materialkorpus erfolgte anhand der ab 1997 bis 2005 im Archiv abrufbaren 580 Beiträgen des ARD-Politmagazins KONTRASTE. Die erste Auswahl der 580 Beiträge ab 1997 folgte nach dem Kriterium ‚Beiträge mit spezifischem Bezug zu Ostdeutschland' und ‚Sonstiges'. Unter dem Kriterium ‚Beiträge mit spezifischem Bezug zu Ostdeutschland' sind alle die Beiträge zusammengefasst, deren Themen geographisch in Ostdeutschland liegen bzw. in allen Regionen östlich der ehemaligen Ost-West-Grenze. Die Beiträge zu ‚Sonstiges' umfassen alle Beiträge mit den Themen Gesamtdeutschland, Europa, Internationales und Berlin. Berlin wurde deshalb aus dem Materialkorpus herausgenommen, da vor der Wende keine spezifischen Beiträge aus Ost-Berlin vorliegen und nach der Wende Berlin nicht als typische ehemalige Ostregion gewertet werden kann. Auch steht Berlin wie keine andere Stadt für das geeinte Deutschland. Nach der ersten Sondierung beschränkt sich die Auswahl ab 1997 auf 91 Beiträge (ca. 15,7 % aller Beiträge[47]) mit spezifischem Bezug zu Ostdeutschland.

Die Zeit von 1987 bis 1996 wurde anhand der 3-teiligen DVD Edition des Magazins KONTRASTE[48] abgedeckt. Hier wurden 27 Beiträge ausgewählt, so dass der Materialkorpus insgesamt 118 Beiträge umfasst.

4.2 METHODOLOGISCHES VORGEHEN

Der Methode der Diskursanalyse liegt keine feste Struktur zu Grunde, sondern es müssen je nach Fragestellung Elemente der Diskursanalyse für ein spezifisches Forschungsdesign kombiniert werden. Das hierfür entwickelte Forschungsdesign gliedert sich in drei Arbeitsschritte: eine *Strukturanalyse*, eine *Grobanalyse* und eine *Feinanalyse*.

Die *Strukturanalyse* erfasst quantitative und formale Daten des Magazins KON-TRASTE. Die Ergebnisse der Strukturanalyse wurden verwendet um einen Materialkorpus für die Grobanalyse zusammen zu stellen. Die Materialaufbereitung ist ein entscheidender Faktor für die Diskursanalyse und dient der Vermeidung bzw. Reduzierung von Fehlinterpretationen. Die Strukturanalyse[49] umfasst die Beschreibung der Diskursebene und der Diskursposition, sowie die quantitative Erfassung der Beiträge nach Themen.

In der *Grobanalyse* wurden die KONTRASTE-Beiträge nochmals selektiert. Die Auswahl umfasst Beiträge, die als besonders aussagekräftig eingeschätzt wurden um einen möglichen Wandel der Darstellung der Ostdeutschen in den Jahren 1987–2005 im Magazin KONTRASTE zu kennzeichnen. Um einen Wandel der Darstellung der Ostdeutschen im Politmagazin KONTRASTE in den Jahren von

---

47 Bei der Studie ‚Fernsehen in Ostdeutschland. Eine Untersuchung zum Zusammenhang zwischen Programmangebot und Rezeption' konnte in erster Einschätzung für die Repräsentation Ostdeutschlands im Fernsehen (ARD, ZDF, SAT1, RTL, MDR) festgestellt werden, dass 9,1 % der Beiträge einen deutlichen Bezug zu Ostdeutschland aufweisen (Stichprobe aus dem Jahr 2001. Ähnliche Ergebnisse stellten sich in der Untersuchung von 1997/1998 heraus, so dass eine zeitliche Stabilität wahrscheinlich ist.). Das Magazin KONTRASTE hat im Jahr 2001 rund 14,8 % Beiträge mit spezifischem Bezug zu Ostdeutschland.

48 KONTRASTE – Auf den Spuren einer Diktatur. DVD-Edition und Begleitheft. Hrsg. von Thorsten Schilling im Auftrag der Bundeszentrale für politische Bildung Berlin 2005.

49 Die Strukturanalyse ist meiner Diplomarbeit um die Punkte „Spezifische Definition der diskursanalytischen Begriffe"; die Struktur, das Konzept und der Aufbau eines Beitrags des ARD-Politmagazins KONTRASTE ausführlich dargestellt.

1987–2005 zu erkennen, müssen in der Grobanalyse Zeitpunkte t1, t2, t3, etc. festgelegt werden um die Zeiträume zwischen den Zeitpunkten, beispielsweise $\Delta t1 = t2 - t1$, miteinander zu vergleichen. Die Zeitpunkte können hier nicht äquidistant festgelegt werden, sondern müssen anhand des Materialkorpus bestimmt werden, das heißt die Zeiträume sind in der Regel unterschiedlich lang. Die jeweiligen Zeiträume werden als spezifische Kategorien definiert, denen alle Beiträge des jeweiligen Zeitraums zugeordnet werden können.

Es wurde darauf geachtet, die Konzentration ganz auf das vorliegende Material zu richten und weder willkürliche Zeitmarkierungen vorzunehmen, noch sich an Definitionen ähnlicher Studien zu richten um einer Verfälschung der Ergebnisse vorzubeugen.

In der *Grobanalyse* wurde der festgelegte Materialkorpus gesichtet und nach aussagekräftigen Wörtern (sogenannten Schlüsselwörtern) und Begriffen durchsucht, die pro Beitrag gelistet wurden. Es erfolgte an dieser Stelle kein Rückgriff auf die vorliegenden Begleittexte[50] der einzelnen Sendungen. Ein Vergleich zeigte, dass beim Sehen und Hören eines Beitrags andere Begriffe oder Ausdrücke Aufmerksamkeit erzeugen und ins Gewicht fallen, als wenn der Text begleitend mitgelesen wird. Die Betonung des Moderators, die „Stimme im Hintergrund" bei einem Bericht und die Bilder lenken die Aufmerksamkeit des Betrachters und haben einen enormen Einfluss auf die Wirkung des Beitrags.

Für die *Feinanalyse* wurde jeweils ein typischer Beitrag (Diskursfragment) zu einer Kategorie ausgewählt und detailliert analysiert. Der Fokus richtet sich auf die Frage nach den Argumentationsstrukturen, die für die Konstruktion der Ostdeutschen in dem Magazin KONTRASTE verwendet werden. Methodisch wurde nicht auf eine Transkription der einzelnen Beiträge zurückgegriffen, noch erfolgte eine vollständige Filmanalyse, da dies für die Fragestellung und für den Umfang der Arbeit nicht als zielführend erachtet wurde. Wie können die ausgewählten Beiträge erfasst werden um methodisch nachvollziehbar zu sein?

Da die Frage einerseits auf das ‚Wie?' gerichtet ist und andererseits auf die Veränderung der Konstruktion der Ostdeutschen in dem Magazin KONTRASTE in den Jahren 1987 bis 2005, ist die Reflexion der Argumentationen wie der Bilder und Interviewpartner anhand einer detaillierten Erfassung notwendig. Das *Diskursfragment*[51] wurde in die drei Teile gegliedert: die *Anmoderation*, der *Bericht* und das *Schlusswort*. Die Anmoderation und das Schlusswort liefern dem Zuschauer durch den zusammenfassenden Charakter des Themas gleich eine Interpretation mit und sind daher besonders interessant.

---

50   Jeder Beitrag ist ab 31.07.1997 unter dem online – Archiv der KONTRASTE – Homepage auch als Text abzurufen. Dabei muss darauf hingewiesen, dass die Texte nicht komplett wortgetreu erfasst sind.

51   Diskursfragment = einzelner KONTRASTE-Beitrag.

5. ERGEBNISSE

Die empirische Arbeit gliedert sich schwerpunktmäßig in drei Arbeitsschritte: Strukturanalyse, Grobanalyse und Feinanalyse. Im Folgenden werden die wichtigsten Ergebnisse der Strukturanalyse und eine Zusammenfassung der Ergebnisse der Grob- und Feinanalyse vorgestellt.

5.1 STRUKTURANALYSE

Die Strukturanalyse enthält die Darstellung der Diskursebene und Diskursposition und die quantitative Erfassung der KONTRASTE-Beiträge sortiert nach Themen sowie einer kurzen Darstellung derselben[52].

Für die Diskursanalyse sind die Medien als Diskursebene bestimmt. Die Diskursposition erfolgt aus der Perspektive einer öffentlich-rechtlichen Rundfunkanstalt und deren Programmauftrag, das Meinungsspektrum möglichst umfassend wiederzuspiegeln. Analysegegenstand ist das ARD-Politmagazin KONTRASTE,[53] welches in der Zeit vor der Wende schwerpunktmäßig über die Ereignisse und Entwicklung des Ostblocks berichtete und sich nach der Wende hauptsächlich mit Ost-West-Themen befasste.

Für die Diskursposition und die daraus resultierende Interpretation der Ergebnisse ist der Redakteur Roland Jahn insbesondere in der ereignisreichen Zeit vor und kurz nach der Wende interessant. Der Redakteur Roland Jahn, der insbesondere für die DDR-Beiträge verantwortlich war, wurde 1983 aus der DDR gegen seinen Willen wegen „auffälligen" Verhaltens[54] zwangsausgebürgert. Ronald Jahn arbeitete eng mit dem westdeutschen Journalisten Peter Wensierski zusammen. Dabei entstanden

---

52 Die ausführlichen Ergebnisse können in meiner Diplomarbeit nachgelesen werden. Julia Belke: Die diskursive Konstruktion der Ostdeutschen aus der Sicht des Westens. Eine Diskursanalyse anhand des ARD-Politmagazins KONTRASTE in den Jahren 1987–2005., Universität Wien 2006.

53 Das ARD-Politmagazin KONTRASTE wird seit 1968 alle drei Wochen donnerstags in der ARD auf dem Sendeplatz um 21.45 bis 22.15 Uhr ausgestrahlt. Es werden durchschnittlich fünf Beiträge pro Sendung (pro Jahr ca. 60 Beiträge) mit einer durchschnittlichen Beitragslänge von 8 Minuten. Heute versteht sich das Magazin KONTRASTE als zeitkritisches Hintergrundmagazin. Vgl. hierzu http://db.ard.de/abc/main.index_abc, 25.05.2006, Impressum: ARD-Jahrbuch, Deutsches Rundfunkarchiv, Unter den Eichen 5, Haus C, 65195 Wiesbaden, E-Mail: ARD_Jahrbuch@hr-online.de.

54 Protestaktionen, Demonstrationen und deren Folgen wie Verhöre, Verhaftungen und Verurteilungen pflasterten bis dahin seinen Weg. „Dabei will Roland Jahn die DDR nicht verlassen, sondern sie verändern. Phantasievoll prangert er in Einzelaktionen Ungerechtigkeiten an und bringt sie mit Hilfe der westlichen Medien an die Öffentlichkeit. (…) Die erste Zeit in West-Berlin ist schwer, er will in die DDR zurück und weigert sich zunächst, den Pass der Bundesrepublik anzunehmen." http://www.jugendopposition.de, vom 25.05.2006, Impressum: Kooperationsprojekt der Bundeszentrale für politische Bildung und der Robert-Havemann-Gesellschaft e.V., www.bpb.de und www.havemann-gesellschaft.de.

eine Vielzahl von Beiträgen, die nicht nur den Untergang der DDR dokumentierten, sondern selbst zu ihrem Zerfall beitrugen.[55] Als kritischer Journalist unterstützte er vom Westen aus die Oppositionellen im Osten und arbeitete zusammen mit seinem westdeutschen Kollegen Peter Wensierski an zahlreichen Beiträgen für das Magazin KONTRASTE. Aufdecken, aufklären und informieren sind sein journalistisches Credo, das sich durch alle KONTRASTE-Beiträge zieht an denen er mitgewirkt hat. Bis zum Fall der Mauer hat Roland Jahn unter dem Pseudonym „Jan Falkenberg" recherchiert und veröffentlicht.

Für die quantitative Erfassung der KONTRASTE-Beiträge nach Themen ab 1997 konnten anhand der ersten Sondierung in der Strukturanalyse 91 von 580 ausgestrahlten Beiträgen (= 15,7 % aller Beiträge) dem Diskursstrang „Ostdeutsche im Politmagazin KONTRASTE"[56] zugeordnet werden. Die Zeit von 1987 bis 1996 wurde durch die 3-teilige DVD Edition abgedeckt. Da es sich hierbei um eine Zusammenstellung von Beiträgen zu dem Thema „DDR-Vergangenheit" handelt, wurden diese Beiträge nicht in die Statistik der Strukturanalyse mit aufgenommen um eine Verzerrung der Ergebnisse zu vermeiden. Prozentual verteilen sich die Themen wie folgt:

- 27,5 %   *Rechte Szene*
- 18,7 %   *DDR-Vergangenheit*
- 13,2 %   *Politik*
- 13,2 %   *Gewalt*
- 9,9 %   *Wirtschaft/Arbeit*
- 8,8 %   *Umwelt*
- 6,6 %   *Alltag*
- 2,2 %   *Bildung*

5.1.1 Rechte Szene

Fast 1/3 der Beiträge (27,5 %) können dem Thema *Rechte Szene* zugeordnet werden.[57] Zusammen mit dem prozentualen Anteil (13,2 %) der Beiträge zum Thema *Gewalt* beschäftigen sich ca. 40 % mit kriminellen und gewalttätigen Themen. Dieser Prozentsatz ist ein bemerkenswert hoher Anteil an negativer Berichterstattung. Die Berichterstattung über Kriminalität und Gewalttaten, worunter die rechte Szene subsumiert wird, auch wenn sie in erster Linie politisch motiviert ist, verbreitet Angst.

---

55 Vgl. Begleitheft zu der DVD-Edition: Kontraste – Auf den Spuren einer Diktatur. Die DDR am Ende. Hrsg. von Thorsten Schilling im Auftrag der Bundeszentrale für politische Bildung Berlin 2005, S. 9.

56 Grundlage für die Sondierung war das Kriterium „Beiträge mit spezifischem Bezug zu Ostdeutschland."

57 Dabei wurden Beiträge, die sich mit den Parteien und den Parteimitgliedern der NPD oder DVU auseinandersetzen zu dem Themenblock *Rechte Szene* gezählt, da eine Zuordnung unter dem Thema *Politik* eine Verschleierung des hohen Anteils an rechtsextremen Themen bewirkt hätte.

Es wird dadurch das Gefühl vermittelt, dass die Menschen in Ostdeutschland sich zum einen nicht im Griff haben und zum anderen, dass die Politik die Gewalt nicht im Griff hat. Es stellt sich die Frage, auf welchem fruchtbaren Boden die national-sozialistischen Ideen aufgehen? Welche gesellschafts-politischen Probleme können ab 1997 in Ostdeutschland hierzu herangezogen werden? Welche Argumente werden in dem Magazin KONTRASTE angeführt? Diese Hintergründe und Argumentations-strategien werden in der Grobanalyse herausgearbeitet und in Hinblick auf die Dar-stellung der Ostdeutschen reflektiert.

5.1.2 DDR-Vergangenheit

Die *DDR-Vergangenheit* ist ein weiteres wichtiges Themenspektrum im Politmaga-zin KONTRASTE und weist in den Jahren 1997–2005 mit 17 Beiträgen einen Anteil von 18,7 % auf. Hinzukommen weitere 27 Beiträge von der 3-teiligen DVD-Edition aus den Jahren 1987–1996. Es kann hier keine genaue prozentuale Gewichtung der Themen zu der DDR-Vergangenheit im Gesamtprogramm des Magazins KON-TRASTE in diesen Jahren angegeben werden. Das Jahr 1996 markiert jedoch unge-fähr die Hälfte des zu untersuchenden Zeitraums, so dass ein Vergleich mit der ersten Hälfte von 1987–1996 und 1997–2005 vorgenommen werden kann. Wenn zudem noch davon ausgegangen wird, dass die 27 Beiträge auf der 3-teiligen DVD-Edition eine Selektion von Themen der DDR-Vergangenheit sind, kann eine deutliche Abnahme der Beiträge, von 27 auf 17, in der zweiten Hälfte des Untersuchungszeit-raums festgestellt werden.

Diese Abnahme ist durch die Minderung der Brisanz des Themas *DDR-Vergan-genheit* zu erklären. Dies soll allerdings nicht heißen, dass eine Aufarbeitung der Geschichte heute fehl am Platz ist – ganz im Gegenteil. Die Aufarbeitung der DDR-Geschichte steckt eigentlich erst in den Anfängen. Die Emotionen, die Aufdeckung von Geheimakten der Stasi, die hohe Öffentlichkeit der Missstände in der DDR nach der Wende hatten eine ganz andere Qualität der Aufarbeitung im Vergleich zu heute. Heute, fast 20 Jahre nach der Einheit Deutschlands, wird die Forderung nach einem würdigen Umgang mit der Geschichte laut. Dies ist ein wichtiger und notwendiger Schritt für die Menschen im Osten und für die Zukunft Deutschlands. In jüngerer Zeit entwickeln sich neue, aktuelle Fragen in Hinblick auf die Ostdeutschen. Spiegeln sich diese Fragen im Magazin KONTRASTE derzeit wieder? Wird eine Veränderung bereits deutlich?

5.1.3 Politik

Das Thema *Politik* ist in den Jahren 1998 und 2002 für den Raum Ostdeutschland stark vertreten. Bei beiden Jahren handelt es sich um Wahljahre.[58]

Logo des ARD-Magazin KONTRASTE aus dem Jahr 1991. (Abbildung von der Website 40 Jahre Kontraste. Abdruck m. freundlicher Genehmigung durch RBB-Online.)

5.1.4 Gewalt

Das Thema *Gewalt* ist relativ stetig vertreten und zeichnet sich durch keine strukturellen Besonderheiten aus. Thematisch beziehen sich die meisten Beiträge auf Gewaltakte aus der rechten Szene. Die Grenze zwischen *Rechte Szene* und *Gewalt* ist fließend. Daraus erklärt sich jedoch wieder der hohe Prozentsatz von ca. 40 % an kriminellen und gewalttätigen Themen (siehe *Rechte Szene*).

---

58 Beiträge wie beispielsweise: „Sachsen-Anhalt Rechtsradikale auf dem Weg ins Parlament behandelt" (Kontraste Beitrag vom 23.04.1998), „Testwahl unter Erstwählern: Wie rechts ist die Jugend in Ostdeutschland?" (Kontraste Beitrag vom 14.05.1998) oder „Saubermänner und Schreihälse: Der Kampf der Rechten um die Wähler I. Landtagswahlkampf der NPD in Mecklenburg-Vorpommern" (Kontraste Beitrag vom 20.08.1998) wurden dem Themenblock *Rechte Szene* zugeordnet.

Gewalt in Nachrichtensendungen ist eine Besonderheit gegenüber Gewaltphänomenen und -darstellungen in anderen Fernsehformaten. Nachrichtensendungen sind ‚veröffentlichte' Gewalt, das heißt es sind keine Gewaltszenen aus dem Studio, sondern Gewaltakte, die in der sozialen Welt stattgefunden haben.[59]

> „Gewalt-Kommunikation ist hier primär Kommunikation über Gewalt. (…) Gewalt in den Nachrichten wird gezeigt, nicht gemacht. Dadurch freilich, dass sie und wie sie gezeigt wird, kann sie wiederum in ihren Verläufen beeinflusst werden. (…) Gewalt in den Nachrichten steht also keineswegs neutral zu der Gewalt in der Welt. Aber die Gewalt, über die hier berichtet wird, ist nicht ihre, es ist eine Gewalt, zu deren Potenzierung oder Eindämmung ihrer Berichte auf unterschiedliche Weise beitragen können."[60]

Gerade weil die Gewalt in dem Magazin KONTRASTE und besonders in Bezug auf die Ostdeutschen so häufig thematisiert wird, ist in der Grobanalyse darauf noch näher einzugehen.

5.1.5 Wirtschaft/Arbeit

Für den Bereich *Wirtschaft/Arbeit* ist es bedauerlich, dass keine Daten aus früheren Jahren vorliegen. Anhand der hier vorgenommenen Statistik lässt sich sagen, dass erst in jüngerer Zeit, fast 15 Jahre nach der Wiedervereinigung, die wirtschafts- und arbeitspolitischen Themen in Bezug auf Ostdeutschland an Quantität im Politmagazin KONTRASTE zunehmen.

Ursache hierfür ist, dass gerade anlässlich der magischen Jahreszahlen, wie 15 Jahre Deutsche Einheit, ein Blick zurück geworfen und Bilanz gezogen wird. Die Arbeitslosenquote bewegt sich im Osten Deutschlands seit 2000 auf einem konstant hohen Niveau und die Anzahl der Erwerbstätigen sinkt von Jahr zu Jahr. Die Politik sucht Antworten auf die Frage nach dem Verbleib der „blühenden Landschaften", die Bundeskanzler Helmut Kohl einst bei der deutschen Wiedervereinigung versprochen hat. Das Magazin KONTRASTE fokussiert die Themen auf den „gescheiterten Aufbau Ost", fragt nach den Milliarden, die in den „Aufbau Ost" geflossen sind und widmet sich „den" Arbeitslosen von „drüben". Gerade im Bereich Wirtschaft/Arbeit ist es interessant zu fragen, welches Bild von den Ostdeutschen gezeichnet wird und wo Schuldige für die wirtschaftliche Misere gesucht werden.

---

59 Vgl. Angela Keppler: Mediale Gewalt. Eine Theorie des Fernsehens am Beispiel der Darstellung von Gewalt., Frankfurt am Main 2006, S. 221.
60 Ebd., S. 221.

5.1.6 Umwelt

Der Themenblock *Umwelt* bezieht sich hauptsächlich auf die Flutkatastrophen im Osten Deutschlands. Dies macht sich quantitativ in den Jahren 1997 (erste Flutkatastrophe) und 2002 (zweite Flutkatastrophe) mit jeweils 3 Beiträgen bemerkbar. Die Umwelt spielt bis auf zwei weitere Beträge in den Jahren 1999 und 2005 keine Rolle. Auf die Frage, warum Umweltthemen nicht stärker im Magazin KONTRASTE vertreten sind, konnte keine eindeutige Antwort gefunden werden.

5.1.7 Alltag

Die Themen *Alltag* sind 10 Jahre nach der Wiedervereinigung noch präsent und werden in den Folgejahren immer weniger. Ab 2002 ist sogar kein Beitrag mehr mit dem Schwerpunkt *Alltag* zu verzeichnen. Spezifische Ursachen hierfür können allerdings nicht genannt werden.

5.1.8 Bildung

Zu dem Thema *Bildung* gibt es nach 1997 nur zwei Beiträge und damit ist dieser Anteil bemerkenswert gering. Denn gerade der Bildungssektor war durch einen extremen Wandel nach der Wiedervereinigung Deutschlands gekennzeichnet. Beispielweise war der Wissenschaftsumbau[61] ein Prozess der über Jahre auch öffentlich kontrovers diskutiert wurde. So wurde an den Universitäten und Hochschulen der neuen Bundesländer eine Evaluierung der Lehrenden durch spezielle Kommissionen vorgenommen, die zu vielen Entlassungen aus dem Staatsdienst führten. Es ist erstaunlich, dass kein prägnanter Diskurs über das Thema Bildung im Politmagazin KONTRASTE stattgefunden hat. Gründe für diese Unterrepräsentation des Bildungsbereichs konnten hier nicht gefunden werden.

---

61 „Betrachtet man, was den ostdeutschen Wissenschaftlern und Wissenschaftlerinnen der Umbruch gebracht hat, so ist zunächst zu konstatieren: Nahezu jede und jeder von ihnen hat seit 1990 eine Veränderung des beruflichen Status erfahren müssen. Die Aufwärtsmobilität (von der wissenschaftlichen Mitarbeiterin zur Professorin etwa) war dabei signifikant geringer als die Abwärtsmobilität (vom Wissenschaftler zum Vorruheständler, vom Professor zum sogenannten Professor alten Rechts, von der unbefristeten Oberassistentin zur befristeten Projektmitarbeiterin, vom Industrieforscher zum Versicherungsvertreter und so weiter). Im Ganzen ist das ursprünglich tätige Personal stark dezimiert, deutlich vermännlicht sowie verwestlicht worden." Peer Pasternack: Wissenschaftsumbau. Der Austausch der Deutungseliten. In: Hannes Bahrmann und Christoph Links (Hgrs.): Am Ziel vorbei. Die deutsche Einheit – Eine Zwischenbilanz. Berlin 2005, S. 226.

Zusammenfassend zeigt sich bereits bei dieser ersten Analyse, dass durch die hohe Anzahl an kriminellen und gewalttätigen Themen in Bezug auf Ostdeutschland (fast 40%) die Region Ostdeutschland als eine „Gefahrenzone" dargestellt wird, in der Angst und Schrecken dominieren.

5.2 ERGEBNISINTERPRETATION DER GROB- UND FEINANALYSE: SECHS TOPOI ÜBER DIE OSTDEUTSCHEN

In der Grobanalyse wurden die in der Strukturanalyse ausgewählten 118 Beiträge[62] nochmals nach dem Kriterium „besonders aussagekräftig" beurteilt, so dass der Materialkorpus 86 Beiträge umfasst. Nach einer ersten Sicht des vorliegenden Materials konnten fünf Zeitpunkte festgemacht werden, an denen ein Vorher-Nachher-Vergleich vorgenommen werden konnte und ein deutlicher Wandel in der Darstellung zu erkennen war. Es ist nicht überraschend, dass die Zeitpunkte, die für das Politmagazin KONTRASTE ermittelt wurden, mit den historischen Daten zusammenfallen, insbesondere nach dem Mauerfall am 09. 11. 1989.

- t_0: 1987 (Beginn des Analysezeitraums)
- t_1: „Niedergang der DDR-Wirtschaft"[63]
- t_2: „09. 11. 1989 – Mauerfall"
- t_3: „Oktober 1990 – Deutsche Einheit"
- t_4: „10 Jahre Deutsche Einheit"
- t_5: „15 Jahre Deutsche Einheit"
- t_6: 2006 (Ende des Analysezeitraums)

---

62 118 Beiträge = 27 Beiträge der DVD-Edition (1987–1996) + 91 Beiträge (1997–2005)

63 t1 wurde mit „Niedergang der DDR-Wirtschaft" benannt, da der Zeitraum von 1987–1988 durch die schlechte wirtschaftliche Lage bestimmt war und zumindest ein wichtiger Faktor war, warum es in der DDR gärte und die Jugend auf die Strassen ging. Jörg Roesler schreibt: „Wann diese Fehlentwicklung eingesetzt hatte, wann man merkte, dass die DDR-Wirtschaft es nicht mehr schaffen würde, aus der Sackgasse, in die sie hineinmanövriert worden war, herauszukommen, dazu machten die in den 90er-Jahren befragten Wirtschaftsfunktionäre, leitenden Ingenieure, meister oder Facharbeiter ganz unterschiedliche Angaben. (…) Aber auch die obersten Ränge der zentralen Wirtschaftsleitung tätigen Funktionäre haben nach der Wende unterschiedlich auf die so beliebte Frage der Journalisten und Sozialwissenschaftler aus der Bundesrepublik geantwortet, wann ihnen denn gewahr geworden sei, dass die DDR-Wirtschaft mit eigener Kraft nicht mehr aus ihrem Tief herauskommen konnte. Genannt wurden die Phasen seit beginn der 70er Jahre, der beginn und die Mitte der 80er-Jahre sowie 1988 bzw. das Frühjahr 1989." Jörg Roesler: Ostdeutsche Wirtschaft im Umbruch 1970–2000. Bonn 2003, S. 51.

Bis auf den Zeitpunkt „Fall der Mauer" sind alle anderen Zeitpunkte fließende
Grenzen. Der Fall der Mauer wird in den vorliegenden KONTRASTE-Beiträgen
nicht explizit thematisiert, das heißt die Freudenbilder, die Umarmungen der Ost-
und Westdeutschen, die Besetzung der Mauer sind hier kein Thema. Nach den Untersuchungen von Printmedien konnte herausgefunden werden, dass die Darstellungen
an diesem Tag ein ganz besonderes Bild von Ost- und Westdeutschen vermittelten, wie
in der Einleitung dargestellt wurde.

Die KONTRASTE-Beiträge über die Zeit vor der Wende zeigen den Wandel in
der Darstellung der Ostdeutschen in sehr kurzen Zeitabständen. Die kurzen Zeitabstände sind ein Hinweis darauf, wie schnell sich die Ereignisse in den Jahren vor und
kurz nach der Wende die Hand gaben und die Stimmung in der DDR beeinflussten.
Besonders die Jugend in der DDR bekommt vor der Wende in dem Magazin KON-
TRASTE eine öffentliche Stimme.

Generell können Veränderungen in der Berichterstattung vor und nach der Wende
festgestellt werden, wobei die Zeit nach der Wende in drei Phasen gegliedert werden
kann.[64]

Vor der Wende wird in erster Linie Bürgernähe vermittelt. Es werden hauptsächlich Interviews mit der Jugend in der DDR, den Oppositionellen und Kirchen-
vertretern geführt. Der Staat und seine Vertreter kommen so gut wie nicht zu Wort.
Das mag vor allem daran liegen, dass die Filmaufnahmen zu dieser Zeit illegal entstanden sind. Filmaufnahmen von DDR-Politikern und SED-Spitzenleuten sind in
dem Überwachungsstaat DDR nicht ohne Genehmigung möglich gewesen. Die Ar-
beitsbedingungen für westliche Journalisten wurden in der DDR sehr restriktiv aus-
gelegt.[65] Der Westen galt als Feindbild und westliche Journalisten mussten sich jedes
Interview offiziell genehmigen lassen. Die in KONTRASTE gesendeten Beiträge
stammen aus informellem Material von DDR-Oppositionellen mit Unterstützung
westlicher Medien. Das Bild des DDR-Staates wird nur aus der Sicht der Oppositionellen erzeugt, das heißt wie die Bürger über den Staat denken und wie sie die Verhältnisse in diesem Staat beschreiben.

Der Westen als ‚Gegenstück' zum Osten tritt eher am Rande in Erscheinung,
dafür mit einer starken Symbolkraft. Einmal werden so genannte Ausgereiste, die
von der DDR in den Westen gezogen sind, interviewt. Ein Ehepaar schätzt besonders

---

64 Es wird hier von Tendenzen gesprochen, da eine methodisch exakte Nachvollziehbarkeit an dieser Stelle
    nicht geleistet werden kann. Um methodisch nicht nur manifeste, sondern auch latente Bedeutungsstruk-
    turen herauszuarbeiten, müssten Filmprotokolle bzw. Filmtranskripte angefertigt werden. Dies wurde
    für die Erfassung des Wandels in der Darstellung der Ostdeutschen über den langen Zeitraum von 1987
    bis 2005 als nicht zielführend erachtet. Angela Keppler entwickelt in ihrem Buch „Mediale Gegenwart.
    Eine Theorie des Fernsehens am Beispiel der Darstellung der Gewalt", Frankfurt/M 2006, ein Verfahren
    für die Herstellung von Filmtranskripten.
65 Vgl. Begleitheft zu der DVD-Edition KONTRASTE (Anm. 55), S.8.

die freie Meinungsäußerung und die Selbstbestimmung im Westen. Ein anderes Mal werden Westdeutsche als „Retter" gezeigt, die Flüchtige aus der DDR noch aus dem Grenzfluss ziehen als bereits die Grenzsoldaten mit dem Motorboot unterwegs waren. In erster Linie sind alle Berichte vor der Wende ganz nah am Menschen und beinhalten in der Regel lange Interviews, die durch ausdruckstarke Bilder begleitet werden.

Nach der Wende können **drei Phasen** der Berichterstattung unterschieden werden. Die erste Phase reicht ungefähr bis zum Jahre 1996, die zweite Phase bis zu den Jahren 1999/2000 und die dritte Phase bis zum Ende des Jahres 2005.

In der *ersten Phase* nach der Wende werden in der Berichterstattung die Gegenpositionen Bürger und Staat stark herausgearbeitet. Der Staat bekommt ein Gesicht. Es sind nicht mehr nur die Erzählungen der Bürger, so wie es vor der Wende war, sondern es werden direkte Einblicke hinter die Staatsmauern geworfen und Beamte des Staates vor der Kamera zur Rechenschaft gezogen. Auch in der ersten Phase werden Interviews dem Bericht vorgezogen. Der Westen wird in erster Linie durch das Magazin KONTRASTE selbst vertreten. Das Magazin KONTRASTE versteht sich in der ‚heißen' Phase als ein Medium, dass Missstände in der DDR aufdeckt und aufklärt.

In der *zweiten Phase* kommt immer mehr der Bericht zum Einsatz und die Interviews werden kürzer. Der DDR-Bezug wird weniger und die neuen Landesregierungen kommen in den Fokus des Magazins KONTRASTE. Auch nimmt sich das Magazin KONTRASTE selbst in den Darstellungen zurück. An dessen Stelle treten Vertreter des Westens. Menschen aus den westlichen Regionen Deutschlands, die vorher weniger als Interviewpartner in den Vordergrund getreten sind, bekommen eine „eigene" Stimme. Zudem ist eine deutliche Zunahme von Expertenwissen zu beobachten, wie Kriminologen, Bevölkerungswissenschaftler und Politologen.

In der *dritten Phase* tritt der Bürger aus Ostdeutschland in den Hintergrund und die Region Ost tritt in den Vordergrund. Die Region Ost kann wiederum in die Positionen der Bürger und die der Landesregierungen Ostdeutschlands aufgeteilt werden. Der Westen tritt in den Hintergrund. Unterschiedlich sind in der dritten Phase auch die Darstellungsformen. Vorher sind die thematischen Ereignisse, über die berichtet wurde „erzählt" worden. In jüngerer Zeit werden Szenen nachgestellt, insbesondere Gewaltakte, die zum Teil mit dramatischer Musik hinterlegt werden um eine stärkere Wirkung zu erzielen. Allerdings kann noch von keiner boulevardesken Darstellungsform gesprochen werden.

Die Zeiträume zwischen den genannten Zeitpunkten (t_0–t_6) bilden die *Kategorien*, in denen ein spezifisches Bild der Ostdeutschen in dem Magazin KONTRASTE konstruiert wurde. Es konnten sechs Kategorien für den Zeitraum 1987–2005 analysiert werden:

- *Mutige Bürger und hilfloser Staat*
- *Der Bürger zwischen Aufbruch und Resignation*
- *Der Bürger zwischen Aufklärung und Ohnmacht*
- *Der Bürger – das Opfer: Damals dem Staat ausgeliefert und heute unzufrieden, unbeweglich, unsicher und fremdenfeindlich*
- *Die Ostdeutschen und ihre Handlungsdefizite*
- *Die Ostdeutschen – neuer Mut und zurück zu den Wurzeln*

Im Folgenden werden die Ergebnisse der Grob- und Feinanalyse[66] zusammenfassend dargestellt.

5.2.1 „Mutiger Bürger – Hilfloser Staat"

In der ersten Kategorie wurden, wie der Titel der Kategorie bereits ausdrückt, die ostdeutschen Bürger als mutig und der Staat als hilflos dargestellt. Hauptsächlich werden die Diskurse über die Ostdeutschen an der Jugend, der Presse, der Kirche und der Friedensbewegung in der DDR festgemacht. Den Bürgern wurden Merkmale zugeschrieben, die einen selbstbewussten, starken und individualisierten Menschen kennzeichnen, der sich gegen die kollektive Vereinnahmung des Staates einsetzt. Das Magazin KONTRASTE erzeugte durch den Kontrast zwischen der Darstellung des mutigen Bürgers und des hilflosen Staates eine stärkere Wirkung auf beiden Seiten. Die Diskursposition des Magazins KONTRASTE ist dabei deutlich. Es gibt den Bürgern in der DDR, die etwas verändern wollen, eine Stimme. Die Diskurse formieren sich aus der Perspektive der Oppositionellen in der DDR. Es kommen immer wieder Personen zu Wort, wie junge Leute, Künstler oder Kirchenvertreter, die etwas in der DDR verändern wollen und keinen Umsturz des politischen Systems forcieren. Maßgeblichen Einfluss auf die Perspektive der Oppositionellen in dem Magazin KONTRASTE hat der Journalist Roland Jahn, der im Jahr 1983 aus der DDR zwangsausgebürgert wurde und einer derjenigen ist, der die Oppositionellen in der DDR auch tatkräftig unterstützt. Er schmuggelt Kameras von West nach Ost und Filmmaterial wieder von Ost nach West, welches dann in den KONTRASTE-Beiträgen verwendet wurde.

---

66 In der Grobanalyse wurden die jeweiligen Kategorien in drei Arbeitsschritten erfasst. Zuerst erfolgt die grobe inhaltliche Erfassung der Kategorie. Welche Diskurse dominieren innerhalb des festgelegten Zeitabschnitts in den KONTRASTE-Beiträgen über die Ostdeutschen? Aus welcher Perspektive wird berichtet und wie werden die Ostdeutschen dargestellt? Der zweite Teil erfasst auszugsweise die wichtigsten Schlüsselwörter mit denen die Ostdeutschen und ihr „Gegenüber" beschrieben werden. Der dritte Teil ist ein kurzer Ausschnitt von besonderen eindrucksvollen und aussagekräftigen Bildern und Tönen (Musik). In der Feinanalyse wurde ein KONTRASTE-Beitrag exemplarisch für die jeweilige Kategorie ausgewählt. Jeder KONTRASTE-Beitrag gliedert sich in drei grobe Abschnitte: *Anmoderation, Bericht* und *Schlusswort*. Anhand der Dreiteilung wurde die Feinanalyse systematisch durchgeführt.

Die diskursiven Regeln in der Kategorie *Mutiger Bürger – Hilfloser Staat* können dahingehend benannt werden, dass das Magazin KONTRASTE einerseits auf Kontraste in der Berichterstattung setzt und andererseits die Bürger auf eine spezifische Weise dargestellt werden. Diese äußert sich beispielsweise in der Konstruktion des mutigen Bürgers darin, dass junge Menschen ihren Wunsch vom selbst bestimmten und spontanen Leben in der DDR ausleben wollen. Gerade der Begriff „Spontanität" ist ein Zeichen der Zeit. Die junge Generation in der DDR wünscht sich Veränderungen in ihrem Staat, die besonders die friedlichen Absichten der Veränderungen betonen. Dabei werden von dem Magazin KONTRASTE Beispiele wie Wanderungen, Floß fahren oder Radtouren mit Freunden angeführt, die einen außerordentlich „harmlosen" Charakter haben und im Grunde keine Bedrohung für den Staat sein können. Da allerdings gerade diese harmlosen Freizeitaktivitäten bei der SED und deren Mitgliedern bereits Furcht auslösen, wird die Hilflosigkeit des Staates besonders unterstrichen.

Der Mut der Bürger macht sich nicht nur in der Musikszene und in der Jugend breit. Immer weitere Bereiche der DDR-Gesellschaft „proben den aufrechten Gang."[67] Die Aufbruchsphase nimmt stärkere Formen an und zeigt sich in dem Aufbegehren der Bürger. Sie fordern eine „lebendige"[68] Presse und eine kulturelle wie wirtschaftliche Zusammenarbeit zwischen Ost und West. Sie wollen „mündig"[69] und ein Partner des Staates sein. Die Literatur- und Kunstszene geht einen ganz eigenen Weg und bringt Zeitungen mit den Titeln wie „Aufbrüche", „Antipädagogik", „Kopfsprung", „Wohnsinn", „Öffnungszeit" oder „Grenzfall" auf den Markt.[70] In jedem Titel wird die Forderung nach Selbständigkeit deutlich. Die Bürger empfinden den Staat als übergroßen „Erziehungsberechtigten"[71], der als Erziehungsmethoden nur Einschüchterung, Drohung und Entmündigung zu bieten hat. Die Bevormundung des Staates erzielt allerdings nicht mehr die gewünschte Wirkung. Der Staat sieht sich dem Volk immer weiter ausgeliefert und tritt die Flucht in Repressalien an.

Auffällig sind die Lieder, die zum Teil mit Text in den Beitrag eingebaut sind. Die Lieder und die Texte wecken starke Emotionen bei dem Betrachter. Die Musik als Symbol für die Freiheit, die Freiheit des Künstlers und der Menschen, die dieser

---

67 B3 „Glasnost von unten – Drang nach Pressefreiheit" vom 25.08.1987, [21:20'-21:21'], CD „Aufbruch im Osten. 1987 – 1989. Geheime Videos und mutige Bürger." DVD-Edition (Anm. 55).

68 Ebd., [27:29'].

69 Ebd., [25:45'].

70 Vgl. ebd., [32:09'-32:57'].

71 B2 „Tanzen aus der Reihe – Rebellion am Brandenburger Tor" vom 18.06.1987, [17:12'], CD „Aufbruch im Osten. 1987–1989. Geheime Videos und mutige Bürger." DVD-Edition (Anm. 55).

Musik ein Ohr schenken. Ein Ausschnitt aus dem Vorspann des Beitrags „Tanzen
aus der Reihe – Rebellion am Brandenburger Tor", dass der Ostberliner Liedermacher
Stephan Krawczyk[72] als Zeichen der Zeit singt:

> „Wir standen zu Pfingsten da unter den Linden, da wo schon im Osten vorm
> Brandenburger Tor. Der Westwind, der Tröster lud von seinem Rücken das
> Rockfest von drüben leis' in unser Ohr. Das Tor war geschlossen, wie an
> jedem anderen Ruhetag in dieser haltlosen Stadt. Wir fühlten uns wieder
> gehörig betrogen und hatten die Mauer am Tore so satt."[73]

Die Hilflosigkeit des Staates kommt in den täglichen Artikeln der DDR-Presse zum
Ausdruck. Diese Artikel decken nicht die Missstände in der DDR auf, sondern
arbeiten mit Beschönigungen und Entstellungen. Die DDR-Presse liefert unentwegt
die gleichen Erfolgsmeldungen und präsentiert sich dabei monoton und eintönig.[74]
Und sie fürchtet die unabhängige Presse der Bürgerbewegungen.

In der Zeit von 1987 bis ungefähr 1988 stellt das Magazin KONTRASTE die
Ostdeutschen und insbesondere die Jugendlichen in der DDR als positiv eingestellt,
als friedlich und mutig dar.

5.2.2 „Der Bürger zwischen Aufbruch und Resignation"

In den achtziger Jahren, besonders am Ende der Dekade, konnten die wirtschaftlichen Probleme des Staates den DDR-Bürgern kaum noch verheimlicht werden. Die
marode Wirtschaft zeigte sich in dem Zerfall der Häuser, in der ansteigenden Fluk-
tuation der Arbeitskräfte[75] und in der allgemeinen gesellschaftlichen Unzufriedenheit. Das Bild über die Ostdeutschen wandelt sich zu dieser Zeit in dem Magazin
KONTRASTE und es wird ein Bild von einem ostdeutschen Bürger konstruiert, der
zwischen Aufbruchstimmung und Resignation schwankt. Die zweite Kategorie
wurde daher „*Der Bürger zwischen Aufbruch und Resignation*" benannt.

---

72 „*Stefan Krawczyk* wurde 1955 in Thüringen geboren. In der DDR konnte der oppositionelle Sänger und
    Liedermacher nach einem Berufsverbot nach 1985 nur noch im Schutz der Kirche auftreten. 1988 wurde
    er inhaftiert und in den Westen abgeschoben. Heute lebt Krawczyk als freier Autor, Komponist und
    Sänger in Berlin." In http://www.bpb.de/veranstaltungen/2PVH9B,0,0,Interview_mit_Stefan_Kraw-
    czyk.html, vom 08.06.2006, Impressum: Bundeszentrale für politische Bildung, Adenauerallee 86,
    53113 Bonn. Weitere Infos über die Musik von Stephan Krawczyk unter http://www.stephan-krawczyk.de/

73 B2 „Tanzen aus der Reihe – Rebellion am Brandenburger Tor" vom 18.06.1987, [13:14'–13:54'], CD
    „Aufbruch im Osten. 1987–1989. Geheime Videos und mutige Bürger." DVD-Edition (Anm. 55).

74 Vgl. B3 „Glasnost von unten – Drang nach Pressefreiheit" vom 25.08.1987, [26:29'–26:38'], CD „Auf-
    bruch im Osten. 1987–1989. Geheime Videos und mutige Bürger." DVD-Edition (Anm. 55).

75 Vgl. Jörg Roesler (Anm. 63) S. 48 f.

Auch in dieser Kategorie setzt das Magazin KONTRASTE auf scharfe Kontraste, um ein Bild der Ostdeutschen medial zu transportieren. Einerseits wird der Kontrast zwischen dem Staat und dem Bürger aufrechterhalten und andererseits werden Differenzen zwischen den Forderungen der Bürger deutlich. Der Staat hält weiterhin an seinen eingefahrenen Repressalien fest und verweigert eine politische Diskussion mit seinen Bürgern. Die Bürger untereinander sind sich über den richtigen Weg in die Zukunft nicht einig, so dass der Staat noch seine „Macht" ausüben kann. Die Bürger haben sich zu dieser Zeit in zwei Lager geteilt. Die einen treten für ein engagiertes Bleiben in der DDR ein und die anderen fordern die Öffnung der Grenzen mit der Möglichkeit die DDR zu verlassen.

Die Diskurse erstrecken sich in dieser Kategorie über Künstler, Ausreisewillige, die Presse, die Kirche, Wahlen und den Alltag in der DDR. In einem Interview mit der DDR-Künstlerin und Theatermacherin Freya Klier[76] wird die Stimmung im DDR-Staat fühlbar:

> „Eben weil diese Schizophrenie, das ich jetzt, vielleicht romantisiere ich das auch, die in den sechziger oder Anfang der siebziger Jahre nicht da war, weil wir die Hoffnung hatten, dass das besser wird, dass es nur viele werden müssen um in dieser Gesellschaft etwas nach vorn zu bewegen. Daran glaubt zur Zeit, glaube ich, überhaupt niemand mehr. Und dadurch ist diese Schizophrenie, also hier ist mein Privatleben, hier sage ich, was ich denke, in meinem Freundeskreis, Familie. Nach außen sage ich dass, was von mir verlangt wird, damit ich keinen Ärger habe. Das ist, also, das ist der Normalzustand geworden."[77]

Das Wort „Schizophrenie"[78] taucht in einigen Beiträgen dieser Zeit von unterschiedlichen Personen auf. Die Schizophrenie ist ein Zeichen der Zeit: Das Wechselspiel zwischen dem Ich-Gefühl und Wir-Gefühl in der DDR kommt immer klarer zum Vorschein.

Der Fluchtdrang der Mensch ist an der Tagesordnung. Der Dialog mit dem Staat ist gescheitert. Die Menschen schwanken zwischen der Flucht in den Westen, in ein unsicheres Leben und in eine unsichere Zukunft oder der Fügsamkeit dem Staat gegenüber. Ausgereiste, die sich im Westen eine neue Existenz aufgebaut haben, kommen zu Wort. Es sind Wissenschaftler, Akademiker, die ‚Guten' und ‚Fleißigen',

---

76 Freya Klier wurde 1950 in Dresen geboren und arbeitete als Künstlerin in der DDR. 1980 war sie Mitbegründerin der DDR-Friedensbewegung. 1985 gab es gemeinsame Auftritte mit dem Liedermacher Stefan Krawczyk in evangelischen Kirchen. 1988 wurde sie unfreiwillig aus der DDR ausgebürgert und lebt heute in Berlin. Weitere Informationen unter http://www.freya-klier.de/

77 B5 „Widerstehen vom Staatskünstler zum Staatsfeind" vom 16.02.1988, [51:51'-52:30'], CD „Aufbruch im Osten. 1987–1989. Geheime Videos und mutige Bürger." DVD-Edition (Anm. 55).

78 Ebd., [51:54']

die die DDR verlassen. Sie verlassen die DDR nicht aus materiellen Gründen, sondern sie drängt die Suche nach der Freiheit der autonomen Meinungsäußerung aus ihrer Heimat. Aber es gibt auch andere, die diesen Schritt nicht wagen.

> „Außerhalb der Magistralen aber verkamen die Altbaugebiete immer mehr. Die Menschen, die dort wohnen blieben, arrangierten sich mit den Umständen und gewöhnten sich daran wie an so vieles andere auch."[79]

Der Bürger im Aufbruch zeigt sich frech, provokativ, mündig und selbstkritisch. Seine emanzipatorischen Gedanken drängen zum Aufbruch, zur Flucht, zum Dialog und zur Veränderung. Die Vergleiche von Zuständen mit Funktionen des menschlichen Körpers werden symbolisch in den Begriffen der „Bluttransfusion von Ost nach West" und der Stadt, die wieder mit Leben gefüllt werden muss, umgesetzt. Die „Ochsen und Esel"[80], die sich dem Sozialismus in den Weg stellen, demonstrieren in der Unnachgiebigkeit des Ochsen und in der Sturheit des Esels den Widerstand der Bürger gegen ihren Staat.

Farben werden als Symbol für den Aufbruch eingesetzt. Das „bunte Treiben"[81] setzt Farbe und Aktivität in einen Kontext und spiegelt den Bürger im Aufbruch wieder.

Es wird aber auch ein gegensätzliches Bild von den Ostdeutschen zu dieser Zeit vermittelt, ein Bild der Resignation. Die Bilder Aufbruch und Resignation halten sich bis zu den Montagsdemonstrationen die Waage. Das Schwanken zwischen Revolution und Aufgabe ist stets latent vorhanden. Wörter wie „Befürchtung", „Depression", „Verbitterung" und „Perspektivlosigkeit" begleiten das Bild des Bürgers, der in seiner Resignation gefangen ist. Verben und Adjektive wie „verzweifeln", „verleugnen", „wehrlos" und „ausgeliefert sein" unterstützen diesen Eindruck.

Die Energie, die noch vor einem Jahr in dem „mutigen Bürger" steckte, ist verflogen. Die Schwäche wird insbesondere durch die menschlichen Symbole erzeugt. Die „Ohnmacht" und die „Krankheit" ergreifen die Menschen und lassen die Opposition „krank und blass"[82] erscheinen.

---

79 Begleitheft zu der DVD-Edition KONTRASTE (Anm. 55), S.30.
80 B11 „Nichts geht mehr – Wo sind die Reformer?" vom 12.09.1989, [2:09:07'–2:09:12'], CD „Aufbruch im Osten. 1987–1989. Geheime Videos und mutige Bürger." DVD-Edition (Anm. 55).
81 B10 „Wie wir hier leben – Frust und Verfall in Leipzig" vom 12.09.1989, [1:56:11'], CD „Aufbruch im Osten. 1987–1989. Geheime Videos und mutige Bürger." DVD-Edition (Anm. 55).
82 B11 „Nichts geht mehr – Wo sind die Reformer?" vom 12.09.1989, [2:02:15'], CD „Aufbruch im Osten. 1987–1989. Geheime Videos und mutige Bürger." DVD-Edition (Anm. 55).

Die Diskursposition, geprägt durch Roland Jahn, bleibt in dieser Kategorie bestehen. Die diskursiven Regeln in der Kategorie sind die mediale Darstellung von Kontrasten, die durch Wortgruppen und Bilder hervorgerufen werden. Auch der scharfe Szenenwechsel erhöht den Eindruck der Kontraste und Unterschiede zwischen den Positionen innerhalb der Bürgerbewegungen und zwischen dem Bürger und dem Staat. Das Bild des Ostdeutschen bleibt trotz seines „Schwankens" positiv konnotiert. Der ostdeutsche Bürger ist ein aktiver, bewusster und demokratischer Mensch, der seinem Recht auf Freiheit Ausdruck verleiht.

5.2.3 „Der Bürger zwischen Aufklärung und Ohnmacht"

Die dritte Kategorie „*Der Bürger zwischen Aufklärung und Ohnmacht*" formiert sich nach dem Mauerfall am 09. November 1989 bis zur deutschen Einheit im Oktober des Jahres 1990. Diese Zeit ist geprägt von Erkenntnissen der DDR-Bürger über ihren Staat. Die Zeit der Aufklärung und der Aufdeckung von Missständen und Lügen in der DDR und besonders seitens der Staatssicherheit werden von dem Magazin KONTRASTE aktiv begleitet. Der Diskurs erstreckt sich in dieser Kategorie hauptsächlich auf die Funktionen und Handlungen der Stasi.

Der Journalist Roland Jahn kämpft in dieser Zeit an vorderster Front mit und setzt sich für die bedingungslose Aufklärung der Machenschaften der Staatssicherheit ein. In den KONTRASTE-Beiträgen wird in dieser aufregenden und emotionsgeladenen Zeit ein Bild des Bürgers zwischen Aufklärung und Ohnmacht transportiert. Einerseits wollen die Bürger bzw. die Bürgerkomitees alles über ihren Staat und in gewisser Weise auch etwas über sich selbst erfahren und andererseits gewinnen angesichts der Erkenntnis über ihren Staat und die Stasi teilweise die Ohnmachtgefühle die Oberhand. Die Stasiarchive, das Herz der Staatssicherheit, ist ein Ort der Aufklärung und Ohnmacht zugleich. Das Magazin KONTRASTE transportiert die Emotionen durch den Journalisten Roland Jahn, der selbst in den Fokus des Geschehens rückt und während der Dreharbeiten seine Akte findet. Damit wird eine hohe Personalisierung und emotionale Bindung des Zuschauers an Roland Jahn ermöglicht. Der Zuschauer verfolgt dadurch den Bericht aus der Perspektive von Roland Jahn. Die Kontraste werden in dieser Kategorie weniger und verschwimmen. Das „aktive" Magazin KONTRASTE wirkt eher als Verstärker für den aufklärenden Willen der Bürgerkomitees. Roland Jahn verbindet mit der Aufklärung auch immer die Aufarbeitung der Geschichte.

Interessant ist das Interview mit einer IM (inoffizielle Mitarbeiterin) des ehemaligen MfS und den Umgang mit ihrer persönlichen Geschichte. Wie kam es zu diesem Interview mit dem Spitzel Monika Haeger? Auf die Frage antwortet der Journalist Roland Jahn:

„Weil, es ging eigentlich darum, dass auch solche Menschen eine Chance haben, sich ehrlich zu machen. Ich glaube, dass kann nur funktionieren, wenn der Versuch unternommen wird, dass sie sich der Wahrheit nähern. Natürlich werden sie viele Dinge nicht richtig sagen, nicht richtig einordnen, aber dass hier eine Frau ist, die versucht hat, wirklich damit umzugehen mit dem Problem, das sie für die Stasi gespitzelt hat."[83]

Der Staat und seine Vertreter, die sich hinter dem Schweigen und dem Vergessen verstecken, werden den Bürgerkomitees im Politmagazin KONTRASTE gegenübergestellt. Besonders brisant ist die Konfrontation mit einem ehemaligen Spitzel. Es sind erdrückende und beklemmende Minuten mit denen der Zuschauer sich auseinandersetzen muss. Roland Jahn vertritt die Rolle des Therapeuten, der den Spitzeln und Lügnern eine Chance gibt wieder aufrecht gehen zu können.[84] Die Wahrheit muss raus. Ist die ‚Therapie' nur eine Therapie für den Spitzel oder werden durch diese Gespräche nicht auch die Wunden von Roland Jahn behandelt? Eine Frage auf die es keine Antwort gibt, die aber nachdenklich stimmt über den Charakter dieses Beitrags.

Im Magazin KONTRASTE werden die Bürger wieder zu einer ‚homogenen Masse'. Es sind die Bürgerkomitees, die die Aufklärung der Funktionen der Staatssicherheit fordern um die Erfahrungen in der DDR zu begreifen und zu verarbeiten. Die Gefühle innerhalb der Bürgerkomitees und Oppositionellen wechseln von dem Gefühl des Triumphs bis hin zu Gefühlen der Ernüchterung. Der Triumph wird durch das Vorstoßen in das Innere, in das Herzstück[85] des Geheimdienstes vermittelt und die Ernüchterung erfolgt durch die Interviews mit ehemaligen Mitarbeitern der Stasi, die auf Verschweigen, Vernichtung und Verweigerung setzen.

Der *aufklärungswillige Bürger* wird mit Verben wie „aufarbeiten", „besetzen", „vordringen" oder „interessieren" erzeugt. Alle Verben drücken eine Aktivität, eine Vorwärtsbewegung aus. Der „Sturm" ist ein Symbol aus der Natur. Ein Sturm lässt sich nicht bändigen, er fegt über die Landschaft hinweg und fördert mit seiner Kraft Neues zu Tage. Der Sturm auf die Stasi erfolgt durch die Bürgerkomitees. Sie dringen bis in das innere Archiv des MfS vor und decken Unheimliches auf: Die Kontrolle und Überwachung durch den Staat hatte ungeahnte Ausmaße. Die Bürger überkommt angesichts der überdimensionalen Anzahl der Stasiakten das Gefühl der Ohnmacht.

---

83 B20 „Die Wahrheit muss raus – Bekenntnisse einer Stasi-Agentin" vom 16.10.1990, [1:33:12'–1:33:40], CD „Wendezeiten 1990–1991. Das ende von mauer, macht und Staatssicherheit" DVD-Edition (Anm. 55).
84 Vgl. ebd., [1:33:41'–1:33:40'].
85 Vgl. B15 „Vernichten oder aufbewahren? – Stasi-Akten als politische Zeitbombe" vom 13.03.1990, [22:43'–22:50'], CD „Wendezeiten 1990–1991. Das ende von mauer, macht und Staatssicherheit" DVD-Edition (Anm. 55).

Die *Ohnmacht* der Bürger wird durch Begriffe wie „unklar", „zur Kenntnis nehmen" oder die „Entscheidungen haben andere gefällt" hervorgerufen. Die Bürger werden in dem Magazin KONTRASTE als „Werkzeug der SED" beschrieben. Ein Werkzeug ist ein Gegenstand, dass keine eigene Aktivität ausdrückt, sondern nur benutzt wird um bestimmte Funktionen zu erfüllen. Viele Bürger fühlen sich ‚benutzt' und ‚verladen' durch ihren Staat. Das Bürgerkomitee bezeichnet sich in den Beiträgen öfters als Feigenblattfunktion für den Staat. Das Feigenblatt, ein Symbol aus der Natur und der Religion, weist darauf hin, dass etwas verdeckt werden soll. Hinter dem Rücken der Bürgerkomitees wurde der Auftrag von ehemaligen Stasileuten erteilt, Stasi-Akten und elektronische Datenträger auf der Stelle zu vernichten. Oft waren bedeutende Akten bereits vor dem Eintreffen des Bürgerkomitees verschwunden oder vernichtet.

Als Kontrast zu den aufklärungswilligen Bürgern wird der Staat mit seinen gegenteiligen Handlungen in dem Magazin KONTRASTE gesetzt um eine stärkere Wirkung des Drangs nach Aufklärung zu erzielen. Auch hier wird der Staat mit den Symbolen der Familie in Verbindung gebracht, er wird als Mutter- und Vaterersatz beschrieben. Die Mitglieder der Staatssicherheit, wie sie in dem Magazin KONTRASTE vorkommen, werden mit Wörtern in einen Kontext gestellt, die negativ konnotiert sind. Es sind Begriffe wie „Schlussstrich ziehen", „Spuren beseitigen" und „Spuren tilgen", „Verweigerung", „Vernichtung", „Verfolgung" oder „Verharmlosung".

Die zeitlichen Abstände der ersten drei Kategorien sind sehr kurz und dokumentieren die Turbulenzen und die Stärke der Veränderungen in dieser Zeit. Auch wenn die Wende der DDR als eine friedliche, demokratische Revolution in die Geschichte eingegangen ist, kann nicht außer Acht gelassen werden, dass es für die Bevölkerung eine sehr ereignisreiche und emotionale Zeit war. Dass die Medien die Wirklichkeit auf ihre ganz eigene Art und Weise konstruieren steht außer Frage. Dennoch liegt die Vermutung nahe, dass Nachrichtensendungen mit Hinblick auf den Anspruch an Objektivität zumindest eine Tendenz der gesellschaftlichen Stimmung einfangen, auch wenn sie eine eigene Perspektive der Darstellung und Thematisierung wählen.

5.2.4 „Der Bürger – das Opfer: Damals dem Staat ausgeliefert und heute unzufrieden, unbeweglich, unsicher und fremdenfeindlich"

Die vierte Kategorie „*Der Bürger – das Opfer: Damals dem Staat ausgeliefert und heute unzufrieden, unbeweglich, unsicher und fremdenfeindlich*" beinhaltet den größten Zeitabschnitt aller Kategorien. Die Schwierigkeiten der Analyse dieser Kategorie werden hier kurz erläutert. Die Diskurse über die Ostdeutschen in dem Magazin KONTRASTE konnten bis zum Jahre 1997 nur anhand der DVDs, die der Rundfunk Berlin Brandenburg mit der Bundeszentrale für politische Bildung

herausgebracht hat, analysiert werden. Ab dem Jahr 1997 stehen alle Beiträge der
einzelnen KONTRASTE-Sendungen online auf der ARD Homepage zur Verfügung.
Daher wurde die Kategorie in zwei Abschnitte geteilt, in die Jahre vor 1997 und in
die Jahre danach. Es konnte zwischen beiden Abschnitten ein Wandel in der Konstruktion der Ostdeutschen beobachtet werden. Ob dies allerdings auf die Voraus-
wahl der DVD-Beiträge zurückzuführen ist oder ob dieser Wandel tatsächlich in
dem Magazin KONTRASTE zu verzeichnen ist, kann nicht mit hundertprozentiger
Sicherheit gesagt werden. Es wird hier davon ausgegangen, dass dieser Wandel
innerhalb der Kategorie tatsächlich stattgefunden hat.

In den Jahren vor der Jahrhundertflut im Jahr 1997 werden die Ostdeutschen als
die Opfer ihres Staates dargestellt. Die ‚wirklichen‘ Opfer des DDR-Regimes kommen in dem Magazin KONTRASTE zu Wort. Die diskursiven Regeln in diesem
Zeitabschnitt formieren sich um Familiengeschichten. Die Familienmitglieder sind
entweder selbst Opfer geworden oder haben ein Opfer in der Familie zu beklagen.
Alle Beiträge dieser Zeit greifen auf Familienfotos zurück und bauen auf Emotionen
auf. Die Leiden der Opfer bleiben Erzählungen der Opfer und werden nicht nachgestellt. Allerdings werden zum Teil Interviews an den Orten der Leiden und Qualen
durchgeführt, um dem Zuschauer einen Eindruck von den Zuständen und Missständen in der DDR zu vermitteln.

In der Zeit nach der Jahrhundertflut wird ein ganz anderer Opfer-Typ als vorher
konstruiert. Hier muss darauf hingewiesen werden, dass das Themenspektrum sich
ausbreitet, da alle KONTRASTE-Beiträge zur Verfügung stehen. Anhand der Strukturanalyse konnte gezeigt werden, dass mehr als 40 % der Beiträge über die Ostdeutschen gewalttätige oder rechtsextremistische Themen behandeln. Bereits die quantitative Analyse belegt die negative Tendenz der Berichterstattung. Der hohe Anteil
an Themen über Gewalt widerspricht dem allgemeinen Anspruch auf objektive und
ausgewogene Berichterstattung, besonders in Hinblick auf einen öffentlich-rechtlichen Sender. Dieser andere Opfer-Typ ist in dem Magazin KONTRASTE durch
eine starke negative Konnotation gekennzeichnet. Dabei erstreckt sich die negative
Konnotation über alle Themenbereiche des Magazins KONTRASTE. Wie wird der
negative Eindruck über die Ostdeutschen in der Zeit nach 1997 konstruiert?

Die Ostdeutschen sind nicht nur Opfer ihrer Geschichte, sondern der Opfer-Typ
macht sich in allen Lebensbereichen bemerkbar. Beispielsweise sind die fremdenfeindlichen Jugendlichen Opfer der DDR-Erziehung. Sie haben durch die Zwangskollektivierung in der DDR nicht gelernt mit Fremden oder überhaupt mit Fremdar-
tigen umzugehen. Die Bürger sind Opfer der Gewalt und die Vertreter des Staates
sind Opfer ihrer Hilflosigkeit gegenüber den gewalttätigen Jugendlichen.

---

86 Weitere Beispiele anhand der Themen DDR-Vergangenheit, Gewalt, Umwelt du Alltag können in meiner
    Diplomarbeit nachgeschlagen werden.

Ein Beispiel[86]: Woher kommt die rechtsradikale Stimmung bei den Jugendlichen? Der Kriminologe Prof. Dr. Christian Pfeiffer[87] hat dafür eine ganz einfache Erklärung. Die hohe Fremdenfeindlichkeit der Ostdeutschen kommt durch die Erziehung der DDR. Der Kriminologe Pfeiffer formuliert seine These wie folgt:

> „Meine These heißt: Menschen, die in ihrer Kindheit massiv davon geprägt wurden, dass sie in der Gruppe stark sind, aber einzelnen schwach, wenn denen später Fremdes gegenübertritt, dann fühlen sie sich unsicherer als ein anderer, der sehr souverän, selbstbewusst in seiner Kindheit hat groß werden können, sich selber sehr sicher geworden ist, wer er ist und mit wem er umgeht, und der von daher gelassen und freundlich mit Fremden umgeht, sich auch auseinandersetzen kann."[88]

Die DDR-Erziehung mit ihrer Zwangskollektivierung ist wesentlich an dem Fehlverhalten der kriminellen Jugendlichen schuld. Die Fremden- und Ausländerfeindlichkeit der Jugendlichen lässt sich auch in dem „Drang zum Anderssein"[89] und in ihrem „Imponiergehabe"[90] erkennen. Dabei sind die rechtsradikalen Jugendlichen keine Randerscheinung, sondern sind in allen Reihen der Gesellschaft zu finden, sogar im Gymnasium sitzen die „Kahlgeschorenen"[91].

Wer sind die Opfer? Es können drei unterschiedliche Opfer-Typen ausgemacht werden. Zum einen sind die rechtsradikalen Jugendlichen die Opfer der Gesellschaft. Sie haben keinen Platz mehr in dem ‚neuen' Deutschland gefunden und fühlen sich vom Leben ausgegrenzt. Als Grund für das Gefühl der Ausgrenzung kann die hohe Arbeitslosigkeit unter den Jugendlichen herangezogen werden. Durch die Arbeitslosigkeit nehmen sie nicht mehr an dem Leben der ‚Andern', welche die Arbeit haben, teil. Der Blick in eine aussichtsreiche Zukunft weicht dem Blick in die Perspektivlosigkeit. Aber auch die Bürger sind Opfer, weil sie in ihrer Stadt täglich der Bedrohung der Jugendlichen ausgesetzt sind. In jeder Ecke „schlummert die Gefahr"[92] und die Angst macht sich in den Städten breit. Als dritter Opfer-Typ werden die Vertreter der Regierungen, die Polizei und der Bürgermeister dargestellt, die den rechtsradikalen Jugendlichen hilflos gegenüber stehen.

---

87 Einzelne Artikel von dem Kriminologen Christian Pfeiffer können unter http://www.kfn.de/profdrpfeiffer.shtml abgerufen werden (vom 10.06.2006, *Impressum*: Kriminologisches Forschungsinstitut Niedersachsen e.V., Lützerodestr. 9, 30161 Hannover).

88 B45 „Rechtsextremismus und Fremdenfeindlichkeit: Ist die DDR-Erziehung schuld?" vom 18.03.1999, [03:30'–04:02'], Quelle: http://www.rbb-online.de/_/kontraste/archiv_jsp.html, vom 10.06.2006, *Impressum*: RBB, Berlin.

89 B32 „Bürger in Angst – Rechtsfreie Räume für rechte Jugendliche" vom 19.02.1998, [00:30'–00:31'], Quelle wie Anm. 88.

90 Ebd., [00:32'].

91 Ebd., [03:28'].

92 Ebd., [07:48'].

Die rechtsradikalen Jugendlichen werden in den Beiträgen des Politmagazins KON-
TRASTE aber auch von Opfern zu Tätern. Die Polarisierung zwischen den Tätern
und ihren Opfern äußert sich in den „gewaltbereiten"[93] jugendlichen Tätern und den
„friedfertigen"[94] Bürgern als Opfer. Durch die Hilflosigkeit des Bürgermeisters oder
der Polizei wird die Polarisierung noch verstärkt. Die Sorge um den „Ruf"[95] oder um das
„Image"[96] der Stadt werden laut.

Die „Opfer" werden aber auch als unbeweglich dargestellt, beispielsweise wenn
sie sich mit ihrer DDR-Vergangenheit auseinandersetzen müssten. Sie werden dargestellt, als seien sie nicht in der Lage diesen Fragen selbst nachzugehen und eigen-
verantwortlich Nachforschungen anzustellen. Das negative Bild der Ostdeutschen
zeigt sich in Begriffen und Wörtern, die für die Zuschreibung dieser Schwächen
charakteristisch sind, wie beispielsweise „unzufrieden", „unbeweglich", „unsicher"
und „fremdenfeindlich".

Logo des ARD-Magazin KONTRASTE aus dem Jahr 1997. 1997. (Abbildung von der Website 40 Jahre
Kontraste. Abdruck m. freundlicher Genehmigung durch RBB-Online.)

---

93   B34 „Die Polizei und das Gesetz: kein Rechtsstaat für Radikale" vom 02.04.1998, [00:18'], Quelle wie
     Anm. 88.
94   B50 „Eggesin und der alltägliche Rassismus: Ein Dorf möchte vergessen" vom 09.12.1999, [03:10'],
     aus http://www.rbb-online.de/_/kontraste/archiv_jsp.html, vom 10.06.2006, *Impressum*: RBB, Berlin.
95   B34 „Die Polizei und das Gesetz: kein Rechtsstaat für Radikale" vom 02.04.1998, [00:14'], Quelle wie
     Anm. 88.
96   B50 „Eggesin und der alltägliche Rassismus: Ein Dorf möchte vergessen" vom 09.12.1999, [04:03'–
     04:04'], Quelle wie Anm. 88.

5.2.5 „Die Ostdeutschen und ihre Handlungsdefizite"

Die negative Konnotation verstärkt sich in der anschließenden Kategorie „*Die Ostdeutschen und ihre Handlungsdefizite*". Nun stehen nicht mehr unterschiedliche Typen von Opfern, sondern der ostdeutsche Bürger als Person im Vordergrund. Ihnen werden in nahezu allen Lebensbereichen „Handlungsdefizite" zugeschrieben. Für diese Handlungsdefizite werden eine Reihe von Ursachen angeführt, die hier nicht nochmals alle genannt werden können. Interessanter ist die Beobachtung, dass die Ursachen für die Handlungsdefizite ‚in den ostdeutschen Bürgern' selbst gesucht werden und in den Medien daher als spezifische Merkmale der Ostdeutschen transportiert werden.

Der Diskurs über die Handlungsdefizite der Ostdeutschen zieht sich durch alle Bereiche des Lebens. Ein Gegendiskurs kann in den KONTRASTE-Beiträgen nicht erkannt werden. Der ‚Westen' und das Magazin KONTRASTE treten in den Berichten in den Hintergrund und verschwinden größtenteils gänzlich. Die Beiträge konzentrieren sich hauptsächlich auf die Situation im Osten ohne einen Vergleich zu Westdeutschland innerhalb der Beiträge vorzunehmen. Beispielsweise in den Beiträgen zu dem Thema ‚*Wirtschaft/Arbeit*', dem Sonderfall, werden die Ostdeutschen mit eindeutig negativen Bedeutungszuschreibungen konstruiert. Zudem tritt der potenziell starke Westen hier als Gegensatz zu dem potenziell schwachen Osten auf. Zehn Jahre nach der Wiedervereinigung muss sich der Osten die Frage stellen lassen, was er eigentlich mit dem Geld gemacht hat, welches der Westen großzügig in den Osten pumpte. Die Antwort ist ernüchternd. Ostdeutschland ist von den ‚blühenden' Landschaften, die einst bei der Wiedervereinigung versprochen wurden, weit entfernt. Stattdessen ist der Osten Deutschlands eine „Ödnis, wüst und leer"[97].

Die Handlungsdefizite der Ostdeutschen werden besonders bei dem Thema Geld laut. Nach jahrelanger Planwirtschaft sind sie der westlichen Marktwirtschaft nicht gewachsen, haben überhaupt kein Feeling für Geld und können noch weniger damit umgehen. Im Osten Deutschlands wurden die „Milliardensummen verfrühstückt"[98] und „Millionen versickerten im Märkischen Sand"[99]. Der „bröckelnde Aufbau Ost"[100] ein Beweis für das Ausmaß der „Verschwendung"[101], der „Pleiteminister"[102] Stolpe ein Zeichen für die Handlungsdefizite des Ostens.

---

97 B65 „Nachtrag: Freude im Osten: Stoiber kommt!" vom 24.01.2002, [00:34'–00:36'], aus http://www.rbb-online.de/_/kontraste/archiv_jsp.html, vom 10.06.2006, *Impressum*: RBB, Berlin.

98 Vgl. B78 „Aufbau Ost – Sachsen kanns, der Rest versagt" vom 22.04.2004, [05:46'–05:49'], Quelle wie Anm. 88.

99 B77 „Fass ohne Boden – wie auch in Zukunft Steuermilliarden in Osten versickerten" vom 04.12.2003, [00:34'–00:37'], Quelle wie Anm. 88.

100 B78 „Aufbau Ost – Sachsen kanns, der Rest versagt" vom 22.04.2004, [01:36'–01:38'], Quelle wie Anm. 88.

101 Ebd., [00:24'].

102 B77 „Fass ohne Boden – wie auch in Zukunft Steuermilliarden in Osten versickerten" vom 04.12.2003, [02:30'], Quelle wie Anm. 88.

Dass die Marktwirtschaft doch eigentlich immer das bessere Konzept war, zeigt der blühende Westen. Als Beispiel wird Oberbayern dem Zuschauer vor die Augen geführt. Der Zuschauer bekommt eine „Idylle"[103], „gepflegte Dörfer"[104] und eine „urbayrische Gemütlichkeit"[105] zu sehen. Damit ist aber nicht genug. Auch die Arbeitsplätze haben in Bayern einen ganz besonderen Charme. Es wird ein Werk vorgestellt, „Licht durchflutet"[106] und „hochmodern"[107]. Jeder Mitarbeiter hat seinen eigenen Tiefgaragenplatz und das Betriebsrestaurant ist an einem See gelegen. Auch das Arbeitsverhältnis zwischen den Arbeitskollegen und zu den Vorgesetzten ist „einwandfrei"[108]. Das Beste in Bayern ist, dass hier dringend Facharbeiter gesucht werden, die auch noch doppelt so viel verdienen wie im Osten. Dagegen werden die arbeitslosen Facharbeiter in Ostdeutschland gezeigt, die in Bayern so dringend gesucht werden. Im Kontrast zu dem erfolgreichen Bayern und den motivierten Arbeitskräften sieht der Osten ziemlich schwach aus. Die Menschen sind „unzufrieden"[109], „Wut und Empörung"[110] macht sich breit. An der „kämpferischen Stimmung fehlt"[111] es gänzlich und sie sind „unsicher"[112] und „skeptisch"[113]. Trotz der Perspektivlosigkeit wollen sie nicht weg von ihrer Umgebung und das Arbeitsamt zeigt für diese Einstellung auch noch Verständnis. Das Arbeitsamt stützt ihre „Trägheit"[114] und die „Angst"[115] von zu Hause weggehen zu müssen. Die ostdeutschen Facharbeiter beschäftigen sich derweil mit sinnlosen Arbeiten. Die Ostdeutschen werden als unbeweglich, unmotiviert und undankbar dargestellt mit dem deutlichen Hinweis, dass sie sich diese Einstellung eigentlich nicht leisten können.

In diesem Zusammenhang wird die Definition des Stereotyps, die für diese Arbeit (*siehe Exkurs: Stereotyp und Vorurteil*) herangezogen wurde, wichtig. Ein Stereotyp wurde definiert als eine Meinung oder ein Wahrscheinlichkeitsurteil über die Merkmale, Eigenschaften oder Attribute von Personen, die bestimmten Kategorien oder Gruppen zugeordnet werden. Es tritt eine Generalisierung der Merkmale auf, die

---

103 B54 „Arbeitslos: Wieviel Mobilität ist zumutbar?" vom 20.04.2000, [00:54'], Quelle wie Anm. 88.
104 Ebd., [00:55'].
105 Ebd., [00:57'].
106 Ebd., [03:35'].
107 Ebd., [03:29'].
108 Ebd., [05:25'].
109 B78 „Aufbau Ost – Sachsen kanns, der Rest versagt" vom 22.04.2004, [01:24'], Quelle wie Anm. 88.
110 B89 „Proteste gegen Hartz IV – Warum vor allem die Ostdeutschen den Vollkaso-Staat wollen" vom 26.08.204, [01:08'], Quelle wie Anm. 88.
111 B73 „Streik gegen Streik – Ost Metaller schimpfen auf Gewerkschaften" vom 05.08.2003, [00:34'–00:35'], Quelle wie Anm. 88.
112 Ebd., [01:05'].
113 Ebd., [02:24'].
114 B54 „Arbeitslose: Wieviel Mobilität ist zumutbar?" vom 20.04.2000, [06:27'], Quelle wie Anm. 88.
115 Ebd., [06:40'].

sich nicht auf eine Person, sondern auf alle Personen einer bestimmten Kategorie oder Gruppe beziehen. Die negative Konnotation eines Stereotyps tritt erst dann auf, wenn der Stereotyp ein wertender Stereotyp ist, das heißt wenn mit der Kategorie oder der Gruppe eindeutig negative Eigenschaften verbunden sind. Dies ist bei der „Gruppe" der Ostdeutschen der Fall.

Die Ostdeutschen haben aus westlicher Sicht eine negative Tendenz und werden mit negativen Stereotypen beschrieben. Die in der Gesellschaft verbreiteten Stereotypen stehen im Einklang mit den Stereotypen, die sich im Magazin KONTRASTE herauskristallisiert haben. Dazu gehören die genannten Eigenschaften wie „fremdenfeindlich", „unsicher", „unbeweglich" und „unzufrieden". In der Kategorie *Die Ostdeutschen und ihre Handlungsdefizite* kommen weitere Merkmale hinzu, die in der Gesellschaft als spezifisch „ostdeutsch" angesehen werden. Darunter fallen insbesondere Merkmale, die aus der schlechten wirtschaftlichen Lage Ostdeutschlands entstanden sind. Dabei gilt als gängig, dass die Ostdeutschen sich nicht mit der Marktwirtschaft anfreunden können, dass die Ostdeutschen nicht mit Geld umgehen können, dass die Ostdeutschen undankbar sind, dass die Ostdeutschen mit der Demokratie nicht klar kommen und auch, dass die Ostdeutschen zu sehr Heimat verbunden sind und nicht bereit sind einen Schritt über die „Grenzen" zu gehen. Der ganze Habitus der ostdeutschen Bevölkerung äußert sich in negativen Merkmalen. Das Magazin KONTRASTE bildet dabei anhand der Studie keine Ausnahme in der Konstruktion der negativen Stereotype. Interessant ist die Beobachtung, dass die Individualisierung, die in den achtziger und neunziger Jahren die Forderungen und Wünsche der Ostdeutschen prägte und eindeutig positiv konnotiert war, sich zu einem negativen Bild seitens der Ostdeutschen transformiert hat. Früher standen sich die „positive" Individualisierung und die „negative" Zwangskollektivierung gegenüber. Dieser Gegensatz hat sich verändert indem die Ostdeutschen, wie sie im Magazin KONTRASTE gezeigt werden, die Individualisierung als Zwangsindividualisierung empfinden und der Kollektivierung eine positive Konnotation verleihen, also den Wunsch nach einer Gemeinschaft und einem Halt in der Gruppe wird laut werden lassen.

Als Zeitraum der negativen Stereotypisierung der Ostdeutschen kann die Zeit vor der Jahrhundertflut im Jahr 1997 bis zum Jahr 2005 mit dem historischen Eckdatum, 15 Jahre Wiedervereinigung, im Magazin KONTRASTE festgesetzt werden. Der lange Zeitraum könnte wiederum ein Grund dafür sein, dass die negative Stereotypisierung sich so stark in der Gesellschaft verankert hat, dass selbst gegenteilige wissenschaftliche Erkenntnisse bisher kaum Einfluss auf die gesellschaftliche Meinung hatten. Die positive Darstellung der Ostdeutschen in den ersten drei Kategorien hatte keine nachhaltige Wirkung in der Gesellschaft. Das könnte auch daran liegen, dass die Zeitabstände zu kurz waren um ein eindeutiges Bild der Ostdeutschen in der ‚westlichen' Gesellschaft zu verankern.

Es ist erstaunlich, dass die negativen Stereotypisierungen für einen bestimmten Zeitabschnitt im Magazin KONTRASTE in allen Themenbereichen mitgetragen wurden und keine Differenzierung stattgefunden hat. Zudem fällt auf, dass in dieser Zeit nicht eine Erfolgsmeldung über die Ostdeutschen oder die ostdeutsche Region im Magazin KONTRASTE ausgestrahlt wurde.

Woher kommt die negative Stereotypisierung der Ostdeutschen in den Medien und warum werden die wissenschaftlichen Ergebnisse, die Gegenteiliges beweisen, nicht von der Gesellschaft rezipiert? Einen möglichen Grund liefert hierzu die Psychologie. In der Psychologie ist ein Vorurteil ähnlich definiert wie ein wertabhängiger Stereotyp. Das Vorurteil unterscheidet sich von einem Stereotyp nur dadurch, dass die Vorurteile eindeutig negativ konnotierte Einstellungen gegenüber andern Gruppen beinhalten und dass sie eine starke Änderungsresistenz aufweisen. Es ist also wahrscheinlich, dass die negativen Stereotype, die im „westlichen" Deutschland tief im Gedächtnis festsitzen, sich zu einem Vorurteil formiert haben und deshalb so schwer in der Gesellschaft zu ändern sind.

5.2.6 „Die Ostdeutschen – Neuer Mut und zurück zu den Wurzeln"

Die letzte Kategorie *„Die Ostdeutschen – neuer Mut und zurück zu den Wurzeln"* zeigt ab dem Beginn des Jahres 2005 einen positiven Wandel in der Darstellung der Ostdeutschen im Magazin KONTRASTE. Die Beiträge haben eine andere Qualität und setzen beispielsweise das Thema DDR-Vergangenheit ganz anders um. Es kommen Menschen zu Wort, die zu ihrer Geschichte stehen und mit der würdigen Aufarbeitung ihrer Geschichte beginnen wollen. Die Aufarbeitung der Geschichte, die für viele Ostdeutsche auch die Lebensgeschichte ist, erfordert Mut, und das kommt in dem Magazin KONTRASTE auch zum Ausdruck. Nicht nur die Themen wandeln sich, sondern auch die im Kontext mit den Ostdeutschen verwendeten Wörter und Begriffe bekommen eine andere Qualität. Bewegung und Aktivität begleiten die Ostdeutschen in den KONTRASTE-Beiträgen und entwerfen ein durchaus positives Bild für die Zukunft.

Beispielsweise kämpfen die Opfer des DDR-Regimes um ihren Platz in der Erinnerung und um die Aufarbeitung ihrer Geschichte. Die Aufarbeitung der Geschichte, die jahrelang verdrängt wurde, fordert ihr Recht auf Öffentlichkeit und Existenzberechtigung. Die Zeit nach der Wende in Deutschland war eine Zeit des Aufdeckens und Aufklärens. Täter, wenn auch nur ansatzweise, wurden für die Verbrechen in der DDR zur Rechenschaft gezogen.

15 Jahre nach der Wiedervereinigung geht es um die Erinnerung, eine lebendige Erinnerung. Es geht um die Geschichte der Menschen, die in dem Staat der DDR groß geworden sind und die die Verdrängung ihrer Geschichte nicht weiter hinnehmen

können und wollen. ‚Zurück zu den Wurzeln' heißt es, und soll den Weg für eine gelebte Erinnerung frei machen.

Ein anderes Beispiel ist die Erinnerung an den Checkpoint Charlie.[116] Für die Menschen, die einen Verwandten am Grenzübergang Checkpoint Charlie verloren haben, gibt es keine würdige Erinnerung an die Mauertoten. Am 31. Oktober 2004 wurden auf einem Berliner Grundstück 1065 hölzerne Mauerkreuze aufgebaut um den Menschen einen Ort der Erinnerung zu geben. Dieser Gedenkort wurde am 06. Juli 2005 abgerissen und kein Politiker hat sich für die Erhaltung des Mahnmals eingesetzt. Wie wichtig ein Ort der Erinnerung ist beschreibt ein Mahnmal-Besucher:

„Wo könnte ich jetzt mit meinen Enkelkindern hingehen und das mal denen zu erklären, was war eigentlich vor fünfzehn Jahren. Hier standen die sowjetische und amerikanischen Panzer, Aug um Auge, Zahn um Zahn. Ich hab das damals gesehen, wie die auseinander zufuhren. Ich hatte damals wahnsinnige Angst, dass es zum dritten Weltkrieg kommen würde. Es war ein zentraler Brennpunkt. Und wenn ich an die ganzen Maueropfer denke, dann finde ich es beschämend, dass dieser Ort hier sang- und klanglos als Gedenkstätte verschwinden soll."[117]

Es geht aber nicht nur um die Mauertoten, sondern auch von der Mauer ist kaum noch etwas zu sehen. Die paar Bruchstücke der Mauer gleichen einer „Spaßkulisse"[118]. Die Zeit für eine würdige Aufarbeitung ist reif und die Menschen gehen dafür in die Öffentlichkeit.

Am Rande soll noch angemerkt werden, dass sich Themen rund um den Begriff der „Ostalgie" nicht im Magazin KONTRASTE widerspiegeln. Das scheint mir auffällig, allerdings kann hier nicht die Frage beantwortet werden, warum „Ostalgie" nie ein Thema im Magazin KONTRASTE war.

---

116 „Hauptaufgabe des Übergangs Checkpoint Charlie war es, westliche Alliierte vor dem Betreten Ostberlins zu registrieren und über den Aufenthalt in der Hauptstadt der DDR zu informieren. (…) Checkpoint Charlie – Berlins bekanntester Übergang – wurde am 22. Juni 1990 abgerissen. (…) Am 31. Oktober 2004 sorgte die Chefin des Museums am Checkpoint Charlie, Alexandra Hildebrandt, für Schlagzeilen mit ihrer umstrittenen Installation von 1065 hölzernen Mauerkreuzen und dem Nachbau der Berliner Mauer. Der Mauernachbau und die Holzkreuze wurden am 5. Juli 2005 wieder entfernt, nachdem der für die Grundstücke abgeschlossene Pachtvertrag bereits zum 31. Dezember 2004 ausgelaufen war." Aus http://www.berlinermaueronline.de/geschichte/checkpoint-charlie.htm, vom 12.06. 2006, *Impressum*: Berliner Mauer Online, Heiko Burkhardt, Dierhagener Str. 23, 13051 Berlin.

117 B83 „Die letzte Schlacht am Checkpoint Charlie – Polizei-Einsatz gegen Mauergedenken" vom 07.07.2005, [03:16'–03:45'], Quelle wie Anm. 88.

118 Ebd. [05:26'].

6. PERSPEKTIVEN

In der Grob- und Feinanalyse wurden sechs Kategorien analysiert, in denen ein ganz spezifisches Bild von den Ostdeutschen konstruiert und in die Öffentlichkeit transportiert wurde. Unverkennbar ist, dass die Sprache das Bild dominiert. Erst durch die Sprache erhält das Bild eine gezielte Wirkung und liefert die Bedeutungsstruktur der KONTRASTE-Beiträge. Der Interpretationsspielraum ist in dem Magazin KONTRASTE gering. Die Moderatoren bereiten den Zuschauer zu Beginn der Sendung mit einleitenden Worten auf den Beitrag vor und „entlassen" den Zuschauer mit einem kurzen, aber prägnanten Schlusskommentar, der eine vorgefertigte Meinung und Interpretation beinhaltet.

Die Ergebnisse der Grob- und Feinanalyse sind besonders interessant, wenn davon ausgegangen wird, dass die Zuschauer die Informationen aus dem Fernsehen und gerade die Nachrichten als objektive Wahrheit wahrnehmen. Denn Nachrichten transportieren nicht nur Bilder der „Wirklichkeit", sondern auch das Gefühl im Wohnzimmer an dieser Wirklichkeit teilzunehmen und ein Wissen über die Welt da „draußen" zu erwerben.

Unter Punkt 4 wurden drei Annahmen (A_1, A_2, A_3) formuliert. Die Annahme A_3 konnte anhand der Studie verifiziert werden. Es konnten Veränderungen in der Darstellung der Ostdeutschen in dem Politmagazin KONTRASTE in den Jahren 1987 bis 2005 festgestellt werden. Sieben Mal wurde ein Wandel in der Konstruktion der Ostdeutschen im Magazin KONTRASTE beobachtet. Unter Punkt 5 wurde der Wandel im Zeitraum von 1987 bis 2005 anhand von sechs Kategorien dargelegt. Die Zeitpunkte an denen ein Vorher-Nachher-Vergleich durchgeführt werden kann, fallen mit den historischen Daten zusammen. Als wahrscheinlicher Grund hierfür kann angesehen werden, dass gerade an den historischen Eckdaten Diskurse über die Ostdeutschen in der Gesellschaft entstanden sind und sich diese in den Medien widerspiegeln.

Die Annahme (A_2,), dass die Ostdeutschen im Vergleich zu den Westdeutschen in dem Politmagazin KONTRASTE negativ beurteilt werden, kann nicht eindeutig verifiziert oder falsifiziert werden. Die Westdeutschen treten in dem Magazin KONTRASTE nicht eindeutig als Gegenüber zu den Ostdeutschen auf. Die Westdeutschen oder die Vertreter des Westens treten in dem Magazin KONTRASTE in unterschiedlicher „Kleidung" auf, d.h. die Rolle ist nicht immer dieselbe. Die Westdeutschen sind eine eher latente Erscheinung im dem Magazin KONTRASTE. In den ersten drei Kategorien tritt der Westen mehr in der Rolle des Magazins KONTRASTE selbst auf. Auch werden hier und da Bilder vom Westen gezeigt oder es werden Ausgereiste interviewt. Dabei wird der Westen jedoch nicht als Vorbild für den Osten transportiert. Erst in den letzen Jahren tritt der Westen stärker in Erscheinung.

Beispielsweise werden Experten zur Beurteilung der Lage im Osten herangezogen, die von westdeutschen Universitäten kommen. Auch kommt einmal ein unangemessener Städtevergleich zwischen der Millionenstadt München und dem kleinen Ort Lauchhammer im Osten vor. Ansonsten kann nicht eindeutig davon gesprochen werden, dass der Westen als Gegenüber zum Osten, eventuell noch mit einer Vorbildfunktion, dargestellt wird.

Die Annahme A1, dass das Magazin KONTRASTE eindeutige Merkmale zur (negativen) Stereotypisierung der Ostdeutschen betont, konnte insbesondere für den Zeitraum von 1997 bis 2005 verifiziert werden. Die in der Gesellschaft verbreiteten Stereotype stehen im Einklang mit den Stereotypen, die sich im Magazin KONTRASTE herauskristallisiert haben. Dazu gehören die genannten Eigenschaften wie fremdenfeindlich, unsicher, unbeweglich und unzufrieden (Punkt 5.2.4). In der Kategorie „Die Ostdeutschen und ihre Handlungsdefizite" kommen weitere Merkmale hinzu, die in der Gesellschaft als spezifisch „ostdeutsch" angesehen werden. Darunter fallen insbesondere Merkmale, die aus der schlechten wirtschaftlichen Lage Ostdeutschlands entstanden sind. Dabei gilt als gängig, dass die Ostdeutschen sich nicht mit der Marktwirtschaft anfreunden können, dass die Ostdeutschen nicht mit Geld umgehen können, dass die Ostdeutschen undankbar sind, dass die Ostdeutschen mit der Demokratie nicht klar kommen und auch dass die Ostdeutschen zu sehr Heimat verbunden sind und nicht bereit sind einen Schritt über die „Grenzen" zu gehen. Der ganze Habitus der ostdeutschen Bevölkerung äußert sich in negativen Merkmalen.

Interessant ist die Beobachtung, dass die Individualisierung, die in den 80er und 90er im Vordergrund der Forderungen und Wünsche der Ostdeutschen stand und eindeutig positiv konnotiert war, sich zu einem negativen Bild seitens der Ostdeutschen transformiert hat. Früher standen sich die „positive" Individualisierung und die „negative" Zwangskollektivierung gegenüber. Dieser Gegensatz hat sich verändert indem die Ostdeutschen, jedenfalls im Magazin KONTRASTE, die Individualisierung als Zwangsindividualisierung empfinden und die Kollektivierung eine positive Konnotation erhält, d.h. der Wunsch nach einer Gemeinschaft und einem Halt in der Gruppe wird laut.

Der lange Zeitraum von 1997 bis 2005 könnte ein Grund dafür sein, dass die negative Stereotypisierung sich so stark in der Gesellschaft verankert hat, dass selbst gegenteilige wissenschaftliche Erkenntnisse bisher kaum Einfluss auf die gesellschaftliche Meinung hatten.

Was sind die Perspektiven für das geeinte Deutschland? In erster Linie gilt es die negativen Stereotype in Bezug auf die ostdeutschen Bürger zu überwinden. Die Medien und die Diskurse, die in den Medien transportiert werden, sind maßgeblich für die Inhalte des kommunikativen Gedächtnisses einer Gesellschaft verantwortlich.

Das Ziel ist die innere Einheit Deutschlands und die Akzeptanz des Anderen in der Gesellschaft. Das Ziel ist damit nicht als ein spezifisches Ziel zur Überwindung der Missverständnisse zwischen West- und Ostdeutschland zu interpretieren, sondern als ein allgemeingültiges Ziel.

Die ostdeutschen Bürger haben noch einen ganz eigenen Weg in Bezug auf ihre Vergangenheit zu gehen. Die Aufarbeitung der eigenen Geschichte hat erst begonnen und ist noch lange nicht abgeschlossen. Diese Aufarbeitung ist sowohl für den Einzelnen als auch für das Volk als Ganzes von existenzieller Wichtigkeit und bereitet den Weg zu einem eigenen Identitätsbewusstsein und zu einem würdigen Umgang mit der Geschichte.

Verzeichnis der KONTRASTE-Beiträge

(A) aus: KONTRASTE – Auf den Spuren einer Diktatur. DVD-Edition und Begleitheft. Hrsg. von Thorsten Schilling im Auftrag der Bundeszentrale für politische Bildung Berlin 2005.

B2 „Tanzen aus der Reihe – Rebellion am Brandenburger Tor" vom 18.06.1987, CD „Aufbruch im Osten. 1987–1989. Geheime Videos und mutige Bürger."

B3 „Glasnost von unten – Drang nach Pressefreiheit" vom 25.08.1987, CD „Aufbruch im Osten. 1987–1989. Geheime Videos und mutige Bürger."

B5 „Widerstehen vom Staatskünstler zum Staatsfeind" vom 16.02.1988, CD „Aufbruch im Osten. 1987–1989. Geheime Videos und mutige Bürger."

B10 „Wie wir hier leben – Frust und Verfall in Leipzig" vom 12.09.1989, CD „Aufbruch im Osten. 1987–1989. Geheime Videos und mutige Bürger."

B11 „Nichts geht mehr – Wo sind die Reformer?" vom 12.09.1989, CD „Aufbruch im Osten. 1987–1989. Geheime Videos und mutige Bürger."

B15 „Vernichten oder aufbewahren? – Stasi-Akten als politische Zeitbombe" vom 13.03.1990, CD „Wendezeiten 1990–1991. Das ende von mauer, macht und Staatssicherheit"

B20 „Die Wahrheit muss raus – Bekenntnisse einer Stasi-Agentin" vom 16.10.1990, CD „Wendezeiten 1990–1991. Das ende von mauer, macht und Staatssicherheit"

(B) Beiträge unter: http://www.rbb-online.de/_/kontraste/archiv_jsp.html, vom 10.06.2006, Impressum: RBB, Berlin

B32 „Bürger in Angst – Rechtsfreie Räume für rechte Jugendliche", 19.02.1998

B34 „Die Polizei und das Gesetz: kein Rechtsstaat für Radikale", 02.04.1998

B45 „Rechtsextremismus und Fremdenfeindlichkeit: Ist die DDR-Erziehung schuld?", 18.03.1999

B50 „Eggesin und der alltägliche Rassismus: Ein Dorf möchte vergessen", 09.12.1999

B54 „Arbeitslos: Wieviel Mobilität ist zumutbar?", 20.04.2000

B65 „Nachtrag: Freude im Osten: Stoiber kommt!", 24.01.2002

B73 „Streik gegen Streik – Ost Metaller schimpfen auf Gewerkschaften", 05.08.2003

B77 „Fass ohne Boden – wie auch in Zukunft Steuermilliarden in Osten versickerten", 04.12.2003

B78 „Aufbau Ost – Sachsen kanns, der Rest versagt." 22.04.2004

B80 „Proteste gegen Hartz IV – Warum vor allem die Ostdeutschen den Vollkaso-Staat wollen", 26.08.204

B83 „Die letzte Schlacht am Checkpoint Charlie – Polizei-Einsatz gegen Mauergedenken", 07.07.2005

Literatur

AHBE, Thomas: Der Osten aus der Sicht des Westens. Die Bilder zu den Ostdeutschen und ihre Konstrukteure. In: Hannes Bahrmann und Christoph Links (Hrsg.): Am Ziel vorbei. Die Deutsche Einheit – Eine Zwischenbilanz. Berlin 2005, S. 268-281.

AHBE, Thomas: ‚Ostalgie' als Laienpraxis in Ostdeutschland. Ursachen, psychische und politische Dimensionen. In: Heiner Timmermann (Hrsg.): Die DDR in Deutschland. Ein Rückblick auf 50 Jahre. Berlin 2001, S. 781-802.

AHBE, Thomas; Tesak, Manuela: Die ersten 50 Tage: Bilder von den Ostdeutschen in westdeutschen und österreichischen Printmedien im Herbst 1989. In: HMRG Historische Mitteilungen der Ranke-Gesellschaft. Bd. 18 (2005) S. 246-270.

ASSMANN, Aleida: Erinnerungsräume. Formen und Wandlungen des kulturellen Gedächtnisses. München 1999.

BUBLITZ, Hannelore: Differenz und Integration. Zur diskursanalytischen Rekonstruktion der Regelstrukturen sozialer Wirklichkeit. In: Reiner Keller, Andreas Hirseland, Werner Schneider und Willy Viehöver (Hrsg.): Handbuch Sozialwissenschaftliche Diskursanalyse. Bd. 1: Theorien und Methoden, Opladen 2001, S. 225-260

BURKART, Roland: Kommunikationswissenschaft. Grundlagen und Problemfelder. Umrisse einer interdisziplinären Sozialwissenschaft. Wien, Köln, Weimar 2002.

DOHNANYI, Klaus von: Freiheit Ost. In: Aus Politik und Zeitgeschichte B 40/2005, S. 9-11.

FOUCAULT, Michel: Archäologie des Wissens. Frankfurt 1973

GANTER, Stefan: Stereotype und Vorurteile; Konzeptualisierung, Operationalisierung und Messung. Arbeitspapier: Arbeitsbereich III/ Nr.22. Mannheim 1997, unter http://www.mzes.uni-mannheim.de/publications/wp/wp3-22.pdf vom 13.05. 2006.

HERKNER, Werner: Lehrbuch Sozialpsychologie Bern 2001

HOLLY, Werner: Grundlagen der Medienkommunikation: Fernsehen. Tübingen 2004.

HUNZIKER, Peter: Medien, Kommunikation und Gesellschaft. Einführung in die Soziologie der Massenkommunikation. Darmstadt 1996.

JÄGER, Siegfried: Kritische Diskursanalyse. Eine Einführung. Münster 2004.

JÄGER, Siegfried: Diskurs und Wissen. Theoretische und methodische Aspekte einer Kritischen Diskurs- und Dispositivanalyse. In: Reiner Keller, Andreas Hirseland, Werner Schneider und Willy Viehöver (Hrsg.): Handbuch Sozialwissenschaftliche Diskursanalyse. Bd. 1: Theorien und Methoden, Opladen 2001, S. 81-112.

KEPPLER, Angela: Mediale Gegenwart. Eine Theorie des Fernsehens am Beispiel der Darstellung von Gewalt, Frankfurt/M. 2006.

KLEMM, Michael: Nachrichten. In: Werner Holly, Ulrich Püschel und Jörg Bergmann (Hrsg.): Der sprechende Zuschauer. Wie wir Fernsehen kommunikativ aneignen. Wiesbaden 2001, S. 153-172.

KONTRASTE – Auf den Spuren einer Diktatur. DVD-Edition und Begleitheft. Hrsg. von Thorsten Schilling im Auftrag der Bundeszentrale für politische Bildung. Berlin 2005.

KOWALCZUK, Ilko-Sascha: Das bewegte Jahrzehnt. Geschichte der DDR von 1949–1961. Bonn 2003.

LANDWEHR, Achim: Geschichte des Sagbaren. Einführung in die historische Diskursanalyse. Tübingen 2004.
LEISTER, Angela: Zur Konstruktion von Wirklichkeit in der Aneignung. In: Werner Holly, Ulrich Püschel und Jörg Bergmann (Hrsg.): Der sprechende Zuschauer. Wie wir Fernsehen kommunikativ aneignen. Wiesbaden 2001, S.287-308.
LINDNER, Bernd: Die demokratische Revolution in der DDR 1989/90. Bonn 1998.

MARTSCHUKAT, Jürgen: Diskurse und Gewalt: Wege zu einer Geschichte der Todesstrafe im 18. und 19. Jahrhundert. In: Reiner Keller, Andreas Hirseland, Werner Schneider und Willy Viehöver (Hrsg.): Handbuch Sozialwissenschaftliche Diskursanalyse. Bd.2: Forschungspraxis (2.Aufl.), Opladen 2004, S. 67-95.

PASTERNACK, Peer: Wissenschaftsumbau. Der Austausch der Deutungseliten. In Hannes Bahrmann und Christoph Links (Hrsg.): Am Ziel vorbei. Die deutsche Einheit – Eine Zwischenbilanz., Berlin 2005, S. 221-236.

ROESLER, Jörg: Ostdeutsche Wirtschaft im Umbruch 1970–2000, Bonn 2003.

SCHMIDT, Siegfried J.: Konstruktivismus in der Medienforschung: Konzepte, Kritiken, Konsequenzen. In: Klaus Merten, Siegfried J. Schmidt und Siegfried Weischenberg (Hrsg.): Die Wirklichkeit der Medien. Eine Einführung in die Kommunikationswissenschaft. Opladen 1994, S.592-623.
SCHMIDT, Siegfried J.: Die Wirklichkeit des Beobachters. In: Merten, Klaus, Schmidt Siegfried J. und Siegfried Weischenberg (Hrsg.): Die Wirklichkeit der Medien. Eine Einführung in die Kommunikationswissenschaft. Opladen 1994, S.3-19.

TAJFEL, Henri: Gruppenkonflikt und Vorurteil. Entstehung und Funktion sozialer Stereotypen. Bern 1982.

VITOUCH, Peter: Fernsehen und Angstbewältigung. Zur Typologie des Zuschauerverhaltens. (2. Aufl.) Wiesbaden 2000.

CHRISTIAN KOLMER

Nachrichten aus einer Krisenregion.

Das Bild Ostdeutschlands und der DDR in den Medien 1994–2007

1. EINFÜHRUNG

1.1 PROBLEMSTELLUNG: ENTFREMDUNG UND UNVERSTÄNDNIS

In den 40 Jahren getrennter Staatlichkeit haben sich die Deutschen in der Bundesrepublik und der DDR auseinandergelebt. Kontakte brachen ab, Informationskanäle wurden unterbrochen, und je seltener die direkten Kontakte wurden, desto wichtiger wurde die Berichterstattung der Medien für die gegenseitige Wahrnehmung von Ost- und Westdeutschen. Eine breite Literatur dokumentiert inzwischen die Unterschiede zwischen den Bewohnern der ehemaligen DDR und den Bundesdeutschen. Wolfgang Benz fasst dies unter dem Bild der zwei Welten zusammen:

> „Die Erfahrungen, die die Bürgerinnen und Bürger der beiden deutschen Staaten in der Zeit des Kalten Krieges gemacht hatten, die Einflüsse, denen sie ausgesetzt gewesen waren, die Zeitungsnachrichten, Fernsehbilder und Radiokommentare, die sie gelesen, gesehen und gehört hatten, prägten das Bild vom Anderen nachhaltig. In der Bundesrepublik galten andere Wertvorstellungen als in der DDR, dort hatten die Menschen andere gesellschaftliche Orientierungspunkte, Lebensentwürfe und Zukunftserwartungen. Im Osten war man größere Nähe und familiärere Verhältnisse gewohnt, im menschlich kühleren Westen schien man weltoffener, war jedenfalls weiter gereist und hatte mehr Kontakte zu Ausländern. Zwei sehr verschiedene Welten trafen, ohne jede Vorbereitung, im Herbst 1989 aufeinander.“[1]

Die Entfremdung zwischen den ehemaligen DDR-Bürgern und den Menschen, die in der Bundesrepublik aufgewachsen sind, hat die Wiedervereinigung überdauert. Lediglich ein knappes Drittel (31 Prozent) findet, dass die Menschen in Ost und West

---

1   Wolfgang Benz: Stereotype des Ost-West-Gegensatzes. In: Informationen zur politischen Bildung, Heft 271 (2005), S. 51-52

zu einem Volk zusammengewachsen sind – im Jahr 2008.[2] Umfragen belegen fortdauernde Unterschiede zwischen den Ost- und Westdeutschen. In dem einführenden
Zitat von Wolfgang Benz wird bereits auf die ausschlaggebende Rolle der Medien
bei der Herausbildung der gegenseitigen Vorurteile zwischen Ost- und Westdeutschen
verwiesen. Auch nach der Wiedervereinigung blieben die Medien für die Öffentlichkeit im Westen die wesentliche Informationsquelle über Ostdeutschland, denn auch
„16 Jahre nach der Wiedervereinigung ist das Interesse der Deutschen am jeweils
anderen Landesteil noch sehr unterschiedlich ausgeprägt. Während 47 Prozent der
Westdeutschen noch nicht im Osten waren, haben nur zwölf Prozent der Ostdeutschen
noch keinen Fuß in eines der alten Bundesländer gesetzt."[3] Das ergab eine Umfrage
von TNS Emnid im Auftrag des Bundesarbeitgeberverbandes Chemie.

Vor diesem Hintergrund kommt der aktuellen Berichterstattung aus Ostdeutschland und über die Lage der Menschen in den neuen Bundesländern eine große Bedeutung zu.[4] Wenn man die Rolle der Medienberichterstattung von ihrer negativen
Seite betrachtet, so liegt es auf der Hand, dass Vorurteile über Ostdeutschland und
Ostdeutsche kaum überwunden werden können, wenn diese nur selten in den Medien
auftauchen und so – auch auf diesem Wege – den Westdeutschen fremd bleiben.

Man kann aber noch weiter gehen: Die Art und Weise der Berichterstattung, das
heißt vor allem die Themenstruktur und die Tonalität der Darstellung, spielt ebenfalls eine Rolle bei der Wahrnehmung Ostdeutschlands durch das Medienpublikum.
Die Tendenz zum Negativismus in der Berichterstattung, die den Massenmedien
ganz allgemein zugeschrieben wird,[5] könnte in diesem Zusammenhang vorhandene
Vorurteile befestigen und damit das Zusammenwachsen Deutschlands noch er-
schweren.

Auch wenn man deshalb das Bild Ostdeutschlands nicht in einer normativen
Perspektive untersuchen möchte, das heißt, die Berichterstattung ohne vorgefasste
Annahmen darüber betrachtet, welchen Stellenwert Ostdeutschland in den Medien
haben sollte, welche Themen die wichtigen und die „richtigen" sein müssten oder
wie die Lage bewertet werden sollte, so lässt eine Untersuchung der Nachrichten-
strukturen in der Berichterstattung über Ostdeutschland dennoch Rückschlüsse

---

2   Ossis? Wessis? – Zwei Drittel der Deutschen haben immer noch die Mauer in den Köpfen Repräsentative
     forsa-Umfrage von P.M. HISTORY zu den deutsch-deutschen Beziehungen, Pressemitteilung der Gruner
     + Jahr AG, 13.08.2008, http://www.presseportal.de/pm/55502/1245674/gruner_jahr_p_m_history,
     (repräsentative telefonische Befragung von 1.007 Personen ab 18 Jahren in Deutschland).

3   ARD Tagesschau: Wessis machen nicht rüber, 27.12.2006, http://www.tagesschau.de/inland/meldung
     72794.html

4   In diesem Beitrag wird für die Länder des Beitrittsgebietes der Begriff „Ostdeutschland" verwendet; die
     historische Region „Ostdeutschland" ist demnach nicht gemeint.

5   Hans Mathias Kepplinger, Helga Weißbecker: Negativität als Nachrichtenideologie. In: Publizistik 36
     (1991), S. 330-342.

darauf zu, ob die Darstellung angemessen und sachgerecht war oder ob Einfluss-faktoren, die aus den Strukturen des Mediensystems und der Nachrichtenproduktion erwachsen, zu einer Nachrichtengebung führen, die eher wenig zu einer Überwindung der „Mauer in den Köpfen" beiträgt.

In dieser Studie wird die aktuelle Nachrichten-Berichterstattung der tonangeben-den deutschen Fernseh- und Printmedien über Ostdeutschland und ostdeutsche Akteure untersucht. „Tonangebend" sind die Medien, die von Meinungsführern und Journalisten bevorzugt genutzt werden und deshalb in der Lage sind, Medientrends zu setzen. Die Meinungsführerschaft eines Medium kann auf verschiedene Weise festgestellt werden; neben die klassischen Umfragen unter Journalisten ist in der letzten Dekade das Zitate-Ranking von Media Tenor getreten. Dazu untersucht Media Tenor, welche Medien in anderen Medien mit ihren redaktionellen Leistungen zitiert werden. Der SPIEGEL und die Bild-Zeitung sind seit Jahren unangefochten die Medien, die die öffentliche Diskussion in Deutschland am stärksten beeinflussen.[6]

Die Untersuchung speist sich aus der kontinuierlichen Langfrist-Analyse des Bonner Instituts Media Tenor und umfasste einen Zeitraum von dreizehn Jahren. Sie spiegelt das wieder, was ein interessierter Leser oder Fernsehzuschauer aus der nationalen politischen und Wirtschaftsberichterstattung über Ostdeutschland erfahren konnte. Ergänzende Berichte in speziellen Rubriken – die allerdings bereits in den neunziger Jahren weitestgehend eingestellt wurden – oder aus dem Feuilleton, dem Sport- oder Wissenschaftsressort wurden nicht ausgewertet.

Media Tenor hat sich das Ziel gesetzt, Brücken zwischen Wissenschaft und Jour-nalismus, Politik und Wirtschaft zu bauen und die Diskussion über die Rolle der Medien auf eine sichere empirische Basis zu stellen. Dabei steht die kontinuierliche langfristige Auswertung der tonangebenden Medien im Zentrum der wissenschaftli-chen Arbeit von Media Tenor, weil sie der inhärenten Volatilität der Medienbericht-erstattung in besonderer weise Rechnung trägt: Themen werden angestoßen, steigen auf der Medien-Agenda nach oben – und verschwinden nach einiger Zeit wieder, wenn sie von anderen Themen verdrängt werden. Die kontinuierliche Auswertung erlaubt es, diesen stetigen Wandel abzubilden und die bleibenden Strukturen zu erforschen.

---

6   Simone Anders: Wirtschaft bringt Aufmerksamkeit. Ergebnisse des Media-Tenor-Zitate-Rankings 2006.
     In: Media Tenor Nr. 157 (I/2007), S. 66-69.

1.2 OSTDEUTSCHLAND IN DEN MEDIEN

Seit der Wiedervereinigung hat sich die Medienwissenschaft vor allem mit den Strukturen auf dem ostdeutschen Medienmarkt befasst, der Privatisierung der ostdeutschen Zeitungsverlage und der Rolle westdeutscher Medienkonzerne bei der Neustrukturierung des Marktes.[7] Weitere Forschungsschwerpunkte galten der Mediennutzung sowie den Entwicklungen im Journalismus.[8]

Eine größere Zahl von Studien hat die Darstellung Ostdeutschlands an exemplarischen Fällen und Meinungsführermedien untersucht. In ihrer Mehrzahl kommen diese Untersuchungen zu dem Ergebnis, dass auch die aktuelle Berichterstattung in der Phase nach der Wiedervereinigung die Unterschiede zwischen Ost- und Westdeutschen betont. Thomas Ahbe kommt dabei beispielsweise zu dem Ergebnis, dass „die Erzeugung einer oft impressionistisch aufgeladenen und quasi ontologisierten Andersartigkeit und Fremdheit im Bild von den Ostdeutschen" die Darstellung leitet.[9] Nicht zuletzt solche Erkenntnisse haben auch dazu geführt, dass die sogenannte „innere Einheit" auch weiterhin problematisiert wird. Umfragen belegen einerseits die erheblichen Unterschiede zwischen ehemaligen DDR- und früheren Bundesbürgern,[10] auf der anderen Seite spielen die Unterschiede für die Nach-Wende-Generation keine besondere Rolle mehr, so dass Desinteresse und Unkenntnis die Einstellung zur früheren DDR und zur Deutschen Einheit kennzeichnen.[11]

Eine ausführliche Studie zum Bild Ostdeutschlands im Fernsehen wurde von Werner Früh und Jörg Stiehler in den Jahren 1997 und 1998 durchgeführt. Diese Studie, die sich sowohl mit Informations- als auch mit Unterhaltungsangeboten auseinandergesetzt hat, fand zum einen Belege für eine thematische Verengung des

---

7   Beate Schwartzkopff: Die Entwicklung der regionalen und überregionalen Tagespresse in Deutschland seit 1989. Diplomarbeit, Stuttgart 2002. http://opus.bsz-bw.de/hdms/volltexte/2003/56/pdf/Diplomarbeit.pdf.

8   Arne Kapitza: Transformation der ostdeutschen Presse: Berliner Zeitung, Junge Welt und Sonntag/Freitag im Prozess der Deutschen Vereinigung. Opladen 2001.

9   Thomas Ahbe: Die Konstruktion der Ostdeutschen. Diskursive Spannungen, Stereotype und Identitäten seit 1989. In: Aus Politik und Zeitgeschichte B 41-42/2004, S. 12-22.

10   „Lediglich ein knappes Drittel (31%) findet, dass die Menschen in Ost und West zu einem Volk zusammengewachsen sind. In Ostdeutschland spricht sogar nur ein Fünftel (19%) von ‚einem' Volk, während für gut drei Viertel (78%) die Unterschiede dominierten. Optimistisch stimmt dabei, dass bei den jüngeren Befragten (18 bis 34 Jahre) immerhin 37 % keine Mauer mehr in den Köpfen haben. Bei den ab 65-Jährigen ist das Land für knapp drei Viertel (70%) immer noch gespalten." Ossis? Wessis? – Zwei Drittel der Deutschen haben immer noch die Mauer in den Köpfen Repräsentative forsa-Umfrage von P.M. HISTORY zu den deutsch-deutschen Beziehungen, Pressemitteilung der Gruner + Jahr AG, 13.08.2008. http://www.presseportal.de/pm/55502/1245674/gruner_jahr_p_m_history, (repräsentative telefonische Befragung von 1.007 Personen ab 18 Jahren in Deutschland).

11   Klaus Schroeder: „Alles halb so wild". DDR-Bilder in Köpfen von Schülern. In: Die Politische Meinung, 51(2008) H. 1, S. 14-20.

Bildes Ostdeutschlands, kam aber auf der anderen Seite auch zu dem Schluss, dass Ostdeutschland nicht unterrepräsentiert sei. Die Studie zeigte starke Unterschiede zwischen den einzelnen Regionen, aber auch, dass einzelne westdeutsche Länder kaum im Fernsehen auftauchten. Das Bild Ostdeutschlands war allerdings von Vereinfachungen und Stereotypen geprägt, wenn auch die Gesamttendenz der Darstellung nicht schlechter war als in der Darstellung über Westdeutschland.[12]

In den Medien selbst spielt die Auseinandersetzung um die Berichterstattung aus Ostdeutschland kaum eine Rolle, in unregelmäßigen Abständen flammt allerdings immer wieder die Diskussion über die Einschätzung der DDR als Diktatur sowie die spezifische Sozialisation der Ostdeutschen auf. In den meisten Fällen entzündet sich dies am Komplex „Staatssicherheit", da hier immer wieder neue „Enthüllungen" über die Verstrickung Prominenter Anlass zu einer neuen Kontroverse gibt. Da Konflikte über die Veröffentlichung personenbezogener Daten auch die Rolle der Bundesbeauftragten für die Unterlagen des Staatssicherheitsdienstes der ehemaligen Deutschen Demokratischen Republik (BSTU) betreffen, ist in diesem Zusammenhang das Medieninteresse garantiert. Ein anderes Beispiel ist die Einschätzung des Brandenburgischen Innenminister Jörg Schönbohm im Zusammenhang mit der Entdeckung von neun Babyleichen in einem brandenburgischen Dorf, eine „,erzwungene Proletarisierung' zu DDR-Zeiten hätten für Verwahrlosung und Gewaltbereitschaft im Osten gesorgt". Wenn derartige Pauschalurteile von informierten Politikern verkündet werden können, so stellt sich kaum die Frage, welches Bild weniger informierte und interessierte Personenkreise von der DDR und den Ostdeutschen gewinnen können. In der Regel fokussiert die aktuelle Berichterstattung – wie auch in dem angeführten Beispiel – auf die Rolle der umstrittenen Personen, ihre eventuelle Entschuldigung und auf die Reaktionen des politischen Gegners. Eine vertiefte Diskussion der DDR-Vergangenheit einerseits und der Rolle der Medien im Prozess der deutschen Einheit knüpft sich daran in der Regel jedoch nicht.

---

12 Werner Früh, Uwe Hasebrink, Friedrich Krotz, Christian Kuhlmann, Hans-Jörg Stiehler: Ostdeutschland im Fernsehen, München 1999.

2. FORSCHUNGSFRAGEN

Die Berichterstattung über Ostdeutschland kann auf verschiedenen Ebenen untersucht werden. Mit Bezug auf die Agenda-Setting-Theorie kann man dabei im ersten Schritt auf die Sichtbarkeit abheben. Die Agenda-Setting-Hypothese, die von McCombs und Shaw 1972 zum ersten Mal vorgestellt wurde, untersucht, wie Themenstrukturen in der Medienberichterstattung die Wahrnehmung dieser Themen bei Zuschauern und Lesern beeinflussen.[13] Dies zeigt sich besonders deutlich in der Wahrnehmung der drängendsten Probleme durch die Bevölkerung – umgekehrt gilt auch: Themen, die nicht von den Medien behandelt werden, spielen auch im Bewusstsein der Menschen keine Rolle. Für eine Beschäftigung mit der Situation in Ostdeutschland in breiten Kreisen der Bevölkerung ist deshalb eine gewisse Mindest-Intensität der Berichterstattung not-wendig. Dem entsprechend untersucht diese Studie in einem ersten Schritt, welchen Stellenwert Ostdeutschland als Ereignisort in der nationalen Berichterstattung hat. Dabei können wiederum verschiedene Kriterien zu einer Interpretation der Ergebnisse herangezogen werden. Dabei können wiederum verschiedene Kriterien zu einer Interpretation der Ergebnisse herangezogen werden. Eine Beurteilung könnte sich zum Beispiel am Anteil der Ostdeutschen an der Gesamtbevölkerung orientieren. Ende 2003 hatte Deutschland rund 82,5 Millionen Einwohner – 67,7 Millionen in Wetsdeutschland und 14,8 Millionen in Ostdeutschland.

Ein anderes Kriterium könnte der Anteil der ostdeutschen Länder an der Gesamtzahl der Bundesländer sein. Mit Blick auf die – zumindest aus politischen Erklärungen abzuleitende – hohe politische Bedeutung der deutschen Einheit könnte man aber auch eine intensivere Berichterstattung für angemessen halten.[14]

Eine andere Ebene der Analyse stellt die thematischen Aspekte des Verhältnisses zwischen Ost- und Westdeutschen in den Mittelpunkt: Welchen Stellenwert haben Themen, die über den Stand der Wiedervereinigung, die Lebensbedingungen in Ostdeutschland oder die Geschichte der DDR informieren?

Die Langfristdaten von Media Tenor erlauben darüber hinaus aber auch eine gezielte Untersuchung darüber, welchen Stellenwert Ostdeutschland in der Berichterstattung über die Lage der Nation einnimmt: Wie oft wird über die wirtschaftliche und soziale Lage Ostdeutschlands berichtet? Eine weitere Ebene der Analyse gilt der Unternehmensberichterstattung: Welche Rolle spielt Ostdeutschland als Ereignisort von Unternehmensberichten und welchen Stellenwert besitzen ostdeutsche Unternehmen?

---

13 McCombs, Maxwell E., und Shaw, Donald L.: The Agenda-Setting Function of Mass Media, Public Opinion Quarterly 36 (1972), S. 176-187.

14 Wie vor allem in der Feierstunde am Tag der Deutschen Einheit bekräftigt wird, zuletzt auch von Bundeskanzlerin Merkel am 03. 10. 2007, bleibt der Aufbau Ost weiter eine Schwerpunktaufgabe. Vgl. Spiegel Online, 03.10.2007, http://www.spiegel.de/politik/deutschland/0,1518,509274,00.html.

Von der Frage nach der Sichtbarkeit Ostdeutschlands leitet sich im nächsten Schritt die Frage nach der Tendenz der Darstellung ab: Wie werden die Verhältnisse in Ostdeutschland bewertet und unterscheidet sich diese Bewertung nachhaltig von der Berichterstattung über Westdeutschland?

Auch die Tendenz der Berichterstattung kann zu einem gewissen Grad darauf hin untersucht werden, ob sie ihrem Gegenstand gerecht wird. Die Beurteilung der Verhältnisse in Ostdeutschland durch die Medien kann zum Beispiel exemplarisch anderen Datenquellen gegenübergestellt werden, wie etwa amtlichen Statistiken. An dieser Stelle soll nun keinesfalls eine erneute normative Diskussion über die Rolle der Medien erfolgen, ob diese beispielsweise die Wirklichkeit angemessen abbilden sollten oder ob sie eher durch Dramatisierung und Betonung von Missständen zur Schaffung eines Problembewusstseins beitragen sollten. Unabhängig von derartigen Überlegungen zu den Aufgaben der Medien kann man davon ausgehen, dass die Medieninhalte in erheblichem Ausmaß die Kenntnisse, Einstellungen und auch das Verhalten des Publikums beeinflussen.[15]

Eine dritte Ebene der Untersuchung befasst sich schließlich mit den inhaltlichen Aspekten der Darstellung Ostdeutschlands: Welche Themen beherrschen die Nachrichten aus Ostdeutschland, über ostdeutsche Akteure und ostdeutsche Unternehmen? Unterscheidet sich die Themenstruktur der Berichterstattung über Ostdeutschland von der Darstellung Westdeutschlands? Auch bei dieser Frage kann darüber diskutiert werden, ob die Berichtsstrukturen die tatsächlichen Verhältnisse angemessen abbilden. So sollte beispielsweise die Diskussion um die Dauer der Erhebung des Solidaritätszuschlages auch den Medien Anlass genug sein, um regelmäßig über die Lebensverhältnisse in Ost und West zu berichten, aber gerade eine regelmäßige Berichterstattung findet nicht statt, wie im folgenden gezeigt werden kann.

3. EINFLUSSFAKTOREN: THEORIEN DER NACHRICHTENAUSWAHL

Die Produktion von Nachrichten ist in erster Linie ein Auswahlprozess: Die Strukturen des Mediensystems – auf der Ebene der Organisationen als auch innerhalb von Medienorganisationen – sind darauf ausgerichtet, einen beständigen aber dem Umfang nach begrenzten Output von Nachrichten zu generieren. Dabei spielen vor allem die Nachrichtenagenturen eine Schlüsselrolle, da ein Großteil der aktuellen Nachrichten dort produziert und von den Redaktionen der Publikumsmedien ohne wesentliche Überarbeitung verwendet wird. Selbst in den sogenannten Qualitätszeitungen – *Frankfurter Allgemeine Zeitung, Süddeutsche Zeitung, Welt* und *Frankfurter*

---

15 Michael Schenk: Medienwirkungsforschung, Tübingen 2002.

Rundschau, stammt zwischen einem Drittel und mehr als der Hälfte der Beiträge im Politik- und Wirtschaftsressort aus Agenturmaterial. In den regionalen Abonnementzeitungen kann dieser Anteil noch wesentlich höher ausfallen.[16]

Die Frage, nach welchen Kriterien Journalisten aus diesem Angebot auswählen, beschäftigt die Publizistikwissenschaft seit langem. Auf der einen Seite stehen Erklärungsansätze, die eine interessengeleitete Nachrichtenselektion vermuten und daraus auf eine Verzerrung der Berichterstattung schließen. Zu diesen Erklärungsansätzen zählen unter anderem Theorien, die einen Einfluss politischer Präferenzen annehmen,[17] auf ideologische Grundhaltungen abheben, eine Einwirkung der Besitzstrukturen vermuten oder Verfahren der Nachrichtenauswahl aus den Grundstrukturen der Nachrichtensysteme ableiten.[18] Gestützt auf diese Theorien könnte man vermuten, dass sich ost- und westdeutsche Medien, in einem geringeren Maße aber auch die jeweils politisch unterschiedlich orientierten Medien in ihrer Berichterstattung über den Osten Deutschlands unterscheiden. Darüber hinaus sollten auch deutliche Unterschiede in der Bewertung der Lage in Ostdeutschland und der DDR zu beobachten sein, wenn der politische Hintergrund der Redaktionen einen wesentlichen Einfluss auf die Ost-Berichterstattung besitzen sollte.

Ein entgegengesetzter Erklärungsansatz führt die Nachrichtenselektion auf die journalistischen Arbeitsroutinen und -Konventionen zurück. Dazu zählt vor allem die Nachrichtenwert-Theorie.[19] Die Publizistikwissenschaft hat eine Vielzahl von Aspekten isoliert, die die Publikationswahrscheinlichkeit einer Nachricht steigern. Zu den wichtigsten Faktoren zählen dabei unter anderen Nähe, Prominenz, Schaden oder Konflikt. Auf der anderen Seite führen aber allein schon die redaktionellen Strukturen und die sich daraus ergebenden Arbeitsweisen dazu, dass verschiedene Themenfelder wesentlich stärker aufgegriffen werden als andere. So finden etwa die politischen Abläufe in der Bundesregierung und die sie tragenden Parteien wesentlich stärkere Aufmerksamkeit in den Medien als regionale Politik oder die Oppositionsparteien.[20] Dazu tragen unter anderem die Arbeitsweise der Journalisten – beispielsweise der Besuch der einschlägigen Pressekonferenz dieser Akteure und die Suche nach Interviewpartnern aus dem Kreis der Spitzenpolitiker – ebenso bei, wie die

---

16 Roland Schatz: Am Tropf der Agenturen. Die großen überregionalen Tageszeitungen waren auch 2001 von den Nachrichtenagenturen abhängig, Media Tenor Nr. 119 (15. 04. 2002), S. 66f.

17 Hans Mathias Kepplinger, Hans-Bernd Brosius, Joachim Friedrich Staab und Günter Linke: Instrumentelle Aktualisierung. Grundlagen einer Theorie publizistischer Konflikte. In: Max Kaase und Winfried Schulz (Hrsg.): Massenkommunikation. Theorien, Methoden, Befunde, Opladen 1989, S. 199-220 (= Kölner Zeitschrift für Soziologie und Sozialpsychologie, Sonderheft 30).

18 Im weitesten Sinne sind dies Theorien kultureller Hegemonie.

19 Joachim Friedrich Staab: Nachrichtenwert-Theorie. Formale Struktur und empirischer Gehalt. Freiburg, München 1990.

20 Markus Rettich: Kein Medienschub, nur geborgte Stärke. Die Darstellung der Oppositionsparteien 12/2005 – 8/2006. In: Media Tenor Nr. 155 (III/2006), S. 13-15.

gegenseitige Beobachtung und Zitierung der Redaktionen. Die Journalisten der Politikredaktionen sind somit vor allem auf die parteipolitischen Vorgänge orientiert, während politische Sachfragen nur dann aufgegriffen werden, wenn sie in der parteipolitischen Diskussion angesprochen werden. In ähnlicher Weise bildet die Wirtschaftsberichterstattung die Unternehmenswelt ab. Die Nachrichtenauswahl konzentriert sich einerseits auf die großen börsennotierten Unternehmen und andererseits auf Skandale und Fehlleistungen – ein Unterfall der Nachrichtenwert-Theorie. Hier verwischen sich allerdings auch wieder die Grenzen zwischen den Theorien zur journalistischer Routine und den zuerst genannten Beeinflussungshypothesen, insofern das Selbstverständnis vieler Journalisten als Kontrollinstanz und „vierter Gewalt" einem Negativismus Vorschub leisten kann, der damit einen gleichsam ideologischen Charakter gewinnt. Die Fixierung auf Missstände ist ein besonderes Kennzeichen der Berichterstattung der öffentlich-rechtlichen Fernsehanstalten im Allgemeinen und der politischen Magazine im Besonderen.[21]

Mit Blick auf die Theorien, die vor allem auf journalistische Arbeitsweisen abheben, kann man annehmen, dass sich vor allem die Medien verschiedener Genres – Fernsehnachrichten, Fernsehmagazine, Tageszeitungen und Wochentitel – in ihrer Darstellung Ostdeutschlands auffällig unterscheiden.

Damit ist der Rahmen für die Analyse des Medienbildes der DDR und der neuen Länder aufgespannt: Um den genannten Erklärungsansätzen Rechnung zu tragen, können Routine-Berichterstattung und besondere Ereignisse gegeneinander abgegrenzt werden, die vor allem durch eine hohe Berichtsintensität und eine besonders kritische oder positive Tendenz aus den „Normalphasen" herausfallen.

4. METHODE

Media Tenor untersucht die Medien mit dem Verfahren der systematischen und standardisierten Inhaltsanalyse: Die formalen und inhaltlichen Merkmale der Medienbeiträge werden von festangestellten Researchern nach einem definierten Codebuch ausgewertet. Bei Media Tenor erhält ein Researcher erst nach einem mehrmonatigen Ausbildungsverfahren die Festanstellung und wird einmal pro Quartal hinsichtlich der Validität und der Inter-Coder-Reliabilität getestet. Die Ergebnisse werden quartalsweise im Forschungsbericht Media Tenor publiziert.[22] Dabei ist es von besonderer

---

21 Kerstin Klemm: Magazine füllen die Lücken der Hauptnachrichten kaum. Analyse der Berichterstattung der TV-Magazine von ARD und ZDF über die führenden Politiker 01-08/2003. In: Media Tenor Nr. 36 (09/2003), S. 69f.; Matthias Vollbracht: Nutzwert oder Fundamentalkritik. Analyse der Berichterstattung über Unternehmen in TV-Magazinen. In: Media Tenor Nr. 150 (II/2005), S. 66f.

22 Media Tenor führt eine systematische und kontinuierliche Qualitätskontrolle durch, bei der die Inter-Codierer-Reliabilität sowohl in Standard-Tests als auch in Stichproben überprüft wird. Die mittlere Übereinstimmung mit den Testvorgaben lag im 1. Quartal 2007 bei 88,2%.

Bedeutung, dass die Medien in ihrem gesamten Umfang in die Untersuchung eingehen und nicht etwa mit Hilfe einer Datenbankabfrage aus einer Pressedatenbank extrahiert werden. Diese Studie stützt sich damit nicht auf eine Stichprobe, sondern auf eine vollständige Auswertung aller Ausgaben. Damit kann Media Tenor die Berichterstattung über einzelne Akteure oder Themen in eine Beziehung zur gesamten Berichterstattung setzen und auch mit anderen Themenkomplexen vergleichen. Die einzige Beschränkung liegt in der ausschließlichen Auswertung der Politik-/Nachrichten- und Wirtschaftsressorts der Printmedien, ohne Lokal-, Sport oder Medienteile und ohne das Feuilleton. Die TV-Sendungen wurden vollständig ausgewertet.

Media Tenor konzentriert sich in seiner Analyse auf die tonangebenden Meinungsführer-Medien, die vor allem von Journalisten beachtet werden und damit einen Einfluss auf die Nachrichtengebung anderer Medien ausüben. Außer durch Umfragen unter Journalisten können diese tonangebenden Redaktionen auch durch eine Analyse der Zitierungsstrukturen identifiziert werden.[23] In Deutschland zählen dazu vor allem die politischen Magazine, besonders der SPIEGEL, die Nachrichtenmagazine des öffentlich-rechtlichen Fernsehens und die überregionalen Qualitätszeitungen. Mit Blick auf ihre Breitenwirkung werden darüber hinaus die Hauptabendnachrichten des Fernsehens ausgewertet. Eine besondere Rolle spielt daneben die BILD-Zeitung, die sowohl ein breites Publikum erreicht, aber deshalb auch von Meinungsführern und den Akteuren aus Politik und Wirtschaft stark beachtet wird.

Die Langfrist-Untersuchung der Berichterstattung über Ostdeutschland über den Zeitraum 1994–2007 stützt sich deshalb auf die folgenden Medien:
WELT, FAZ, FRANKFURTER RUNDSCHAU, SÜDDEUTSCHE ZEITUNG,[24]
ARD TAGESTHEMEN, ZDF HEUTE JOURNAL, RTL AKTUELL,
SAT.1 18:30/NEWS,
SPIEGEL, FOCUS.

Für das Jahr 1995 wurden darüber hinaus zwei ostdeutsche regionale Abonnementzeitungen, die SÄCHSISCHE ZEITUNG und die MAGDEBURGER VOLKSSTIMME, ausgewertet.[25]

---

23 Anders (Anm 6).
24 Die Tageszeitungen wurden aus Kapazitätsgründen zwischen August 1996 und Januar 1998 nicht ausgewertet.
25 Da sich diese Titel auf den meisten Feldern der nationalen Berichterstattung nicht von westdeutschen Medien unterschieden haben, wurde ihre Auswertung ab August 1996 eingestellt.

Für einen Querschnittsvergleich in den ersten acht Monaten des Jahres 2007 wurden über die oben genannten Titel noch die folgenden Medien ausgewertet:
BILD-ZEITUNG, TAZ (TAGESZEITUNG),
ARD TAGESSCHAU, ZDF HEUTE, PROSIEBEN NACHRICHTEN,
BILD AM SONNTAG, WELT AM SONNTAG, FAZ SONNTAGSZEITUNG,
ZEIT, RHEINISCHER MERKUR, STERN, SUPER ILLU, CAPITAL, MANA-
GER-MAGAZIN, BERICHT AUS BERLIN, BERLIN DIREKT, WISO, PLUS-
MINUS, PANORAMA, MONITOR, FAKT, KONTRASTE, FRONTAL21,
REPORT (BR und SWR), DEUTSCHLANDFUNK-NACHRICHTEN (7:00 Uhr).

Die räumlichen Strukturen der Berichterstattung wurden auf der Ebene der Beiträge analysiert, dabei wurde festgehalten, ob sich die dargestellten Vorgänge auf Gesamtdeutschland, Ost- oder Westdeutschland insgesamt oder einzelne Bundesländer bezogen haben; ausschlaggebend war dabei die Reichweite der berichteten Entwicklungen, so dass zum Beispiel für Bundestagsdebatten nicht der Ereignisort – Bonn oder Berlin – gewählt wurde, wenn die Debatte nationale Vorgänge betraf.

In einem weiteren Schritte wurde die Darstellung der Lage der Nation ausgewertet. Dazu wurden wirtschaftliche und soziale Aspekte getrennt analysiert. Die Analyse der Lage der Nation wurde dabei nur einmal pro Nachrichtenbeitrag untersucht, wobei unterschieden wurde, ob der Schwerpunkt der Darstellung auf der gesamten Bundesrepublik, Ost- oder Westdeutschland oder auf einem einzelnen Bundesland lag. Erst ab dem Jahr 2007 wurden alle Lagebeschreibungen für jeden dargestellten Wirtschaftsraum analysiert. In gleicher Weise wird auch die Berichterstattung über die DDR-Vergangenheit, ebenfalls auf der Beitragsebene, analysiert.

Die Analyse der wertenden Darstellung stützt sich auf die Einschätzung der Researcher, die den jeweiligen Text vollständig lesen und die Tendenz sowohl im Blick auf explizite Bewertungen mit ablehnenden oder zustimmenden Begriffen – zum Beispiel „Erfolg" – untersuchen als auch den positiven oder negativen Kontext berücksichtigen. Auf der Ebene der Datenerhebung werden die Bewertungen in fünf Stufen festgehalten.

Eine dritte Ebene der Untersuchung bezieht sich auf die Darstellung der Unternehmen. Auch hier werden das Bezugsgebiet und die wertende Darstellung in gleicher Weise erhoben. Themenstrukturen werden für alle vorgenannten Auswertungen durchgeführt, dabei werden die Themen in generischer Ordnung festgehalten – zum Beispiel Wirtschaftspolitik/VWL – Steuerpolitik – Solidaritätszuschlag. Das bedeutet umgekehrt, dass die Analyse nicht auf konkrete einzelne Ereignisse abhebt.

5. ERGEBNISSE

5.1 DER STELLENWERT OSTDEUTSCHLANDS 1994–2007

Bei der Analyse der regionalen Strukturen der aktuellen Berichterstattung kann man zwischen Routinephasen und besonderen Ereignissen unterscheiden. Dabei zeigt der Blick auf die langfristige Verteilung den Stellenwert der ostdeutschen Länder und ostdeutscher Themen in der Routine-Berichterstattung, wenn Journalisten den „normalen" Selektionsregeln folgen und keine spektakulären Ereignisse, ostdeutsche Orte in den Mittelpunkt der Berichterstattung rücken.

Die Inlandsberichterstattung der tonangebenden deutschen Medien findet in erster Linie auf der Bundesebene statt. So wird Politik hauptsächlich auf der Ebene der Bundesregierung und der Bundesparteien dargestellt, die durch ihre Öffentlichkeitsarbeit, ihre Pressekonferenzen sowie in Interviews den Blickwinkel auf die Innenpolitik bestimmen. Der Nachrichtenfaktor Status, aber auch die Routine-Abläufe in den Hauptstadtbüros und Chefredaktionen sorgen dafür, dass ein kontinuierlicher Fluss von Nachrichten aus Berlin auf die Titelseiten und die Nachrichtensendungen gespült wird.

Im langjährigen Mittel liegt der Anteil Ostdeutschlands und der ostdeutschen Bundesländer als Ereignisort an der gesamten Berichterstattung aus Deutschland bei 7 Prozent. Dabei nimmt die Sichtbarkeit des ostdeutschen Raumes seit Ende der neunziger Jahre deutlich ab, ab 1999 lag der Anteil unter 6 Prozent und erreichte einen Tiefstwert im Jahr 2003 mit 3,6 Prozent, in den ersten acht Monaten des

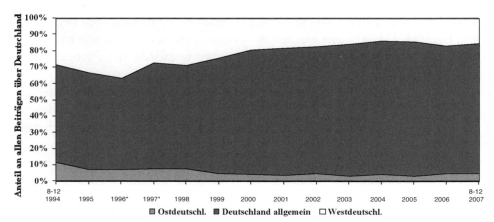

**In den Jahren 1996/97 wurden die Tageszeitungen nur teilweise ausgewertet*

Abb. 1: Stellenwert Ostdeutschlands im Zeitverlauf 1994–2007

Jahres 2007 stieg der Anteil dagegen wieder auf 5 Prozent – im Zusammenhang mit dem G8-Gipfel in Heiligendamm. Zwar spielen auch die westdeutschen Bundesländer nur eine untergeordnete Rolle, ihr Anteil lag im Durchschnitt bei 22,3 Prozent. Im Jahr 2007 befassten sich aber dennoch mehr als dreimal so viele Medienbeiträge mit Vorgängen in Westdeutschland wie in Ostdeutschland (vgl. Abb. 1).

Noch ausgeprägter ist die unterschiedliche Gewichtung Ost- und Westdeutschlands in der Unternehmens-Berichterstattung: Seit 1999 schwankt der Anteil von Unternehmensdarstellungen, der sich konkret auf ostdeutsche Vorgänge bezieht, zwischen 2,2 Prozent und 3,6 Prozent, Unternehmensberichte aus Westdeutschland machen dagegen im selben Zeitraum zwischen 10,6 und 18,1 Prozent aus. Hier spiegelt sich das wirtschaftliche Strukturgefälle zwischen Ost- und Westdeutschland deutlich wider: Unternehmenszentralen befinden sich im Westen oder, wenn in Ostdeutschland, dann in Berlin. Vorgänge in ostdeutschen Betrieben haben so nur dann eine echte Chance auf Berichterstattung, wenn sie entweder entsprechend inszeniert werden oder kriminelle Vorgänge und Skandale zum Gegenstand haben. Ersteres findet vor allem dann statt, wenn neue Anlagen feierlich in Betrieb genommen werden. Umgekehrt können auch Betriebsschließungen Aufmerksamkeit finden, wenn es der Belegschaft gelingt, medienwirksam dagegen zu agieren und politische Verbündete in der Mediendiskussion zu finden.

Dennoch zeigt sich hier schon allein mit Blick auf die Wahrnehmungschance, dass Ostdeutschland ein Randphänomen geworden ist. Eine regelmäßige nachhaltige Berichterstattung über Ostdeutschland findet in der ersten Dekade des 21. Jahrhunderts nicht mehr statt.

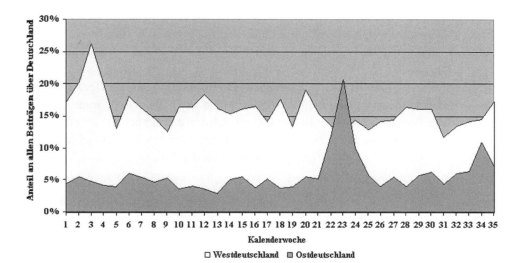

Abb. 2: Stellenwert Ost- und Westdeutschlands 1–8/2007

5.2 ROUTINE- VERSUS EVENT-BERICHTERSTATTUNG

Das Beispiel der ersten acht Monate des Jahres 2007 zeigt, auf welchem Niveau die Routine-Berichterstattung aus Ostdeutschland verläuft: In 15 von 35 Wochen lag der Anteil der Beiträge unter 5 Prozent. In der Woche des G8-Gipfels dagegen berichtete jeder fünfte Beitrag in den tonangebenden Medien aus dem Osten (vgl. Abb. 2). In der Analyse wurden dabei nur diejenigen Beiträge mit dem Bezugsgebiet Ostdeutschland erfasst, die sich mit den Vorgängen vor Ort und nicht mit den Diskussionen der Gipfelteilnehmer und ihren weltweiten Perspektiven befasst haben. Die Vorbereitungen, der Aufbau des Sperrzauns, die Aktivitäten der Demonstranten und die Gegenmaßnahmen der Polizei: All dies hat dazu geführt, dass Heiligendamm in der Gipfelwoche den Stellenwert Ostdeutschlands mehr als vervierfacht hat.

Ereignisse existieren zwar unabhängig von der Berichterstattung, ihre Bedeutung und Sichtbarkeit wird aber von den Medien definiert. Kepplinger und Habermeier haben am Beispiel von Industrie- und Verkehrsunfällen gezeigt, wie eine Veränderung der Selektionskriterien dazu beiträgt, dass „Unfallserien" zum Gegenstand der Berichterstattung werden.[26] Schlüsselereignisse können die Aufmerksamkeit der Journalisten auf Vorgänge lenken, die sie zuvor weniger stark beachtet haben. In der Folge berichten sie dann aber intensiver über ähnliche Vorfälle. Derartige Abläufe gewinnen noch an Dynamik, wenn politische Akteure die Vorgänge aufgreifen, um sie für ihre Kommunikationsstrategie zu nutzen.

In ähnlicher Weise beherrschten die sogenannten „Babymorde" die Berichterstattung über Ostdeutschland im ersten Halbjahr 2007. Im Januar und im April wurden mehrere Babyleichen in Thörey und in Erfurt entdeckt.[27] Da sich bereits im Jahr 2006 eine heftige politische Diskussion an die Entdeckung ähnlicher Verbrechen geknüpft hatte, trafen auch die neuen Vorgänge auf hohe Aufmerksamkeit bei den Journalisten.[28] Entsprechend entfiel auf den Themenbereich Kriminalität in den ersten acht Monaten des Jahres 2007 16,2 Prozent der Berichterstattung aus dem Osten, deutlich mehr als beispielsweise über das Wirtschaftsleben oder kulturelle Themen. Der Anteil lag auch erheblich über demjenigen in Westdeutschland, der in diesem Zeitraum bei 9,2 Prozent lag. Die erschütternden Entdeckungen kehrten damit auch die langfristigen Themenstrukturen um, denn über den Zeitraum von 1994 bis 2007 berichteten die

---

26 Hans Mathias Kepplinger und Uwe Hartung: Störfall-Fieber. Wie ein Unfall zum Schlüsselereignis einer Unfallserie wird. Freiburg, München 1995.

27 Bereits im Jahr 2005 hatte ein ähnlicher Fall starke Beachtung in den Medien gefunden. Vgl. Florentine Fritzen: „Zu so etwas hat die DDR doch nicht geführt" In: F.A.Z. 05. 08. 2005, S. 7. Für eine Chronologie vergleichbarer Fälle vgl. Focus Online: Eine grausame Chronik, 05. 05. 2008, http://www. focus.de/panorama/welt/tid-9852/babymorde-eine-chronik-grausiger-funde_aid_299672.html.

28 Der Ministerpräsident von Sachsen-Anhalt hatte gegenüber dem Magazin Focus erklärt, die Babymorde seien auch eine Folge der DDR-Abtreibungspolitik und für manche Frauen „ein Mittel der Familienplanung". Focus Online, 24.02.2008, http://www.focus.de/politik/deutschland/kindstoetungen_aid_262562 .html.

Medien vergleichsweise intensiver über Verbrechen in Westdeutschland, hier lag der Anteil des Themas mit 10,5 Prozent leicht über dem Anteil an der Berichterstattung aus dem Osten mit 9,8 Prozent.

Diese Beispiele kennzeichnen den Zusammenhang zwischen einer Berichterstattung, die von Nachrichtenroutinen geprägt ist mit der Nachrichtenauswahl, die solche Routinen durchbricht: Während in Routinephasen die Aufmerksamkeit der Medien gering ist, finden spektakuläre Verbrechen und Unfälle sowie politische Konflikte – vor allem auch mit einem Bezug zur DDR-Vergangenheit – deutlich stärkeres Interesse und gewinnen dadurch auch prägende Kraft für die Wahrnehmung Ostdeutschlands durch das Publikum. Während Routinenachrichten aufgrund ihrer niedrigen Intensität eher in der Fülle der Nachrichten untergehen und die „Wahrnehmungsschwelle" nicht durchbrechen können, erreichen Nachrichten über Ausnahmevorgänge das Publikum aufgrund der Berichtsspitzen leichter, vor allem, wenn sie einem bereits geprägten Berichtsmuster entsprechen oder auch, wenn solche Vorgänge von politischen Akteuren aufgegriffen und dadurch in der öffentlichen Diskussion gehalten werden. Inszenierte Ereignisse wie der G8-Gipfel besitzen dagegen diese Prägungskraft eher selten, wenn die Veranstaltung nicht auch einen konkreten Bezug zu Ostdeutschland und seinen spezifischen Themen herstellt.

Zusammenfassend kann man also feststellen, dass sich Phasen der Routine- und der Event-Berichterstattung über Ostdeutschland zwar in ihren Themenstrukturen deutlich unterscheiden, in ihrer Wirkung auf die langfristige Wahrnehmung Ostdeutschlands durch das Medienpublikum aber ergänzen, so gerade die außergewöhnlichen Vorgänge auf negative Aspekte fokussieren und damit bestehende Vorurteile verstärken können, während positive Entwicklungen in der Routine-Berichterstattung untergehen.

5.3 THEMENSTRUKTUREN

Mit Blick auf die Themenstruktur der Berichterstattung über Ostdeutschland stellen sich zwei Fragen: Zum einen ist von Interesse, ob es Besonderheiten – sowohl im Vergleich mit der gesamten Inlandsberichterstattung als auch im Vergleich mit der Darstellung der alten Bundesländer – gibt: Können spezielle „Ost-Themen" in der Berichterstattung identifiziert werden? In diesem Zusammenhang stellt sich auch die Frage, ob sich die Darstellung des Ostens als „Berichterstattung aus der Provinz" charakterisiert werden kann, oder ob die besondere Situation Ostdeutschlands in den Nachrichten abgebildet wird. Unterscheidet sich das Medienbild der ostdeutschen Länder wesentlich vom Bild der alten Bundesländer?

Darüber hinaus kann aber auch untersucht werden, in welchem Maß die politischen und wirtschaftlichen Aspekte der deutschen Einheit und der eigenständige historische Hintergrund der DDR in den Nachrichten aufgegriffen werden. Welchen Stellenwert spielen diese „Ost-Themen" überhaupt in den Nachrichten und in welchem Zusammenhang werden sie diskutiert – als Probleme des Ostens oder als Fragen, die die gesamte Bundesrepublik angehen?

In einem weiteren Sinne geht es bei dieser Untersuchung um das sogenannte Framing Ostdeutschlands. Darunter versteht man die Art und Weise, wie Ereignisse und Abläufe in einen Kommunikationszusammenhang eingebettet werden. Dies betrifft sowohl die Aktivitäten und Argumente von öffentlichen Akteuren als auch die Tätigkeit der Journalisten.[29] Eine medienwissenschaftliche Framing-Analyse untersucht, aus welchem Blickwinkel die Medien über einen Vorgang oder eine Sachfrage berichten. Durch das Framing der Medien wird ein Ereignis oder ein politischer Prozess zu einem Thema. Indem Journalisten bestimmte Vorgänge auswählen – Nachrichtenselektion – und unter einem bestimmten Blickwinkel darstellen, betten sie einzelne Ereignisse und Sachverhalte in einen Diskussionszusammenhang ein. Beispielsweise können Meinungsäußerungen politischer Akteure, wie zum Beispiel in einem Interview, mit ihrem sachlichen Gegenstand verknüpft werden und damit in einen sachpolitische *Frame* eingebettet werden. Dieselbe Kommunikation könnte aber auch vorrangig als machtpolitische Aktivität dargestellt und damit in einen parteipolitischen *Frame* eingebunden werden.

Die Analyse der Themenstrukturen erfolgte auf der Ebene der Beiträge, dabei wurde das Hauptthema eines Medienbeitrages erfasst. Auf der Erhebungs-Ebene wurden die Themenstrukturen der Berichterstattung differenziert erfasst: Dabei konnte aus mehr als 3.600 einzelnen thematischen Aspekten ausgewählt werden. Bei der Analyse wurden diese dann zu Themenblöcken zusammengefasst.[30] Da sich die Langfrist-Analyse auf die Auswertung der Fernsehnachrichten und der Tageszeitungen mit Einschluss der Unternehmensteile stützt, entfällt auf das Themenfeld „Unternehmensnachrichten" der mit Abstand größte Anteil der Berichterstattung.

Unter den 16 Themengruppen können vier Gruppen identifiziert werden (vgl. Abb. 3): Nationale Themen: Die Unternehmensberichterstattung sowie Aspekte der Wirtschafts- und Sozialpolitik werden vergleichsweise seltener mit einem regionalen ost- oder westdeutschen Bezug dargestellt als andere Themenfelder – der Anteil der Berichte mit einem allgemeinen Deutschland-Bezug war bei diesen Themenfeldern am stärksten. Bei den Themenfeldern Ideologie/politische Werte, Außenpolitik und internationale Konflikte war der gesamtdeutsche Bezug ebenfalls stark ausgeprägt, auf diese Themen entfiel allerdings nur ein geringer Anteil der nationalen

---

29 Bertram Scheufele: Frames – Framing – Framing-Effekte. Theoretische und methodische Grundlegung des Framing-Ansatzes sowie empirische Befunde zur Nachrichtenproduktion. Wiesbaden 2003.

30 Die Zahl der Kategorien war zu Beginn der Analysetätigkeit im Jahr 1994 deutlich geringer; die später aufgenommenen Aspekte konnten allerdings auf die seit Beginn vorhandenen Themengruppen zurückgeführt werden.

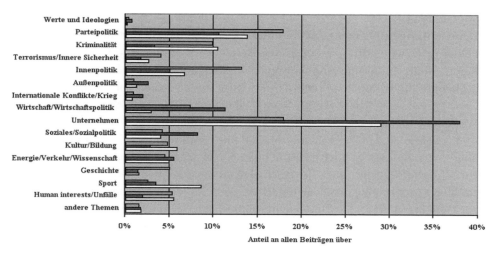

Abb. 3: Themenstrukturen im Vergleich 1994–2007

Berichterstattung. Bei allen anderen Themenfelder überwogen Berichte mit regionalen ost- oder westdeutschen Bezügen.

Ost-Themen:

In der Berichterstattung über Ostdeutschland wurden die Themenfelder Parteipolitik, Terrorismus/Innere Sicherheit, Innenpolitik, Wirtschaftspolitik und Geschichte deutlich häufiger angesprochen als in den Berichten über Westdeutschland oder die Bundesrepublik insgesamt. Eine Ausnahme bilden wirtschaftspolitischer Fragen, die häufiger mit einem gesamtdeutschen Bezug dargestellt wurden in der Darstellung Westdeutschlands dagegen keine Rolle spielten.

West-Themen:

In der Berichterstattung über die alten Bundesländer wurden lediglich zwei Themenfelder häufiger aufgegriffen als in der Darstellung der neuen Länder: Unternehmensberichte und Sportnachrichten. Dies spiegelt die reale Situation auf diesen Feldern wider, insofern sowohl Großunternehmen, über die von den Medien vorrangig berichtet wird,[31] als auch Fußballvereine, die im Zentrum der Sportberichterstattung in den Fernsehnachrichten stehen,[32] im wesentlichen in Westdeutschland angesiedelt sind.

---

31 Christian Kolmer: Mehr Schatten als Licht. Das Medienbild der Unternehmen und Spitzenmanager in den deutschen Medien im Jahr 2005. In: Media Tenor Nr. 153 (I/2006), S. 54-57.
32 Annett Michalski: Werbeplattform Sport. Sport-Sponsoring setzt Medienpräsenz voraus. In: Media Tenor Nr. 153 (I/2006), S. 28f.

Regionalthemen:

Bei den übrigen Themengebieten unterschied sich der Stellenwert der einzelnen Felder nicht wesentlich zwischen den Berichten über Ost- und Westdeutschland. Kriminalität, Kultur und Bildung sowie Unfälle und *Human Interest* werden dabei primär auf der regionalen Ebene dargestellt, während es bei dem Themenfeld Umwelt, Energie und Wissenschaft keine bedeutenden Unterschiede zwischen Ost-, West und Gesamtdeutschland im Blick auf den Stellenwert gab.

Im Vergleich der Themenstrukturen können somit die politische Berichterstattung – von der Parteipolitik über die Innenpolitik und die Innere Sicherheit bis hin zur Wirtschaftspolitik – und die Geschichte als die dominierenden Themen der Darstellung Ostdeutschlands identifiziert werden. Sie machen zusammen 47 Prozent der Berichterstattung über die neuen Bundesländer aus, während ihr Anteil in der Darstellung Westdeutschlands lediglich 27,5 Prozent ausmacht. Nur auf diesen Feldern erreichen die neuen Bundesländer einen nennenswerten Anteil an der gesamten nationalen Berichterstattung – er liegt aber stets unter dem Anteil der Berichte aus Westdeutschland (vgl. Tabelle 1).

Tabelle 1:   Stellenwert der Regionen im Vergleich der Themenfelder 1994–2007

	Ostdeutschland	Deutschland	Westdeutschland
Werte und Ideologien	3,01 %	90,64 %	6,35 %
Parteipolitik	8,28 %	65,01 %	26,71 %
Kriminalität	10,21 %	44,29 %	45,50 %
Terrorismus/Innere Sicherheit	10,87 %	59,20 %	29,93 %
Innenpolitik	12,19 %	61,73 %	26,08 %
Außenpolitik	2,54 %	84,53 %	12,93 %
Internationale Konflikte/Krieg	3,01 %	85,56 %	11,44 %
Wirtschaft/Wirtschaftspolitik	4,34 %	88,47 %	7,19 %
Unternehmen	2,80 %	78,33 %	18,87 %
Soziales/Sozialpolitik	3,25 %	83,77 %	12,99 %
Kultur/Bildung	7,10 %	55,84 %	37,05 %
Energie/Verkehr/Wissenschaft	4,58 %	74,14 %	21,28 %
Geschichte	16,47 %	63,27 %	20,25 %
Sport	3,01 %	54,10 %	42,89 %
Human interest/Unfälle	9,75 %	48,11 %	42,13 %
andere Themen	4,63 %	71,70 %	23,67 %

Dies deutet auch darauf hin, dass die politischen Organisationseinheiten in Ostdeutschland einen vergleichbar ebenso guten Zugang zu den Medien besitzen wie ihre westdeutschen Pendants. Die Parteien, Regierungsorgane und Behörden in Ostdeutschland werden von den Medien in einer ähnlichen Weise wahrgenommen wie im Westen. Dies beruht zum einen auf der föderalen Struktur des Rundfunks, die der politischen Struktur der Bundesrepublik sowohl in organisatorischer Hinsicht als auch in ihrer Programmgestaltung Rechnung trägt. Diese Institutionalisierung der politischen Berichterstattung zeigt sich dabei in den Landesstudios wie auch in der Bedeutung der politischen Redaktionen.

Auf der anderen Seite sind die ostdeutschen Spitzenpolitiker und die ostdeutschen Landesparteien sowohl durch ihre verfassungsmäßige Rolle als auch durch ihren politischen Einfluss auf der Bundesebene in einer solchen Weise in den politischen Prozess integriert, dass sie einen etablierten Platz in der politischen Routine-Berichterstattung einnehmen. Ihre Präsenz hängt deshalb nicht notwendig von der Diskussion spezifischer Ost-Themen, wie zum Beispiel der oben angesprochenen Kindermorde ab. Der hohe Stellenwert politischer Themen ist aber keineswegs ein Zeichen eines besonders ausgeprägten Medieninteresses an politischen Vorgängen in Ostdeutschland als vielmehr die Folge der Themenverengung in der Berichterstattung, die sich vor allem im geringen Stellenwert von Unternehmensberichten zeigt.

Spielt Ostdeutschland somit eine untergeordnete Rolle in der nationalen Berichterstattung, so wird die Region darüber hinaus als politische und historische Problemzone sowie als Objekt nationaler politischer Strategien dargestellt. Die neuen Bundesländer werden somit in erster Linie mit den politischen Entwicklungen auf der Landesebene einschließlich deren Auswirkungen auf die Bundespolitik in Verbindung gebracht – etwa bei der Frage rot-roter Bündnisse, konjunkturellen, wirtschaftspolitischen und vor allem den Problemen Beschäftigungssituation – sowie der Aufarbeitung der Stasi-Aktivitäten.

Kriminalität und Unfälle spielen zwar keine herausgehobene Rolle in der nationalen Berichterstattung, haben aber ein erhebliches Gewicht für die Wahrnehmung Ostdeutschlands – immerhin 15 Prozent aller Nachrichten aus Ostdeutschland entfallen in der Langzeit-Analyse auf die Themengebiete Kriminalität und *Human Interest*/Unfälle. Die an einzelne fremdenfeindliche oder antisemitische Verbrechen anknüpfende politische Diskussion um die Ursachen einer behaupteten Anfälligkeit der Ostdeutschen für rechtsradikale Ideologie sowie die Bekämpfung neonazistischer Umtriebe in den neuen Bundesländern – Themenfeld Terrorismus/Innere Sicherheit – verstärkt die Sichtbarkeit dieser Themen. So lag der Stellenwert des Themenfeldes Kriminalität für die Berichterstattung über Ostdeutschland in den ersten acht Monaten des Jahres 2007 deutlich über dem langjährigen Durchschnitt; mit einem Anteil von 16,2 Prozent war Kriminalität in diesem Zeitraum beinahe wichtiger als die Berichterstattung über Wirtschaft und Kultur zusammen, auf die ein Anteil von

12 und 5,2 Prozent aller Beiträge entfiel. In der Berichterstattung aus dem Westen machte das Thema Kriminalität dagegen nur 9,2 Prozent aller Medienbeiträge aus.[33]

Vor dem Hintergrund der geringen Präsenz Ostdeutschlands in Phasen der Routine-Berichterstattung kommt der einseitigen Themenstruktur der Nachrichten eine entscheidende Rolle für die Wahrnehmung Ostdeutschlands zu. Während die Berichterstattung Ostdeutschland praktisch ausblendet, finden vor allem negative Entwicklungen Beachtung – selbst wenn die Berichte keine kritische Tendenz gegenüber Ostdeutschland und den Ostdeutschen aufweisen. So befasste sich zum Beispiel in den ersten acht Monaten des Jahren 2007 in zwölf von 35 Wochen zumindest jeder fünfte Beitrag über Ostdeutschland mit Verbrechen. Gerade die Ballung negativer Ereignisse – die zumindest in Teilen erst durch die Nachrichtenproduktion verursacht wird – verstärkt damit die Sichtbarkeit derartiger Vorgänge und verstärkt das negative Bild des Ostens.[34]

5.4 DIE TENDENZ DER BERICHTERSTATTUNG

5.4.1 Analyse der Tonalität: Methodische Aspekte

Negativismus zeigt sich in vielfältigen Formen: in der Nachrichtenauswahl, in der Bewertung der Akteure[35] oder in der Darstellung der allgemeinen Lage. Diese Studie greift bei der Untersuchung der Tonalität der Berichterstattung auf zwei verschiedene Ebenen zurück: Zum einen wird die Bewertung der Unternehmen analysiert, zum anderen die wertende Berichterstattung über die wirtschaftliche und soziale Lage der neuen Länder im Vergleich mit Gesamtdeutschland und den alten Bundesländern.

Prinzipiell könnte die Tonalität der Berichterstattung über Ostdeutschland auch auf die allgemeine Tendenz der Darstellung Ostdeutschlands abheben – aus Gründen der Vergleichbarkeit der Ergebnisse mit der Darstellung anderer Regionen wurde aber auf diesen Weg verzichtet. Darüber hinaus untersucht die Analyse der Tendenz nicht, in welchem Ausmaß negative Ereignisse oder Zustände Berichtsgegenstand sind. Die Einschätzung der negativen oder positiven Valenz der berichteten Ereignisse ist erfahrungsgemäß derart stark von der persönlichen Einschätzung des Lesers und damit auch des Codierers abhängig, dass die Ergebnisse mangels Vergleichbarkeit der Codierungen nicht verwertbar sind.

---

33 Für den Zeitraum vom 1. 1. bis zum 31. 8. 2007 wurden insgesamt 87.027 Beiträge mit überwiegendem Bezug zu Deutschland in 36 TV- und Printmedien ausgewertet.

34 Hans Mathias Kepplinger und Uwe Hartung (Anm. 26)

35 Hans Mathias Kepplinger und Helga Weißbecker (Anm. 5)

Bei der Analyse der Bewertungen hebt diese Studie darauf ab, ob die wirtschaftliche und soziale Lage in Deutschland durch den Journalisten negativ dargestellt wird. Dabei werden sowohl Verwendung direkter wertender Begriffe – wie zum Beispiel „blühende Landschaften" – als auch die Charakterisierung mit Hilfe allgemein als nachteilig verstandener Konzepte – zum Beispiel steigender Arbeitslosigkeit – oder die Einbettung in einen negativen Zusammenhang berücksichtigt.[36]

In der Analyse wurde nicht auf den Firmensitz oder den Standort eines Betriebes abgehoben, da dieser häufig nicht genannt wird. Stattdessen wurde erhoben, welches Bezugsgebiet beziehungsweise welcher Ereignisort in der Darstellung des Unternehmens beschrieben wurde.[37]

5.4.2 Tonalität in der Unternehmens-Berichterstattung

Die Berichterstattung über die Wirtschaft in den neuen Bundesländern leidet zum einen unter den realen Schwierigkeiten, denen sich Unternehmen in Ostdeutschland gegenübersehen. Diese resultiert einerseits aus den strukturellen Folgen der DDR-Wirtschaftspolitik und andererseits aus der Vorgehensweise bei der Gestaltung der deutschen Wirtschafts- und Sozialunion, die primär von politischen, weniger von ökonomischen Motiven bestimmt wurde.[38] Tatsächlich hat die Wiedervereinigung zu einem dramatischen Strukturwandel in Ostdeutschland geführt, der die Situation der Unternehmen bis heute bestimmt. Dennoch ist die Lage der einzelnen Unternehmen von der volkswirtschaftlichen Situation zu trennen, insofern der Hauptaspekt der volkswirtschaftlichen Berichterstattung in den Medien – die Beschäftigungssituation – auf absehbare Zeit auch durch eine gute Konjunktur und damit durch eine gute Entwicklung der ostdeutschen Unternehmen kaum positiv beeinflusst werden wird.

Eine weitere Ursache für ein kritisches Bild der ostdeutschen Unternehmen resultiert aus den Produktionsroutinen in den Wirtschaftsredaktionen. Generell fokussiert die Unternehmensberichterstattung der Medien auf Großunternehmen, allenfalls in den lokalen Titeln finden regionale Unternehmen gelegentlich Beachtung. Auch für diese Firmen gilt allerdings die Tatsache, dass sie abseits der durch

---

36 In der weiteren Analyse werden die explizite und implizite Ebene der Bewertung in einer dreistufigen Skala (negativ – ohne eindeutige Wertung [neutral/ambivalent] – positiv) zusammengefaßt.

37 Das Bezugsgebiet kann zum Beispiel ein Absatzmarkt, der gemeinsame Markt in Europa oder auch ein Betriebsstandort sein. Wird in dem Beitrag kein Bezugsgebiet genannt, so wird „nicht erkennbar" codiert. Eine Recherche des Firmensitzes durch den Codierer findet nicht statt. Mit diesem Verfahren wird deshalb der regionale Bezug der Berichterstattung erhoben, wie ihn sich der Leser aus dem Beitrag erschließen kann.

38 Gerlinde Sinn und Hans Werner Sinn: Kaltstart. Volkswirtschaftliche Aspekte der deutschen Vereinigung. Tübingen 1992, S. 52ff.

die Pflichtpublizität gebotenen Berichtstermine nur dann die Aufmerksamkeit der Medien genießen, wenn spektakuläre Skandale, wirtschaftliche Krisen oder Arbeitskämpfe das Berichtsvolumen über die Wahrnehmungsschwelle heben. Dem entsprechend ist der Negativismus in der Unternehmens-Berichterstattung noch stärker ausgeprägt als in den politischen Nachrichten: Während Politiker ausgiebig zitiert werden, so dass ein negativer Trend in der Regel aus einer politischen Konfrontation resultiert, kommen Unternehmensvertreter nur dann zu Wort, wenn ihre Kommunikationsstrategie durch eine Personalisierung und Dramatisierung der Botschaften für Journalisten Anreize schafft. Phasen, die von einer euphorischen Tendenz gekennzeichnet sind, wie zum Beispiel während der sogenannten „New-Economy-Blase" im Vorfeld der Privatisierung der Deutschen Telekom sind deshalb eine Ausnahme.[39]

Während so das Gesamtbild der Unternehmen in Deutschland seit dem Jahr 2002 kritisch geprägt war, schwankte die Bewertung der ostdeutschen Unternehmen: Während sich die Tendenz der Darstellung von Firmen in Ostdeutschland in den Jahren 1994 bis 2003 und 2006 bis 2007 nur geringfügig von der Bewertung von Unternehmen im Westen unterschied, fiel die Darstellung in den Jahren 2004 und 2005 deutlich freundlicher aus. Im Jahr 2005 war die Bewertung der Unternehmen unter dem Strich sogar positiv.[40]

Die starken Schwankungen in der Tendenz kennzeichnen allerdings gerade keinen Wandel in der Einschätzung, sie sind vielmehr eine Folge der niedrigen Berichtsintensität, denn seit 1999 liegt der Anteil Ostdeutschlands an der gesamten inländischen Unternehmensberichterstattung unter 5 Prozent. Auf diesem niedrigen Niveau können Einzelfälle, wie zum Beispiel die Ansiedlung eines Großbetriebes oder eine von Protesten und Demonstrationen begleitete Werksschließung einen außerordentlichen Einfluss auf das Gesamtbild gewinnen. Damit bleibt aber auch die Tendenz der Berichterstattung über Unternehmen für die Wahrnehmung Ostdeutschlands eher unbedeutend, insofern die Darstellung der Unternehmenswelt gegenüber der volkswirtschaftlichen Berichterstattung ohne Belang bleibt, einzelne Ausnahmen, wie zum Beispiel die Ansiedlung von AMD oder der Zusammenbruch der Sachsen-LB ändern daran wenig. Bezeichnenderweise wurde gerade der letztere Fall primär in einen politischen Kontext eingebettet, da die Krise der Bank zum Rücktritt von Ministerpräsident Milbradt geführt hat.

---

39 Christian Kolmer (Anm. 31)
40 Zur Analyse der Unternehmens-Berichterstattung wurden 1.049.074 Unternehmensdarstellungen (mindestens 5 Zeilen/Sekunden über Unternehmen, Branchen oder Manager) mit einem überwiegenden Bezug zu Deutschland in 13 Medien ausgewertet.

5.4.3 Tonalität in der Darstellung der Wirtschaftslage

In der Berichterstattung über die wirtschaftliche Lage in Deutschland zeichnete sich im Jahr 2007 ein deutlicher Einschnitt ab. War bis dahin die Tendenz der Darstellung mit Ausnahme der Boomjahre 1998 bis 2000 stets negativ, so wurde die Lage zuletzt ausgeglichen bewertet. Dies galt auch für die neuen Bundesländer, deren wirtschaftliche Situation erstmals seit Beginn der Media-Tenor-Analysen insgesamt ausgeglichen dargestellt wurde. Im Gegensatz zu früheren Jahren, in denen positive Entwicklungen das Medienbild Ostdeutschlands nicht tangierten, haben die Medien damit erstmals die positive Entwicklung in der Produktion wahrgenommen. In früheren Phasen wurden Fortschritte auf einigen Feldern stets von der Entwicklung am Arbeitsmarkt überdeckt. Generell steht die Beschäftigungssituation im Zentrum der Wirtschafts-Berichterstattung, weil zum einen die Arbeitslosigkeit stets von politischer Seite zum Hauptproblem der Bundesrepublik erklärt worden ist, zum anderen aber auch die monatliche „Wasserstandsmeldung" aus Nürnberg als gleichsam fortdauernde Berichtsserie aus Routinegründen Beachtung gefunden hat. Darüber hinaus neigen die Medien auch zur Orientierung an leicht greifbaren Zahlen, wie zum Beispiel der gleichsam „magischen" 4-Millionen-Grenze bei der Zahl der Erwerbslosen.[41]

Dem entsprechend lag auch im Jahr 2000, als die wirtschaftliche Lage der Nation insgesamt von den Medien als ausgeglichen, in Westdeutschland sogar als positiv dargestellt wurde, der Überhang der negativen Darstellungen der Lage Ostdeutschlands bei -31,9 Prozent. Bis zum Jahr 2006 wurde die Lage im Osten stets schlechter bewertet als in Westdeutschland oder der Bundesrepublik insgesamt, auch wenn der Abstand weniger dramatisch ausfiel.

Wenn auch zuletzt ein positiver Blick auf Ostdeutschland Raum greift, so steht doch zu befürchten, dass die Mehrzahl der Zeitungsleser und Fernsehzuschauer inzwischen jede Hoffnung aufgegeben hat, dass der Osten sich je vom Finanz-Tropf des Westens frei machen könnte.

Die Berichterstattung über die wirtschaftliche Lage wird auch deshalb der komplexen Situation in Ostdeutschland nicht gerecht, weil sie nur auf einige wenige Parameter abhebt. Neben der Beschäftigungssituation ist dies vor allem die Wachstumsrate. Mit Blick auf die Angleichung der Lebensverhältnisse geht die Darstellung mehr oder weniger explizit davon aus, dass die ostdeutsche Wirtschaft kontinuierlich überdurchschnittliche Wachstumsraten erwirtschaften müsse, um den Westen schließlich einzuholen.

---

41 Matthias Vollbracht,: Die Wahrnehmungslücke. Berichterstattung über die Lage am Arbeitsmarkt. In: Media Tenor Nr. 157 (I/2007), S. 64f.
42 Wirtschaftslage und Erwartungen. Sonderauswertung Ostdeutschland. Ergebnisse der DIHK-Umfrage bei den Industrie- und Handelskammern, Februar 2007.

Da dies aber – auch aufgrund der demographischen Entwicklung und der struktu-rellen Entwicklung – eine unrealistische Annahme ist, führt eine Verengung auf die-sen Aspekt ebenfalls zu einer unangemessen kritischen Sicht auf die ostdeutsche Wirtschaft. Legt man dagegen eine größere Zahl von Kriterien an, wie zum Beispiel die Strukturmuster des Wachstums, die im Bereich der exportorientierten Industrie-produktion und der unter-nehmensnahen Dienstleistungen, seit mehr als zehn Jah-ren stabil, kontinuierlich und in den meisten Jahren über denen des Westens lagen, wird erkennbar, dass auch auf diesem Feld Positives zu vermelden wäre.[43]

In diesem Zusammenhang ist es auch von Bedeutung, dass die regionale Per-spektive auch in der Berichterstattung über die Wirtschaftlage nur eine geringe Be-deutung besitzt. Ähnlich wie auf der Ebene der Gesamtberichterstattung dominiert damit auch in der Darstellung der wirtschaftlichen Lage – dazu zählen die Konjunk-tur und die Standortfaktoren – die gesamtdeutsche Perspektive. Dabei nimmt der Fokus auf die gesamtdeutsche Situation seit Jahren noch zu: Lag der Anteil der Regionen Ost- und Westdeutschland im Jahr 1998 noch bei zusammen 13,9 Prozent, so sank dieser bis zum Jahr 2004 auf 7,1 Prozent. Auch im Jahr der Bundestagswahl lag der Anteil der Darstellung ost- und westdeutscher Regionen und Bundesländer bei nur 7,5 Prozent. Erst im 2006 gewann der regionale Blickwinkel wieder an Bedeutung.[44]

In diesem Zusammenhang muss herausgestellt werden, dass bis Ende 2006 in der Codierung die Darstellung der wirtschaftlichen Lage in der Weise erfolgte, dass lediglich die dominierende Region erhoben wurde. Dabei wurden lediglich Beschrei-bungen analysiert, die sich mindestens auf ein Bundesland bezogen, also nicht auf kleinere Einheiten. Die oben angeführten Zahlen bedeuten demnach nicht, dass Ost- und Westdeutschland überhaupt nicht erwähnt wurden, der Schwerpunkt der Dar-stellung lag allerdings klar auf der nationalen Ebene.

Seit Anfang des Jahre 2007 wurden alle Beschreibungen der wirtschaftlichen Lage innerhalb eines Beitrages erhoben. Unter Berücksichtigung dieser Änderung ergibt sich ein geringfügig höherer Anteil der Länder an der Darstellung der wirt-schaftlichen Lage: Zusammen erreichen Ost- und Westdeutschland einen Anteil von 18,6 Prozent.

Das rückläufige Interesse an Ostdeutschland spiegelt sich auch in der Berichter-stattung über die Wirtschaftslage. Während die Anteile Ost- und Westdeutschlands zwischen 1998 und 2004 in einem vergleichbaren Maße zurückgingen (auf 4,1 Pro-zent für Ostdeutschland und 3 Prozent für Westdeutschland), bleibt Ostdeutschland

---

43 Brockmeier, Thomas: Anmerkungen zum Aufbau Ost, schriftliche Mitteilung vom 23. Oktober 2008.
44 Zur Analyse der Wirtschafts-Berichterstattung wurden 145.362 Beiträge ausgewertet, in denen die wirt-schaftliche Lage in Deutschland bewertet wurde.

seit 2005 zurück. Zuletzt berichteten die Medien doppelt so oft über die Wirtschaftslage in Westdeutschland (12,5 Prozent im Jahr 2007) wie in Ostdeutschland (6,1 Prozent).

Über den Zeitraum der vergangenen dreizehn Jahre haben die Medien damit das Bild einer wirtschaftlichen Katastrophenregion gezeichnet. Positive Entwicklungen wurden dagegen kaum wahrgenommen und berichtet.

5.4.4 Tonalität in der Darstellung der sozialen Lage

Noch trüber ist das Bild, das die Medien von der sozialen Lage des Landes gezeichnet haben. In den ersten acht Monaten des Jahres 2007 waren 46,4 Prozent der Beschreibungen, die sich auf Ostdeutschland bezogen, negativ. Aber auch für den Westen lag der Anteil der kritischen Berichte bei 33,4 Prozent (Bundesdurchschnitt der negativen Berichte: 39,8 Prozent) Der Anteil der positiven Beschreibungen der sozialen Lage in Ostdeutschland lag bei 18,9 Prozent. Dabei war die Bewertung der sozialen Lage in den neuen Bundesländern durch die Medien im Jahr 2007 noch vergleichsweise freundlich: Seit 2001 hatte sich die Bewertung zunehmend verschlechtert, im Jahr 2006 erreichte sie einen Tiefpunkt mit einem Überhang der kritischen Bewertungen von -52,6 Prozent den schlechtesten Wert überhaupt. Darüber hinaus wurde das Bild der sozialen Lage in den ostdeutschen Ländern wesentlich kritischer dargestellt als die Lage im Westen. Obwohl das Bild der sozialen Lage generell negativ blieb, schwankte der Überhang kritischer Berichte aus dem Westen seit der Jahrtausendwende zwischen -10 Prozent und -20 Prozent. Der Osten erscheint damit als ein sozialer Brennpunkt, der die Entwicklung in Deutschland insgesamt belastet.[45]

Der Anteil der Berichte, die auf die soziale Lage in Ostdeutschland abhoben, war ähnlich gering wie bei der Darstellung der Wirtschaftslage: Seit 1998 schwankte der Anteil Ostdeutschlands zwischen 2 und 3 Prozent, während der Anteil der alten Bundesländer etwa doppelt so hoch lag. Es zeichnet sich damit ein vergleichbares Berichtsmuster ab. Die Medien berichten selten und diskontinuierlich über die Lage in den neuen Bundesländern, und wenn, dann heben sie primär auf kritische Entwicklungen ab.

So galten zwischen Januar und August 2007 22,3 Prozent der Berichte über die soziale Lage im Osten der allgemeinen Situation, weitere 17 Prozent der gesellschaftlichen Entwicklung. Bei diesen Themen werteten 67 Prozent und 45,7 Prozent aller Darstellungen negativ. Dem Thema Bildung hingegen, bei der die positiven

---

45 Zur Analyse der Berichterstattung über die soziale Lage wurden 59.971 Beiträge ausgewertet, dabei wurden auch Beschreibungen der Bildungs-, Freizeit- und Umweltsituation berücksichtigt.

Berichte mit einem Anteil von 39,6 Prozent überwogen, widmeten sich dagegen lediglich 11,7 Prozent der Darstellungen. Ein weiteres positiv besetztes, aber nur selten angesprochenes Themenfeld betraf die kulturelle Situation.

Interessant ist hier ein Vergleich mit der Darstellung der sozialen Lage im Westen: Mit einem Anteil von 32,4 Prozent wurde hier am häufigsten über die Bildungssituation berichtet, gefolgt von den Themenfeldern Gesundheit (14 Prozent) und Familie (12,9 Prozent).[46] Bei diesen konkreten Problemfeldern überwogen auch für den Westen die kritischen Berichte – allerdings war der Negativismus weniger stark ausgeprägt.

Generell ist die Darstellung der sozialen Lage durch einen deutlichen Trend zum Negativismus gekennzeichnet, obwohl auf diesem Feld die Dominanz eines einzelnen Problemthemas, wie es die Arbeitslosigkeit für die wirtschaftliche Lage darstellt, nicht gegeben ist. In den vergangenen Jahren wechselten die Problemfelder – wobei die Berichterstattung den Vorgaben aus dem politischen Sektor folgte. Vor allem das Gesundheitssystem und die Altersvorsorge wechselten dabei als dominierendes Thema. Daneben nahmen die Medien den Bildungssektor in den Blick, allerdings in der Regel eher diskontinuierlich, etwa wenn durch die PISA-Studie ein griffiger Anlass gegeben war.

Unabhängig von der tatsächlichen Entwicklung in den jeweiligen Sachbereichen wird der Trend zum Negativismus im Bereich des Sozialen auch durch die Interessenlage der Akteure bestimmt: Sowohl Politiker als auch Aktivisten sind daran interessiert, durch Engagement in einem Problemfeld Unterstützung zu mobilisieren. So zeichneten etwa bei der Darstellung der Situation der Umwelt im Osten 55 Prozent und im Westen 65,9 Prozent aller Beiträge ein negatives Bild.

Auch wenn damit eine anti-ostdeutsche Einstellung der Medien eher unwahrscheinlich ist, so führen doch die strukturellen Gegebenheiten der Medienproduktion zu einem verheerenden Bild der Lage in Ostdeutschland. Vor diesem Hintergrund verwundert es kaum, dass die oben erwähnten Babymorde als ein Indiz für die soziale Verwahrlosung der Ostdeutschen aufgefasst werden konnte.

5.5 DARSTELLUNG DER DDR-VERGANGENHEIT

Während in der Inlandsberichterstattung Ostdeutschland insgesamt eine untergeordnete Rolle spielt, entfällt auf Ostdeutschland ein beachtlicher Teil der Berichterstattung über Geschichte (vgl. Abb. 3). Mit einem Anteil von 5 Prozent an der

---

46 Zur Analyse der Berichterstattung über die soziale Lage wurden für die ersten acht Monate des Jahres 2007 412 Beiträge mit einem überwiegenden Bezug zu Ostdeutschland, 1.048 Beiträge mit einem überwiegenden Bezug zu Westdeutschland ausgewertet.

gesamten Berichterstattung über den Osten ist Geschichte ein charakteristisches Ost-Thema. Dabei geht es selbstverständlich um die Geschichte der DDR und um den aktuellen Umgang mit ihr.

Geschichte wird in den deutschen Medien häufiger angesprochen als in anderen Ländern, da die historischen Altlasten eine spezifische Erinnerungskultur hervorgebracht hat, die sich zum einen in einer hohen Medienaufmerksamkeit für die vergleichsweise hohe Zahl der jährlich wiederkehrenden Gedenktage manifestiert. Diese Pflichttermine werden in der Regel auch von Politikern mit einem hohen Status wahrgenommen, so dass die Medien die entsprechenden Gedenkveranstaltungen kaum ignorieren können. Dies betrifft sowohl die nationalsozialistische Vergangenheit als auch die Geschichte der DDR und der Wiedervereinigung.

Daneben tragen auch die kriminellen Aspekte der deutschen Vergangenheit, ihre Nachwirkungen und ihre juristische Aufarbeitung zu einer vergleichsweise hohen Aufmerksamkeit für historische Themen bei. Vor diesem Hintergrund liegt es auf der Hand, dass auch historische Themen keineswegs einen positiven Berichtsanlass abgeben sondern eher zu einem negativen Bild der deutschen Staatlichkeit im 20. Jahrhundert beitragen.

Seit Beginn seiner Tätigkeit untersucht Media Tenor die Darstellung der DDR-Vergangenheit im Blick auf ihren Stellenwert und die Bewertungen.[47] Die Aufmerksamkeit der Medien für die DDR und ihre Hinterlassenschaft ist in diesem Zeitraum

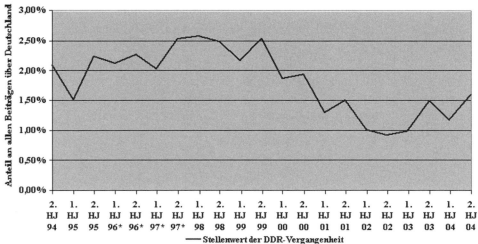

Abb. 4: Stellenwert der DDR-Vergangenheit im Zeitverlauf 1994–2004

47   Zur Analyse der Berichterstattung über die DDR-Vergangenheit wurden im Zeitraum zwischen 1994 und 2004 990.820 Beiträge in 11 Medien analysiert, von denen 17.362 eine Beschreibung der DDR-Vergangenheit enthielten.

dramatisch zurückgegangen: Lag der Anteil der Beiträge, die eine Beschreibung der DDR-Vergangenheit enthielten, in den neunziger Jahren noch über 2 Prozent, so sank er bis zur zweiten Jahreshälfte 2002 auf unter 1 Prozent. In diesem Zeitraum ging damit die Berichterstattung über die DDR-Vergangenheit um 64 Prozent zurück (vgl. Abb. 4).[48] Diese Entwicklung kann als eine Historisierung der DDR-Geschichte interpretiert werden; in dem Maße, in dem die persönlichen Erinnerungen verblassen und die Nachwirkungen der DDR-Vergangenheit an direkter Wirksamkeit verlieren, gehen auch die Berichtsanlässe und das Medieninteresse an der DDR zurück. Es bleiben die „Pflichttermine" am 17. Juni und am 3. Oktober sowie die bisweilen virulent werdenden Skandale um die tatsächliche oder behauptete Stasi-Mitarbeit von Prominenten oder Politikern sowie generell um den Umgang mit den Stasi-Akten. In anderen Zusammenhängen wird dagegen kaum auf die DDR-Vergangenheit zurückgeschaut.

Die Aktivitäten der Stasi und die Auseinandersetzung um ihre Akten machten so auch das wichtigste Einzelthema in der Berichterstattung aus. Beinahe jede fünfte Darstellung der DDR-Vergangenheit galt diesen Themenfeldern. Daneben war die fünfzigste Wiederkehr des Aufstandes von 1953 ein bedeutendes Thema mit einem Anteil von 4,3 Prozent. Deutlich geringer war die Aufmerksamkeit der Journalisten für die DDR-Wirtschaft oder die Dissidenten. Auch dies zeigt, dass ein tiefer gehendes Interesse an der DDR bereits zwölf Jahre nach der Wiedervereinigung nicht mehr bestand (vgl. Tabelle 2).

Tabelle 2: Die Themen der Berichterstattung über die DDR-Vergangenheit 1994–2004

Anteil an allen Beschreibungen der DDR

Stasi: Beschreibung	9,3 %
Umgang mit DDR-Verg., and. Aspekt	7,2 %
Stasi-Akten	7,1 %
17. Jun 53	4,3 %
Lebensbedingungen	4,0 %
Wende	3,6 %
Grenze	3,5 %
Umgang mit DDR-Verg. allg.	3,4 %
Wirtschaft allg.	3,2 %
SED: Beschreibung	3,1 %

48 Stiftung zur Aufarbeitung der SED-Diktatur (Hrsg.): Vom gemeinsamen Anliegen zur Randnotiz – DDR, Wiedervereinigung und der Prozess der Deutschen Einheit im Spiegel der Medien. Medien-Inhaltsanalyse 1994–2004 der Stiftung zur Aufarbeitung der SED-Diktatur und des Forschungsinstituts Medien Tenor, Berlin 2005.

Kultur, Künstler	2,9 %
Mauerfall 9. November 1989	2,9 %
Tag der Deutschen Einheit	2,7 %
Enteignungen	2,1 %
Führungspersonen allg.	2,0 %
Dissidenten/Bürgerbewegung	2,0 %
DDR allgemein	2,0 %
deutsch-deutsche Geschichte	1,9 %
Sport	1,8 %
Sozialleistungen	1,6 %
NVA	1,4 %
Bodenreform	1,2 %
Bildungssystem	1,1 %
Regierung, Ministerien vor der Wahl 1990	1,0 %

Im selben Maße, wie die Berichterstattung zurückging, führte der Perspektivwechsel auch zu einer weniger kritischen Berichterstattung. Lag der Überhang der negativen Berichte über die DDR im Jahr 1995 noch bei -49,6 Prozent, so ging er bis zum Jahr 2004 auf -21,5 Prozent zurück. Nach der Jahrtausendwende führte der starke Rückgang der Berichterstattung über die DDR auch zu einer stärkeren Volatilität der Bewertungen: Negative und positive Aspekte – wie zum Beispiel die Qualität der Schulbildung oder die Kinderbetreuung – wurden in unterschiedlichen Phasen stärker akzentuiert, Befürworter und Gegner der DDR in unterschiedlichem Maße zitiert. Damit wurde die Bewertung der DDR immer stärker zu einer persönlichen Ansichtssache, mehrten sich doch auch die Stimmen, die in der DDR-Arbeitsmarkt- oder Sozialpolitik positive Ansätze für die Gegenwart finden. Trotzdem blieb das Bild der DDR unter dem Strich kritisch – wobei vor allem die Stasi das Medienbild trübte. Auf diesem Feld folgte damit die Unterhaltungssparte im Film „Das Leben der Anderen" den Nachrichten.

5.6 MEDIENVERGLEICH

Die vorstehenden Untersuchungen haben gezeigt, dass die tonangebenden Medien in Deutschland selten über den Osten der Republik berichten, vergleichsweise wenige Facetten ansprechen und negative Aspekte in den Vordergrund stellen. Ist dies darauf zurückzuführen, dass die Meinungsführer-Medien sämtlich in Westdeutschland produziert werden und im Eigentum westdeutscher Unternehmen stehen oder führen die Produktionsroutinen in den Medienorganisationen zu dieser Berichterstattung?
    In der Mitte der neunziger Jahre hat Media Tenor unter diesen Gesichtspunkten

einen Medienvergleich durchgeführt, da die Unterschiede in der allgemeinen Berichterstattung vergleichsweise gering ausfielen, wurde die Codierung ostdeutscher
Medien später eingestellt. Aus Ostdeutschland wurden die Mitteldeutsche Zeitung,
die Sächsische Zeitung und die Wochenzeitung Wochenpost ausgewertet. Dem
standen in diesem Jahr FAZ, FR, Süddeutsche Zeitung, taz und Welt, Spiegel, Focus,
Zeit, Woche und Rheinischer Merkur, ARD Tagesthemen, ZDF heute journal, RTL
Aktuell und SAT.1 18:30 gegenüber. Weiterhin wurde auch die NZZ analysiert.

Die Sichtbarkeit Ostdeutschlands war im Jahr 1995 in den ostdeutschen Titeln
deutlich stärker als in allen anderen Mediengattungen (vgl. Abb. 5).

Genau ein Drittel aller Nachrichtenbeiträge in diesen Medien bezog sich auf
Ostdeutschland, nur 18 Prozent auf Westdeutschland – die Polarisierung war hier
am stärksten und der Anteil von Beiträgen mit einem gesamtdeutschen Bezug am
niedrigsten. Bei diesem Vergleich ist allerdings zu berücksichtigen, dass die beiden
ausgewerteten ostdeutschen Tageszeitungen regional ausgerichtet sind, während die
westdeutschen Zeitungen sich an ein bundesweites Publikum richten.[49] Allerdings
lag auch in der Wochenpost der Anteil der Beiträge über die neuen Länder mit 21,1
Prozent fast doppelt so hoch wie der Durchschnitt. Am niedrigsten war der Anteil
der Berichte aus Ostdeutschland in der NZZ, allerdings nur unwesentlich niedriger
als in den TV-Nachrichten. Im Fernsehen war dagegen der Anteil der Berichte aus
Westdeutschland am höchsten, während die westdeutschen Zeitungen und Zeitschriften stärker auf gesamtdeutsche Bezüge fokussierten.

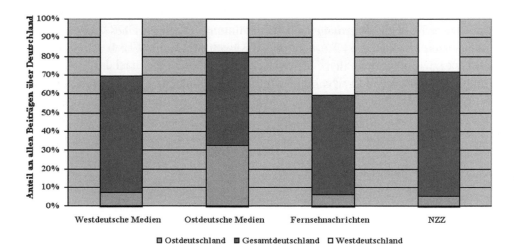

Abb. 5: Stellenwert Ostdeutschlands im Vergleich der Mediengattungen 1995

---

49 In den Politikteilen wurden auch die Länderseiten ausgewertet.

Am Ende des Untersuchungszeitraums, im Jahr 2007, wurden in einem Medienset von insgesamt 36 Print- und audiovisuellen Medien nur noch zwei ostdeutsche Vertreter ausgewertet, die Zeitschrift Super Illu und das TV-Nachrichtenmagazin Fakt, das vom MDR produziert wird. In diesen Titeln war der Anteil mit 33 Prozent und 23,5 Prozent ähnlich hoch wie in den Ostmedien, die im Jahr 1995 ausgewertet werden konnten. In den westdeutschen Tageszeitungen – zu den Titeln aus dem Jahr 1995 kam noch die Bild-Zeitung dazu – war die Aufmerksamkeit für den ostdeutschen Raum dagegen deutlich geringer als vor 13 Jahren: Im Durchschnitt lag der Anteil in der Tagespresse nur noch 4,9 Prozent gegenüber 7,5 Prozent im Jahr 1995. Die Fernsehnachrichten berichteten dagegen intensiver aus Ostdeutschland – in diesem Zusammenhang ist der Beitrag des Magazins Fakt aufgrund der geringen Zahl der Beiträge zu vernachlässigen. Vor allem die Nachrichten der privaten Sender berichteten überdurchschnittlich stark aus Ostdeutschland – ProSieben 9,5 Prozent, SAT.1 8,3 Prozent und RTL 7,8 Prozent – aber auch die öffentlich-rechtlichen Sender berichteten häufiger aus Ostdeutschland als der Durchschnitt aller Medien, der bei 5,8 Prozent lag. In den Programmstrukturen der privaten Fernsehsender, die sich vor allem auf die Verfügbarkeit spektakulärer Bilder stützen, finden entsprechende Vorgänge wie zum Beispiel Unfälle und Verbrechen in Ostdeutschland vergleichsweise starke Beachtung. Diese Sender berichten aber auch wesentlich stärker aus Westdeutschland als andere Medien. Am anderen Ende des Spektrums liegen die Redaktionen mit einer starken Ausrichtung auf Wirtschaft und Unternehmen: Plusminus, WISO, Capital und ManagerMagazin berichten praktisch nicht aus Ostdeutschland.

Bei den eher politisch ausgerichteten Redaktionen zeigt sich ein gespaltenes Bild: Die großen Tageszeitungen zeigen ein unterdurchschnittliches Interesse – am intensivsten berichtet die FAZ, während Wochentitel wie die Welt am Sonntag und die FAZ Sonntagszeitung den Osten ignorieren.

Zusammenfassend kann man feststellen, dass die neuen Länder aus der politischen Diskussion weitgehend verschwunden sind, während im Fernsehen eine gewisse Anpassung des Bildes stattgefunden hat, die den Osten wie eine Region unter anderen behandelt. Dies ist allerdings mit Blick auf die stärker negativistische Themenselektion der Fernsehnachrichten nicht von Vorteil für eine unvoreingenommene Wahrnehmung Ostdeutschlands.

6. ZUSAMMENFASSUNG

Die Langzeitanalyse dokumentiert damit vor allem ein sinkendes Interesse der Medien an Ostdeutschland. In der zweiten Hälfte der ersten Dekade des 21. Jahrhunderts spielt Ostdeutschland in der Routine-Berichterstattung eine untergeordnete Rolle – Events und Krisen durchbrechen dieses Muster. Während das Interesse der überregionalen Tagespresse und der Zeitschriften stark gesunken ist, berichten die Fernsehnachrichten intensiver aus Ostdeutschland, vor allem die privaten Sender.

Aufgrund des geringen Niveaus der Berichterstattung können einzelne Vorgänge, die sich die Intervention politischer Akteure zu „Ereignisserien" und Themenkomplexe entwickeln, einen starken Einfluss auf die Wahrnehmung Ostdeutschlands gewinnen können. So berichteten die Medien im Jahr 2007 überdurchschnittlich stark über die Kriminalität im Osten – sowohl in langfristiger Perspektive als auch im Vergleich mit der Berichterstattung über den Westen.

Die Themenstruktur für Ostdeutschland unterscheidet sich deutlich von der Berichterstattung aus Westdeutschland: Die „typischen" Ostthemen sind Innen- und Parteipolitik, Wirtschaftspolitik und Geschichte. Die neuen Länder erscheinen damit eher als Objekt politischer Aktivität und weniger als eine Region aktiver Bürger und Unternehmer. Dementsprechend kommt der Osten in der Wirtschaftsberichterstattung praktisch nicht vor.

Im Rückblick auf die DDR bestimmt vor allem der Stasi-Komplex das Bild. Seit Ende der neunziger Jahre hat eine deutliche Historisierung der DDR-Vergangenheit stattgefunden. Bei zurückgehender Berichterstattung wurde das Bild differenzierter und die Bewertung unter dem Strich weniger kritisch.

Im Blick auf die wirtschaftliche und soziale Lage ist das Bild Ostdeutschlands deutlich schlechter als das Bild des Westens. Die Verbesserung, die im Jahr 2007 erkennbar wird, dringt aufgrund des geringen Berichtsumfangs kaum durch.

Die Regeln des Mediensystems führen dazu, dass die kritischen Aspekte das Bild des Ostens dominieren. Vor allem aufgrund der geringen Berichterstattung und der vergleichsweise schwachen Kommunikationsaktivitäten ostdeutscher Institutionen – abgesehen von den Länderregierungen – bestimmen deshalb die negativen Aspekte das Medienbild des Ostens. Auch die „Ostmedien" können sich diesem Negativismus nicht entziehen.

Diese Berichterstattung verstärkt bestehende Vorstellungen und Einstellungen. Die Innere Einheit bleibt damit weiter ein Postulat.

Literatur

AHBE, Thomas: Die Konstruktion der Ostdeutschen. Diskursive Spannungen, Stereotype und Identitäten seit 1989. In: Aus Politik und Zeitgeschichte B 41-42/2004, S. 12-22.

ANDERS, Simone: Wirtschaft bringt Aufmerksamkeit. Ergebnisse des Media-Tenor-Zitate-Rankings 2006. In: Media Tenor Nr. 157 (I/2007), S. 66-69.

BENZ, Wolfgang: Stereotype des Ost-West-Gegensatzes. In: Informationen zur politischen Bildung, Heft 271 (2005), S. 51-52.

FRÜH, Werner, Hasebrink, Uwe, Krotz, Friedrich, Kuhlmann, Christian, Stiehler, Hans-Jörg: Ostdeutschland im Fernsehen. München 1999.

KAPITZA, Arne: Transformation der ostdeutschen Presse: Berliner Zeitung, Junge Welt und Sonntag/Freitag im Prozess der Deutschen Vereinigung. Opladen 2001.

KEPPLINGER, Hans Mathias; Hartung, Uwe: Störfall-Fieber. Wie ein Unfall zum Schlüsselereignis einer Unfallserie wird. Freiburg, München 1995.

KEPPLINGER, Hans Mathias; Weißbecker, Helga: Negativität als Nachrichtenideologie. In: Publizistik 36 (1991), S. 330-342.

KEPPLINGER, Hans Mathias; Brosius, Hans-Bernd; Staab, Joachim Friedrich und Linke Günter: Instrumentelle Aktualisierung. Grundlagen einer Theorie publizistischer Konflikte. In: Max Kaase und Winfried Schulz (Hrsg.): Massenkommunikation. Theorien, Methoden, Befunde. Opladen 1989, S. 199-220 (= Kölner Zeitschrift für Soziologie und Sozialpsychologie, Sonderheft 30).

KLEMM, Kerstin: Magazine füllen die Lücken der Hauptnachrichten kaum. Analyse der Berichterstattung der TV-Magazine von ARD und ZDF über die führenden Politiker 01-08/2003. In: Media Tenor Nr. 36 (09/2003), S. 69f.

KOLMER, Christian: Mehr Schatten als Licht. Das Medienbild der Unternehmen und Spitzenmanager in den deutschen Medien im Jahr 2005. In: Media Tenor Nr. 153 (I/2006), S. 54-57.

MICHALSKI, Annett: Werbeplattform Sport. Sport-Sponsoring setzt Medienpräsenz voraus. In: Media Tenor Nr. 153 (I/2006), S. 28f.
Ossis? Wessis? – Zwei Drittel der Deutschen haben immer noch die Mauer in den Köpfen. Repräsentative forsa-Umfrage von P. M. HISTORY zu den deutsch-deutschen Beziehungen, Pressemitteilung der Gruner + Jahr AG, 13. 08. 2008, http:// www.presseportal.de/pm/55502/1245674/gruner_jahr_p_m_history.

RETTICH, Markus: Kein Medienschub, nur geborgte Stärke. Die Darstellung der Oppositionsparteien 12/2005-8/2006. In: Media Tenor Nr. 155 (III/2006), S. 13-15.

SCHATZ, Roland: Am Tropf der Agenturen. Die großen überregionalen Tageszeitungen waren auch 2001 von den Nachrichtenagenturen abhängig. In: Media Tenor Nr. 119 (15. 04. 2002), S. 66f.

SCHENK, Michael: Medienwirkungsforschung. Tübingen 2002.

SCHEUFELE, Bertram: Frames – Framing – Framing-Effekte. Theoretische und methodische Grundlegung des Framing-Ansatzes sowie empirische Befunde zur Nachrichtenproduktion. Wiesbaden 2003.

SCHROEDER, Klaus: „Alles halb so wild". DDR-Bilder in Köpfen von Schülern. In: Die Politische Meinung 52 (2008) H. 1, S. 14-20.

SCHULZ, Erika: Bevölkerungsentwicklung in West- und Ostdeutschland – Vorausschätzungen bis 2050. Wochenberichte des DIW Berlin 33/2004

Schwartzkopff, Beate: Die Entwicklung der regionalen und überregionalen Tagespresse in Deutschland seit 1989. Diplomarbeit, Stuttgart 2002, http://opus.bsz-bw.de/hdms/volltexte/2003/56/pdf/Diplomarbeit.pdf.

SINN, Gerlinde; Sinn, Hans Werner: Kaltstart. Volkswirtschaftliche Aspekte der deutschen Vereinigung. Tübingen 1992.

STAAB, Joachim Friedrich: Nachrichtenwert-Theorie. Formale Struktur und empirischer Gehalt. Freiburg, München 1990.

Stiftung zur Aufarbeitung der SED-Diktatur (Hrsg.): Vom gemeinsamen Anliegen zur Randnotiz – DDR, Wiedervereinigung und der Prozeß der Deutschen Einheit im Spiegel der Medien. Medien-Inhaltsanalyse 1994–2004 der Stiftung zur Aufarbeitung der SED-Diktatur und des Forschungsinstituts Medien Tenor, Berlin 2005.

VOLLBRACHT, Matthias: Die Wahrnehmungslücke. Berichterstattung über die Lage am Arbeitsmarkt, Media Tenor Nr. 157 (I/2007), S. 64f.

VOLLBRACHT, Matthias: Nutzwert oder Fundamentalkritik. Analyse der Berichterstattung über Unternehmen in TV-Magazinen, Media Tenor Nr. 150 (II/2005), S. 66f.

Zu den Autorinnen und Autoren

Thomas Ahbe

Dr. phil., Sozialwissenschaftler und Publizist,
geb. 1958, studierte von 1981 bis 1987 in Leipzig Philosophie, Soziologie und Psychologie. Promotion 1992, danach bis 1998 Mitarbeit im DFG-Längsschnittprojekt „Identitätsentwicklung junger Erwachsener" an den Universitäten München und Leipzig, danach freischaffend bzw. Mitarbeit in wechselnden Projektzusammenhängen. Zuletzt Mitarbeiter im Projekt „Ost-Diskurse" am Institut für Geschichte der Universität Wien.

Arbeitsschwerpunkte: Diskurs- und Kulturgeschichte der Zweistaatlichkeit und der ostdeutschen Transformation, Generationengeschichte in der DDR und Ostdeutschland.

Letzte Buchpublikationen:
* Geschichte der Generationen in der DDR und in Ostdeutschland. Ein Panorama. Zus. mit Rainer Gries, Erfurt 2007.
* Die DDR aus generationengeschichtlicher Perspektive. Eine Inventur. Hgg. mit Annegret Schüle und Rainer Gries, Leipzig 2006.
* Ostalgie. Zum Umgang mit der DDR-Vergangenheit in den 1990er Jahren. Erfurt 2005.
Weiterführend: www.thomas-ahbe.de

Julia Belke

Dr. phil., Kommunikationswissenschaftlerin,
geb. 1976, studierte von 2002 bis 2006 in Wien Publizistik- und Kommunikationswissenschaft. Promotion 2009.
Weiterführend: www.juliabelke.de

Rainer Gries

Prof. Dr. phil. habil., Historiker und Kommunikationswissenschaftler,
geb. 1958 in Heidelberg, studierte in Freiburg im Breisgau Geschichte und Germanistik; Promotion 1991, Habilitation 2002. Rainer Gries forscht und lehrt an der Friedrich-Schiller-Universität Jena, am Institut für Publizistik- und Kommunikationswissenschaft der Universität Wien und an der Sigmund Freud PrivatUniversität Wien.

Arbeitsschwerpunkte: Gesellschafts- und Kulturgeschichte Deutschlands und Österreichs im 20. Jahrhundert; Geschichte der DDR resp. vergleichende Geschichte der sozialistischen Staaten und Gesellschaften; Geschichte der persuasiven Kommunikationen (politische Propaganda, Produktkommunikation) im 19. und 20. Jahrhundert; Geschichte der Generationen.

Letzte Buchpublikationen:
* „Unsere Feinde". Konstruktionen des Anderen im Sozialismus. Hgg. mit Silke Satjukow, Leipzig 2004.
* Produktkommunikation. Geschichte und Theorie. UTB für Wissenschaft. Wien 2008.
* Psyching products and consumers. Ernest Dichter and the making of post-war motivation research. Hgg. mit Stefan Schwarzkopf, Basingstoke 2009.
Weiterführend: http://www.sfu.ac.at/psychologie/index.php?id=62

Elke Kimmel

Dr. phil., Historikerin und Autorin,
geb. 1966, studierte von 1987 bis 1993 Geschichte sowie Theater-, Film- und Fernsehwissenschaften in Berlin. Promotion 1999, danach Mitarbeit in verschiedenen Ausstellungs- und Publikationsprojekten u.a. für die Erinnerungsstätte Notaufnahmelager Marienfelde und die Bundeszentrale für politische Bildung.

Arbeitsschwerpunkte: Migrations- und Integrationsgeschichte, Geschichte der deutschen Teilung.

Letzte Publikationen:
* Spurensuche im Mauerland. Ein Grenzbetrieb am Berliner Flutgraben. Zus. mit Christine Brecht und Svenja Moor, Berlin 2009.
* „ … war es ihm nicht zuzumuten, länger in der SBZ zu bleiben." DDR-Flüchtlinge im Notaufnahmelager Marienfelde, Berlin 2009.
* Die ostdeutschen Ungarn-Flüchtlinge in der westdeutschen Presse 1989, in: Deutschland-Archiv 4 (2007), S. 638-647.
Weiterführend: www.rechercheundkonzept.de

Christian Kolmer

Dr. phil., Historiker und Medienwissenschaftler,
geb. 1965, studierte von 1985 bis 1993 in Bochum und Mainz Mittlere und Neuere Geschichte, Publizistik- und Kommunikationswissenschaft und Volkswirtschaftslehre. Forschungen zum Medienbild der Treuhandanstalt, 1999 Promotion zu Theorien der Nachrichtenauswahl.
Seit 1994 wissenschaftlicher Mitarbeiter bei Media Tenor in Bonn und Zürich, dort zuletzt verantwortlich für politische Studien, Wissenschafts-Transfer und gesellschaftliche Fragen.

Arbeitsschwerpunkte: Agenda-Setting, Nachrichtenauswahl, international vergleichende Inhaltsanalysen, Medien und Krieg.

Publikationen:
* Methods of Journalism Research – Content Analysis. In: Löffelholz, Martin und Weaver, David: Global Journalism Research. Theories, Methods, Findings, Future, Malden 2008.
* Framing the Iraq War. Perspectives from American, U.K., Czech, German, South African, and Al Jazeera News, mit Holli Semetko, in: American Behavioral Scientist 52 (2009) 5., 643-656.
* The Portrayal of the War in the Middle East: Media Analysis of News Coverage by ARD and ZDF, mit Roland Schatz. In: Liepach, Martin; Melischek, Gabriele and Seethaler, Josef (Hrsg.): Jewish Images in the Media, Vienna 2007, S. 139-150.

Wolfgang Schmale

o. Univ.-Prof. Dr. phil., Historiker,
geb. 1956, studierte von 1976 bis 1981 in Bochum und Bordeaux Geschichte, französische Sprach- und Literaturwissenschaft, Pädagogik mit Philosophie und Didaktik. Promotion 1984, Habilitation 1995 an der Ludwig Maximilians-Universität München. Tätigkeiten als wissenschaftlicher Mitarbeiter, Assistent, maître de conférences associé, Privatdozent und Lehrstuhlvertreter an den Universitäten Bochum, Tours, München, Braunschweig und Graz. Seit 1.2.1999 Ordinarius an

der Universität Wien. Gastprofessuren an der Hebräischen Universität Jerusalem und der Université Paris I Panthéon-Sorbonne.

Arbeitsschwerpunkte: Geschichte Europas, Gender Studies, Digitale Geschichtswissenschaft, Kulturtransferforschung, Frankreich, 18. Jahrhundert.

Letzte Buchpublikationen:
* Geschichte und Zukunft der Europäischen Identität. Stuttgart 2008.
* E-Learning Geschichte. Zus. mit Martin Gasteiner, Jakob Krameritsch, Marion Romberg, Wien 2007.
* Kulturtransfer in der jüdischen Geschichte. Hgg. mit Martina Steer, Frankfurt am Main 2006.
Weiterführend: http://www.univie.ac.at/Geschichte/htdocs/site/arti.php/90195

Juliette Wedl
Dipl.-Soziologin,
studierte Soziologie, Politikwissenschaft, Erziehungswissenschaft und Psychologie in Berlin. Doktorandin an der Universität Potsdam zum Thema „Konstruktion der deutschen Einheit zwischen Nationalstaatlichkeit und Europäisierung. Eine Diskursanalyse". Von 1998 bis 2000 wissenschaftliche Mitarbeiterin am Berliner Institut für Sozialforschung (BIS), von 2001 bis 2008 freiberufliche Sozialwissenschaftlerin sowie Gender-Trainerin und Beraterin, von 2003 bis 2005 Stipendiatin des Promotionskollegs Ost-West der Universität Bochum zum Thema „National geprägte Denkformen und Kulturphänomene", seit 2008 wiss. Mitarbeiterin am Braunschweiger Zentrum für Gender Studies; Mitglied des von der DFG geförderten Nachwuchsnetzwerkes „Methodologien und Methoden der Diskursanalyse"; Mitherausgeberin der „Femina Politika - Zeitschrift für feministische Politikwissenschaft".

Arbeitsschwerpunkte: Geschlechtersoziologie und -politiken, Theorien und Methoden der Diskurswissenschaft; (Post-)Strukturalismus; zeitgenössische Diskurs- und Medienanalysen zu Geschlecht und Nation.

Letzte Publikationen:
* Selbstbilder – Fremdbilder – Nationenbilder. Hgg. mit Stefan Dyroff und Silke Flegel, Münster 2007.
* Die Spur der Begriffe. Begriffsorientierte Methoden zur Analyse identitärer Zuschreibungen. In: Brigitte Kerchner, Silke Schneider (Hrsg.): Foucault: Diskursanalyse der Politik. Wiesbaden 2006, 308-327.
* Stoff von Anderswo: Fremdes und Eigenes in der „Kopftuchdebatte". In: Silke Flegel, Frank Hoffmann (Hrsg.): „Barrieren, die man durchschreiten kann, wenn man das Geschick dazu hat". Grenzmarken und Grenzgänge im Europa des 19. und 20. Jahrhunderts. Münster 2006, 339-374.
* L'analyse de discours „à la Foucault" en Allemagne: Trois approches et leurs apports pour la sociologie (Die Diskursanalyse nach Foucault in Deutschland: drei Ansätze und ihr Beitrag zur Soziologie). Langage et société 120, Paris 2007, S. 35-53.